陕西师范大学优秀学术著作出版资助

教育部人文社会科学研究一般项目最终成果（项目号：18YJAZH141）

赵颖 著

# 清末新加坡华文报刊与海外华人社会研究



西安交通大學出版社
XI'AN JIAOTONG UNIVERSITY PRESS

**图书在版编目(CIP)数据**

清末新加坡华文报刊与海外华人社会研究 / 赵颖著
. —西安 : 西安交通大学出版社, 2024.5
ISBN 978-7-5693-3765-5

Ⅰ.①清… Ⅱ.①赵… Ⅲ.①中文-报刊-关系-华侨状况-研究-新加坡-清代 Ⅳ. ①G219.339.5
②D634.333.9

中国国家版本馆 CIP 数据核字(2024)第 091193 号

**书　　名**　清末新加坡华文报刊与海外华人社会研究
　　　　　　QINGMO XINJIAPO HUAWEN BAOKAN YU HAIWAI HUAREN SHEHUI YANJIU
**著　　者**　赵　颖
**策划编辑**　雒海宁
**责任编辑**　雒海宁
**责任校对**　袁　娟
**装帧设计**　伍　胜

**出版发行**　西安交通大学出版社
　　　　　　(西安市兴庆南路 1 号　邮政编码 710048)
**网　　址**　http://www.xjtupress.com
**电　　话**　(029)82668357　82667874(市场营销中心)
　　　　　　(029)82668315(总编办)
**传　　真**　(029)82668280
**印　　刷**　陕西奇彩印务有限责任公司

**开　　本**　787mm×1092mm　1/16　**印张**　13　**字数**　247 千字
**版次印次**　2024 年 5 月第 1 版　2025 年 1 月第 1 次印刷
**书　　号**　ISBN 978-7-5693-3765-5
**定　　价**　89.00 元

订购热线:(029)82665248　(029)82667874
投稿热线:(029)82664840
读者信箱:363342078@qq.com

# 前言

# Foreword

19 世纪末以来的华文报刊发展变化是近代海外华人社会变革和经济发展的写照，是一部波澜壮阔的华人思想史、经济史和社会风俗史。本书主要通过文本细读分析清末在新加坡创刊并发行的华文报刊，并以此为基础研究清末海外华人社会特殊的文化场域。本书主要研究《叻报》《星报》《天南新报》《日新报》《中兴日报》《总汇新报》《星洲晨报》等 7 种华文报刊①。这些报刊连接中国和海外移民地两端，将中国本土现实传播到世界的同时，展现了丰富多样的海外华人社会风貌。

本书期望通过对清末新加坡华文报刊的新闻报道形态的研究和副刊文本的解读实现以下目标：第一，结合不同历史时间、事件，讨论华人社会对清末以来社会变迁的普遍反应。第二，对不同主题报刊及其栏目设置做出比较、概括和分类研究，并由各种报刊报道相互参证，还原历史现场。第三，在探讨海外华文报刊功能及其生存意义的同时，回应国内重大历史事件在海外的反响和场域建构问题。第四，针对华人社会认同关键时期的解析，研究报刊中折射出的时代背景及不同时期的中国形象，研究海外华人移民初期中国观的形成。

关于清末新加坡华文报刊的研究价值，笔者从以下几个方面展开论述：①从史料方面看，清末是新加坡华文报刊的滥觞时期，也是华人族群认同形成的关键时期，华文报刊被本地华人和当前学界视为重要的文教传播载体，是东南亚华人甚至整个海外华人社会研究最具价值的史料。②从政治方面看，海外华人族群认同的形成与发展研究以报刊为切入点，在清末的发展过程中经历了多个阶段。对此进行研究可以细化新加坡华人政治认同观的形成过程，以全面地描绘早期华人社会的政治生态。③从社会文化方面看，华

①清末，“报”“刊”并未完全分离，大批出版物亦报亦刊，本书中提到的报刊也不作区分。

文报刊作为国内各政治派别角逐的又一战场，其隔离于中国语境之外，形成杂糅的文化语境，并与中国文化、社会激荡形成互文，构成与中国平行互生的海外镜像。④从文化传播方面看，华文报刊是南洋华人的精神家园，它对维持身与心、个人与社会之间的关系，维系群体认同，具有不可替代的作用，在社会功能上，和华文学校与华文社团一样，发挥着建构华人社会空间、化解乡愁、传播信息的作用。

本书的主要内容包括以下几个方面。

一是研究清末新加坡华文报刊的传播图景。首先，分析清末新加坡华文报刊生成的四个必要条件：①具有以了解故土为需要的华人读者群；②言论相对自由的"化外之邦"；③南洋富商的经济支持与稳定的社会环境；④南洋新兴知识阶层和自由思想的出现。其次，针对南洋特殊的社会历史环境将报刊进行分类：①以社团领袖人物为中心的华文报刊，如《天南新报》；②以报刊本身为中心的华文报刊，如《叻报》；③以共同价值观念为中心的华文报刊，如《中兴日报》。不同报刊经营思路呈现出不同的南洋文化景象。再次，分析南洋知识分子与新加坡报人的三种选择：①西学影响下进行新闻译介的林文庆与《日新报》；②从传统儒士向现代知识分子转化的代表邱菽园与《天南新报》；③从海峡商人向传统士人过渡的代表李清辉与《叻报》。最后，在进行报刊外围研究时，考察以华文报刊为媒介的本地社团，如会贤社、图南社与丽泽社等。

二是针对清末新加坡华文报刊的内容进行纵向分析和横向比较。一方面，基于统计学，纵向分析各类新闻和相关报刊量的数据，考察清末新加坡华文报刊繁荣背后的新闻来源，包括转载来自中国的新闻稿件（个案分析"上谕恭录"和各类"政府通告"），翻译、购买和转载的境外译电选编，以及新加坡本地报人撰写的稿件（个案分析"本坡""本埠"与"南洋"几个栏目）。另一方面，针对同一政治事件，横向分析不同派别如何利用报刊阵地与中国革命时局呼应，分析社论性文章体现的不同政治倾向，归纳华人族群中比较主流的认同和价值体系。尤其关注保皇派与革命派在各自阵营的表现，个案分析《图南日报》与《天南新报》的论战、《中兴日报》与《总汇新报》的论战。

三是描述和研究报刊中呈现的新加坡华人社会日常生活世界，关注新加坡华人族群内部、华人与其他族群的互动与交往，还原各方言族群间密切关系、相互依存的日常生活图景，分析报刊对族群关系产生影响的社会和文化因素，例如新加坡殖民地政府的政策和法律，华人的信仰世界，族群的婚姻家庭、社群活动，华人族群自我认同的确立以及南洋士人眼中的新加坡社会。本书将报刊视为南洋社会“权力的文化网络”的组成部分，分析其对新加坡华人社会的日常生活与思想脉络的变化所具有的价值，即华文报刊承载新加坡等东南亚地区华人社会的历史状态，记录新加坡华人社会在资本转换、身份认同确立过程中的社会分层和认同体系。

四是分析不同时期南洋华人从附属到确立自我的相互调适与文化适应过程。首先，从早期华人基于“吾国”的“中国意识”和国家观念，发展到华人落地生根后，随着心系两地的价值观的转变，构建基于“祖国”的故国精神家园。从而梳理以报刊为阵地的族群认同，分析报刊如何推动海外华人社会流动复合的身份概念的形成。其次，清末的南洋华人通过华文报刊了解西方社会的政治、经济、军事和社会文化，并通过比较中西方文化进行反思，反映了这一时期中国民族主义的兴起。再次，通过清末新加坡华文报刊对中国政治的观照和反省，探究新加坡华人在西方文化面前如何保持文化认同，如何获得文化优越感，如何在与中国的接触中构建新加坡华人的主体性。本书通过报刊对新加坡在地华人族群的描述与记录，间接反映中国国内对海外华人族群的态度、感情和认知模式。

五是清末新加坡华文报刊及其政治参与研究。本书分析对象为通过社团、出版、媒体运作等在传播中确认的合法性的华文报刊。海外华人通过客体凝视进行自我形象确认，继而催生早期新加坡士人阶层。本书结合南洋地区对满汉关系、辛亥革命的评价，考察新加坡华人族群对清政府和民国政府态度的转变过程，解析华人的民族主义和爱国主义，以及华人主体性身份的构建。

本书首先采用文本研究和社会学族群研究理论，从作者、文本和读者三方面入手解读清末新加坡华文报刊。同时，使用比较的方法，不同于一般性的文本研究，将不同报刊对同一事件不同立场放在同一层面上解读，以互动的视角考察中国知识分子与南洋华人社会文化建构的关系，探索早期中国、南洋的欧洲殖民者与南洋华人在文化上的相互刺激和作用的轨迹。其次，采用空间理论以及互动理论解读报刊文本中典型场景中的文化符号的意义和功能，从而考察南洋华人文化圈建构之原因及其表现特征，以及早期海外华文媒体传播内容、传播形式和接受方式的变化。最后，根据报刊社会学的研究理论，从报人、文本和社会环境三方面入手解读清末新加坡华文报刊，并以互动的视角考察中国知识分子与南洋华人社会文化建构的关系。

感谢新加坡新跃社科大学(SUSS)在2019年笔者做访问学者时给予的支持。本书也是在新跃社科大学新跃中华学术中心2021年资助出版的小书《新加坡华文报刊研究(1887—1912)》的基础上丰富、完善而成,特此说明。

本书乃笔者一己之见,能力有限,不足之处请诸位方家指正。

# 目录 Contents

# 第一章　清末新加坡华文报刊生态与传播图景

19 世纪末，新加坡社会在多重因素的影响下，产生了具有现代意义的报刊，进而促使知识分子群体、社团帮群和副刊文学等社会现象出现。南洋特殊的社会历史环境中产生了以社团领袖人物为中心的华文报刊，如《天南新报》；以报刊本身为中心的华文报刊，如《叻报》；以共同价值观念为中心的华文报刊，如《中兴日报》。不同报刊经营思路呈现出不同的南洋文化景象。本书分析南洋知识分子尤其是报人的不同选择，如西学影响下进行新闻译介的林文庆与《日新报》、从传统儒士向现代知识分子转化的代表邱菽园与《天南新报》等，以期呈现海外华人世界移民初期的浩瀚波澜。

## 一、南洋报刊的发端

新加坡华文报刊出现于 19 世纪下半叶，参照西方报业的样式，从以传教为目的到以商业为目的的报刊的普及，栉风沐雨之下逐步发展为综合性有政治立场的报刊。1957 年，刘子政在《南洋学报》发表《东南亚报章系年表》一文，收录此前东南亚 8 国各种语文报刊 373 种，其中新加坡报刊占 112 种，华语报刊占 99 种。

19 世纪初，东南亚地区的报刊事业肇始于交通网络极为便利的英属海峡殖民地（英属海峡殖民地包括新加坡、槟城和马六甲三地），其中新加坡和马六甲的印刷业都发端于传教事业，而槟城报业的发展则是出于商业的考虑。

1815 年 8 月 5 日，英国传教士马礼逊和米怜（报刊署名博爱者）在马六甲创办木刻版线装书形式的刊物《察世俗每月统记传》（直译为《中国月刊》）。《察世俗每月统记传》采用雕版印刷，以月刊形式发行，每期 5 至 7 页，约 2000 字，初印 500 册，后增至 1000 册，免费在南洋华侨中散发，截至米怜 1821 年逝世停刊时，共刊出 80 多期。目前，该刊的部分影印版被收录于大英博物馆。

该刊不仅是基督教在华人世界传播的拓荒者，而且是目前可以看到的近代最早的华文刊物，更是东南亚地区，乃至全球影响最大、历史最久的刊物。它虽然创生于马六甲，但其在南洋的影响远不及其对于中国本土的意义，因此被学界视为中国近代报业的发端。关于《察世俗每月统记传》（图 1－1）的办刊宗旨可从创刊号序文中窥见："既然万处万人皆由神而原被造化，自然学者不可止察一所地方之名物，单问一种人之风俗，乃需勤问及万世万处万种人，方可比较辨明是非真假矣……所以学者要勤考察世俗人道，致可能分是非善恶也。”①该报刊作为传教士印刷物，将宣传基督教教义放在首位，刊发内容以阐发基督教教义为主，为扩大受众偶尔也会在一定的篇幅中介绍各国情况和科学知识，亦刊载一些文学作品。此报刊的立场是：“首在灌输智识，阐扬宗教，砥砺道德，而国家大事之足以唤醒吾人之迷惘，激发吾人之志气者，亦兼收而并蓄焉。本报以阐发基督教义为唯一急务，然其他各端，亦未敢视为缓图而掉以轻心，智识科学之宗教，本相辅而行，足以促进人类之道德，又安可忽视之哉？”②

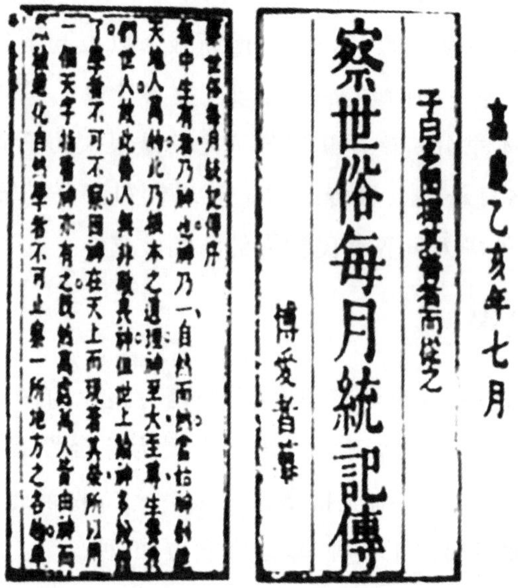
嘉慶乙亥年七月

察世俗每月統記傳

子曰多聞擇其善者而從之

博愛者纂

察世俗每月統記傳序

無中生有者乃神也。神乃一、自然而然。當初神創造天地人萬物，此乃根本之道理。神至大、至尊，生養我們世人，故此世人該當敬畏神。但世上論神多說錯了，學者不可不察。因神在天上而現著其榮，所以用一個天字指著神亦有之。既然萬處萬人皆由神而……被造化，自然學者不可止察一所地方之各物。單

图 1-1 《察世俗每月统记传》创刊号

马礼逊创办传教报刊的另一个意义则更为重大，他为之后报纸印刷做好了硬件和技术上的准备。1798 年，英国人就开始将《圣经》翻译成中文，设计并雕刻出一整套中文活字。1819 年，马礼逊派传教士米怜和中国人梁发在马六甲成立印刷所，铸造了一幅中文铅字，印成第一部铅字中文书籍《新旧约圣经》。“自欧洲机器印刷之学兴，世界文明生一大变革。由是观之，机器印刷之关系重大可知矣。”③印刷机器的划时代意义被广泛接受。

1818 年，马礼逊和米怜在马六甲创立英华书院，书院同时承担布道和出版的双重任

①方曙发表《海外中文报刊的萌芽》于马来西亚《光华日报》75 周年纪念刊，第 78 页。

②黄尧. 星马华人志[M]. 香港：明鉴出版社，1967：136.

③宗原放，李白坚. 中国出版史[M]. 北京：中国书籍出版社，1991：184.

务，出版中文布道书《劝世良言》和马来文版《圣经》。

1823年，麦都思在巴达维亚（今雅加达）创办《特选撮要每月纪传》，1828年，英国伦敦布道会主办的中文刊物《天下新闻》也在马六甲以活字散页的形式创刊，该刊由马六甲英华书院第三任校长、伦敦传教士奇德负责编辑和发行，这份刊物以散张出现，使用活字印刷，内容涉及中国新闻、欧洲新闻、宗教、历史、科学、伦理等，1829年停刊后奇德返回伦敦成为大学的汉学教授。麦都思则于1835年辗转至中国，后往新加坡参与《东西洋考每月统记传》的编辑工作。

早期南洋华文报业多以传教为目的，由于清政府闭关锁国的政策，传教士活动受限，他们多迁回于南洋，以南洋为根据地。1837年，郭实腊在新加坡复刊《东西洋考每月统记传》（图1-2），该刊1833年创生于广州，作为近代第一份在广州创办的中文报刊，却受到清政府的排斥，加之当时中国人对于报刊，尤其是对具有传教性质的报刊的接受程度有限，在出版12期后，最终迁至新加坡出版。《东西洋考每月统记传》封面刊登来自中国《论语》的“人无远虑必有近忧”的字样，内容主要介绍西方科学知识和基督教教义，包括消息、小品、诗歌、政府通告等，并附有手绘南洋地图。

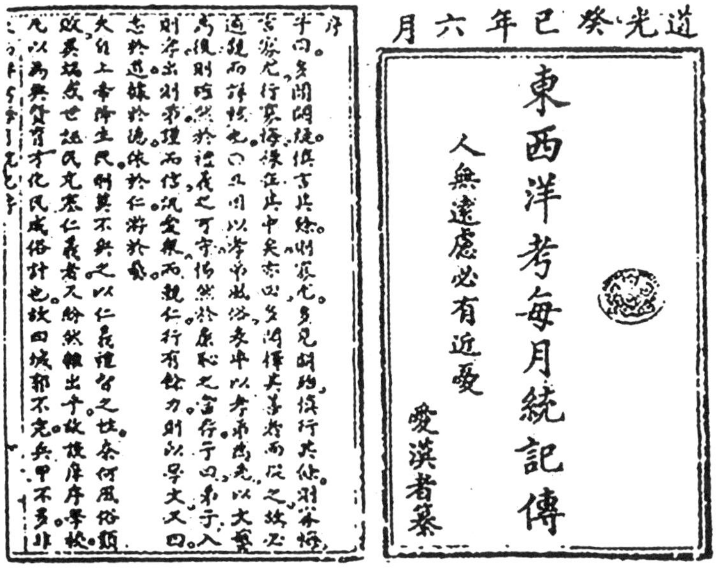
道光癸巳年六月
東西洋考每月統記傳
人無遠慮必有近憂
愛漢者纂

**图1-2　《东西洋考每月统记传》的封面及序**

传教士报刊坚持面向大众的策略，将基督教教义融入浅易说理、儒教教义、故事典故之中，“传教”与“启蒙”结合。例如马礼逊关注如何通过报刊内容吸引读者，他认为只有以浅显易懂的内容面向社会传播，才能达到知识的普及，尤其是宗教的普及。“富贵者之得闲多，而志若丁道，无事则平日可以勤读书，乃富贵之人不多。贫穷与作工者多而得闲少，志虽于道，但读不得多书，一次不过读数条。因此，《察世俗》书之每篇必不可长也，必不可难明白。盖甚奥之书不能有多用处，因能明甚奥理者少故也。容易读之书者，若传正道，则世间多有用处，浅识者可以明白，愚者可以成得智，恶者可以改就善，善者可以进诸德，皆可也。"①而《东西洋考每月统记传》则有以读报"治愚"的目的，"好仁不好学者，其蔽也，愚"②。

南洋华文报刊以传教士报刊为发端促生了中国本土报业，但是在中国本土报业勃发后，又反受其影响。传教性质的刊物，虽然影响力有限，却开启了南洋办刊的新纪元，无论是印刷技术还是办刊思路都为后来的华文报刊的创立提供了思路和技术支持。

19 世纪上半叶，新加坡各族群先后开启各种语言的报刊传播产业，最早出现的是 1824 年 1 月 1 日，由殖民地政府官员弗朗西斯·詹姆斯·伯纳德创办的第一份英文报刊《新加坡纪年报》，此后直至 19 世纪 60 年代，有四家英文报《新加坡自由西报》《海峡时报》《每日时报》和《海峡观察报》登上历史舞台。英文报刊的创办远早于其他语言报刊，其重要影响是促使华人办报意识的觉醒。新加坡学者王慷鼎和庄钦永先生根据《海峡殖民地政府公报》和《海峡殖民地档案》等一系列资料考证，1858 年已经出现华文报刊《日昇报》，这份最早的华文报刊由英国伦敦布道会印务馆印刷，由英国人汤申·威廉·史密斯创办，该报经营对象是新加坡的华商。史密斯本人不仅主持华文报刊，还是当时的英文报刊《海峡卫报》的编辑。而且《日昇报》的印刷工作也由英国人完成，负责印刷的是英国的伦敦布道会，这种华文铅字的印刷方式亦是由英国传教士戴尔传入新加坡的。虽然目前的研究无法确定《日昇报》是否是新加坡的第一份华文报纸，但是它的出现已经将华文报刊在新加坡的创生时间大大提前了：

> 从多种不同的出版刊物里，我曾经看过《地方日报》(1845)和《日昇报》(1858)这两份报纸的名称。显然的，这清楚证明，在本书所讨论的会 1806—1858 年这段时期内，新加坡至少有两份中文周报发行流播。它们是由布道会印务馆印③。

由于目前无法查阅到该报，并不能确定这是一份什么性质的报纸。1876 年，新加坡相继出现《泰米尔新闻报》(泰米尔文为 *Singai - Warta - Mahniz*)和《爪夷土生华人报》(马来文为 *Jawi Peranakan*)，其中泰米尔文报纸要早于马来文的报纸数月。真正由华人自主创办的报纸是 1881 年薛有礼创办的《叻报》。19 世纪 90 年代后，随着民族救亡运动

---

①《察世俗每月统记传序》见《察世俗每月统记传》，嘉庆乙亥年(1815 年)全卷，第 2 - 3 页。

②爱汉者，等. 东西洋考每月统记传[M]. 北京：中华书局，1997：3.

③庄钦永，王慷鼎.《日昇报》研究[J]. 北京图书馆馆刊，1994(Z1)：126.

的发展和华侨族群的逐步稳定，报刊成为宣传政见、产品推销的重要平台。华文报刊纷纷呈现，以时间为序，新加坡华文报刊主要有1881年薛有礼主办的《叻报》，1890年林衡南主办的《星报》，1898年邱菽园主办的《天南新报》，1899年林文庆主办的《日新报》，1901年叶季允创办《新加坡医学报》，1904年陈楚楠、张永福主办的《图南日报》（该报后来更名为《南洋总汇报》），1907年陈楚楠、张永福主办的《中兴日报》，1909年周之贞、谢心准主办的《星洲晨报》，1911年黄吉宸、卢耀堂主办的《南侨日报》，1913年邱菽园创办《振南日报》，十余种华文报刊先后登上历史舞台，呈现欣欣向荣之态。之后从1925年至1933年新加坡出版发行各种语言报纸有81种①。

## 二、新加坡华文报刊的研究分期

国内外学界关于新加坡华文报刊的研究萌芽于1930年，当时的《星洲日报周年纪念刊》是新加坡华文报刊中第一部以单行本形式出版的纪念刊。与此同时，还有傅无闷的《十七年的新闻记者生涯》《南洋〈华字日报〉调查表》，截至1993年，关于新加坡华文报刊的论文书籍有331种，其中专书52种，大学学位论文11篇，单篇论文发表268篇。按照研究的时间，可以将有关研究分为两个阶段。

第一阶段为1930年至1993年，其中1967年新加坡政府颁布《不良出版物法令》，取代了1938年由英国殖民政府制定的出版物管理法，人们对华文报刊的研究也随之发生方向性的转变，这一阶段的研究数量有限，而且研究者多兼具报人身份，代表人如许云樵。而且这个阶段对华文报刊的研究尚属起步阶段，并没有完整的体系化的论述，多是建立在二手资料的基础之上数千文字的研究，主要发表在报章及其纪念刊上，研究主要涉及报刊史和报人个案。

第二阶段为1993年至今，1993年，新加坡学者崔贵强出版的专著《新加坡华文报刊与报人》对华文报刊的创办进行宏观审视，重点讨论了胡愈之在新加坡的办刊活动。与此同时，伴随华侨华人研究日渐蓬勃，对华文报刊的研究成为相关领域的研究亮点，并产生许多成果。以研究视角分类，目前学界对新加坡华文报刊的研究主要集中在四个方面：一是以新闻学为视角，分析新加坡华文报刊的历史、现状和身份认同，如暨南大学彭伟步的《东南亚华文报纸研究》等系列专著，聚焦对报刊历史发展的梳理和现实状况的分析。四川大学颜春龙的博士论文《海外华文传媒与华人文化认同研究——以本世纪初的〈联合早报〉作为个案》，选择21世纪初的《联合早报》作为具体研究对象，分析华文传媒

① 杨松年. 战前新马文学本地意识的形成与发展[M]. 新加坡：八方文化企业公司，2001：33.

生存的可能性。二是以文学研究为视角，针对新加坡华文报刊副刊进行的研究，如杨松年针对新加坡华文报刊副刊研究的系列专著《新加坡早期华文报章文艺副刊研究(1927—1930)》(与周维介合著)、《战前新马报章文艺副刊析论(甲集)》《大英博物馆所藏战前新华报刊》等三部。此外还有李奎、辜美高(新加坡)对《叻报》副刊小说的研究。三是以报刊史为视角，梳理新加坡华文报刊的历史发展脉络，如叶观仕(马来西亚)的《马新新闻史》，崔贵强(新加坡)的《东南亚华文日报现状之研究》，郑文辉(新加坡)的《新加坡华文报业史》等内容均涉及新加坡华文报纸的演变历史。东北师范大学钟声的博士论文《新加坡华文报〈新国民日报〉研究(1919—1928)》结合南洋政治思潮进行个案研究。四是以报刊具体事项为视角，进行微观研究，如王慷鼎(新加坡)所著《新加坡华文日报社论研究：1945—1959》分析了第二次世界大战后新加坡四家主要华文报刊对国内外重大事件的态度，具有较高的学术价值。吴庆棠所著《新加坡华文报业与中国》则是以中国大事和新加坡华文报刊的报道与评论为主线的研究成果。此外，还有国内学者邱克威针对《叻报》所做的语言学分析以及胡丽亚针对《叻报》广告所做的研究。

## 三、主要报刊传播发行情况

纵观整个南洋华文报刊的发展，由初期传教士办刊开启报刊创办的先河，到后来商业性综合报纸充斥四方；从初期以英文报刊为主，到后来的华、洋报刊并行；之后，满足不同族群需要的各种语言报刊纷纷登上历史舞台，它们在开启民智、推动社会变革方面形成合力。鉴于本书研究的时间范围，在此仅讨论部分代表性报纸。

1. 创办时间最长的《叻报》

在本书讨论的时间范围内，《叻报》足以因创办时间最长、影响最大，并且立场相对中立占据扛鼎之位。据学界考证，《叻报》创刊应是在1881年12月10日①，创刊号因为历史原因而遗散(目前新加坡国立大学图书馆中收录最早的是1887年8月19日刊)，一直到1932年3月停办，持续出版52年时间。《叻报》不同于当时的英文报刊在于它不是以周刊或者月刊等形式出现的，而是以日报的形式发行的。版面长宽分别为30.5厘米、25.4厘米，折叠裁，八开双面印刷。分析发行时间，除周日外，兼顾到中国本土和西方的社会习惯，清明节、中秋节、圣诞节都休刊。每年的停刊时间最长的是春节，从腊月二十五一直休刊至正月初十。《叻报》早期出版时间为每天上午，类似早报形式。1898年之后，改为中午出刊。在新加坡这样一个国土面积并不辽阔的环境下，《叻报》的发行量和

①吴庆棠．新加坡华文报业与中国[M]．上海：上海社会科学院出版社，1997：24.

当时影响力颇大的英文报纸《每日时报》发行量不分伯仲(表 1－1)。

**表 1－1　1883—1890 年《叻报》与《每日时报》发行量比较**[①]

| 年份 | 报纸 | 发行量 | 年份 | 报纸 | 发行量 |
|---|---|---|---|---|---|
| 1883 年 | 《叻报》 | 350 份 | 1887 年 | 《叻报》 | 168 份 |
| | 《每日时报》 | 250 份 | | 《每日时报》 | 350 份 |
| 1884 年 | 《叻报》 | 310 份 | 1888 年 | 《叻报》 | 200 份 |
| | 《每日时报》 | 300 份 | | 《每日时报》 | 400 份 |
| 1885 年 | 《叻报》 | 300 份 | 1889 年 | 《叻报》 | 200 份 |
| | 《每日时报》 | 300 份 | | 《每日时报》 | 400 份 |
| 1886 年 | 《叻报》 | 300 份 | 1890 年 | 《叻报》 | 200 份 |
| | 《每日时报》 | 300 份 | | 《每日时报》 | 400 份 |

《叻报》作为第一份真正意义上的华文报纸,从馆主、主笔到发行对象都是当地华人。《叻报》之后,新加坡一共出现约 200 余种华文报刊。其中,截至 1959 年,新加坡涌现出的华文报刊达 160 家左右。

《叻报》一直以“中立”自居,但是这种所谓的“中立”也意味着会因为时局做出相应的调整,这一点从其报头变化可见一斑。作为英国殖民地创办的华文报刊,《叻报》版头纪年由西历和清代年号纪年方式并用,同时兼顾了中国和英国文化,既有作为清朝海外子民的归顺之意,又有服从英殖民地政府管辖的态度。图 1－3 是目前可查的最早一期,右侧是清纪年“大清光绪十三年”。报名正下方标注“大英一千八百八十七年八月十九号礼拜五”。

大清光緒十三年

第一千七百二十四號

叻報

丁亥七月初一日

大英一千八百八十七年八月十九號禮拜五

**图 1－3　1987 年 8 月 19 日《叻报》报头**

①陈蒙鹤. 早期新加坡华文报章与华人社会(1881—1912)[M]. 胡兴荣,译. 广州:广东科技出版社,2008:38.

1911 年辛亥革命爆发，时局动荡，报头去掉清朝宣统纪年，改为黄帝纪年(图 1－4)。

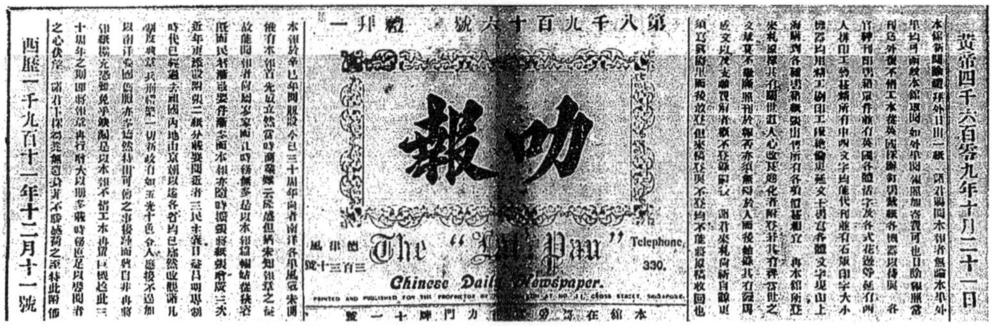


**图 1－4　1911 年 12 月 11 日《叻报》报头**

1912 年 2 月 12 日，隆裕太后代溥仪颁布清帝退位诏书，清朝正式灭亡。同年 3 月 20 日，《叻报》将报头左侧西历改阳历，黄帝纪年改为阴历纪年(图 1－5)。

**图 1－5　1912 年 3 月 20 日《叻报》报头**

办报的薛氏一族在南洋颇有影响力，创办人薛有礼属于马来亚地区第五代侨生。乾隆年间，薛氏一族的薛中衍赴马六甲谋生。薛有礼的祖父薛佛记出生于马六甲，曾任青云亭亭主，是 19 世纪初新加坡的富商和侨领。薛有礼的父亲薛荣樾是福建第一批英籍华商①，常常往返于厦门和马来西亚之间，参与创办新加坡萃英书院，并在《叻报》创刊之时，购得厦门旧设备，运抵新加坡。薛有礼(1851—1906)又名崇仪，祖籍福建漳浦，作为薛荣樾长子，他不仅继承了商业帝国，是当时汇丰银行的买办，而且在文教事业上开疆扩土，创办了《叻报》。私人办报，离不开巨大的财富支持和对华族文化的喜爱和认同。但是，新加坡学界认为，薛有礼办报的目的还有对个人社会声望的诉求。

①陈蒙鹤. 早期新加坡华文报章与华人社会(1881—1912)[M]. 胡兴荣，译. 广州：广东科技出版社，2008:26.

薛有礼去世后，《叻报》由其子薛兆雄继办。薛家始终保有浓厚的佛教和儒家传统，而不被海峡地区的习气所影响①。薛氏一族有作为中国传统士族的社会抱负，薛有礼言及办报初衷时说："尝慨夫叻地同侨，囿于旧俗，身之与国，漠不相关，愍然忧之，遂以觉世牖民，引为己责，念裨风教者莫良于报，于是毅然奋发，独任其难。"②

《叻报》的创办并非新加坡一地的经验，而是中国办报经验的延续。按照方汉奇的说法，《叻报》创办较上海《申报》迟 9 年，而且印刷设备来自厦门的《鹭江日报》，主笔叶季允则原本是《香港中外新报》的编辑（这个特点也反映在同期其他华文报刊上，根据新加坡学者王慷鼎的研究，马来西亚的《槟城新报》的采编人员，全部来自中国，并无土生华人）。

因为办报除了要财力和社会影响力的支持，还需要人力支持。当时有一定学识，熟悉报业经营而且愿意只身前往南洋的人极少，所幸，叶季允被重金聘往南洋，任《叻报》主笔，并在此服务四十年，是早期新加坡最有影响力的报人。《叻报》得以存续并扩大影响，得益于叶季允的操持，叶季允和薛有礼惺惺相惜，互为管鲍。

叶季允（1859—1921），名懋斌，笔名惺噩生，祖籍安徽，少时移居广东番禺，自幼接受中国传统教育，工于诗书，长于岐黄。丘逢甲 1900 年调研南洋侨务时，与叶氏相识，慕其诗文，曾赠诗云："平生风义柳堂门，雄直依然粤派存。谁料南荒柔佛国，听松庐更有诗孙。"③叶季允 19 岁到《香港中外新报》任职，薛有礼创刊初期仰其才华，聘其执掌《叻报》。叶季允主持《叻报》期间，始终坚持的两个办刊方针：一是薛有礼创刊时立下的商业规矩；二是叶氏自己思想的表达。

在《叻报》任主笔期间，叶季允参与中华商务总会和养正学校的创办。他在《叻报》执笔初期，时论题材多集中于儒家伦理，还有治学、交友、为人处世等，戊戌变法后则拥护维新思想，后又指责康有为、梁启超。虽然政见有异，但是站在华侨立场上进行的意见表达却是一致的。叶季允坚持报刊评论的客观化倾向，主张"若夫报牍，则人人之所共有，我辈主张论议，乃代公众立言，褒贬之间，胥凭公道，不得率一人爱憎恩怨，而别厥抑扬"，"报中之我，一我也；报外之我，又一我也。报外之我，不能移于报中，即报中之我，亦不能列诸报外。盖报外之我，为一己之我，权衡取舍，我自操之，非他人所得而强干。报中之我，为众人之我，一予一夺，必须屏去我之私臆，然后众人之我，说事可行。唯愿诸君披阅报章，须知我之为我，勿以平日之我视我，而以众人之我待我焉，则我与诸君皆能得无我

①陈蒙鹤．早期新加坡华文报章与华人社会（1881—1912）[M]．胡兴荣，译．广州：广东科技出版社，2008：29．

②《本报出世三十周年纪念序》发表于 1911 年 12 月 11 日《叻报》。

③丘逢甲．岭云海日楼诗钞[M]．丘铸昌，校点．上海：上海古籍出版社，2009：166．

之功，而同造于大公之域矣”①，被新马学界称为“南洋第一报人”。叶季允于1921年9月9日去世，《叻报》专门刊发启事宣布停刊一天作为纪念，并刊出悼文做专门评价：

> 惺噩生君，即《叻报》总编辑叶季允先生。惺噩生，先生之别号也。先生原籍安徽，移居东粤。生平不凡，少有大志。年十九，主香港《中外报》笔政。年廿一，念及华侨之居海外者多，思有以文化促我华侨文明之进步。于是决然乘长风破万里溟而来星洲，主《叻报》笔政。先生所抱中立之宗旨，四十年如一日，不为外界之激动，稍变易其初心。故我以我侨得真正舆论之不灭者，厥惟先生是赖。今先生作古矣！后所赖以继先生之志者，视乎《叻报》编辑部诸同人耳。我意《叻报》编辑诸同人，必能继先生之志，以慰先生之灵！虽然我于先生之死也，不仅为先生哀，更为我侨真正舆论哀②。

《叻报》还开启了南洋副刊文学的先河，叶季允主笔期间，一个极大的贡献是参照中国境内报刊附张的样式，在《叻报》开辟专门的附张。叶季允为附张撰写的发刊词中，提出设立附张是因为“热肠者建救时之策，冷眼者作避世之图”，“蒙庄怪诞，悉属箴言，曼倩诙谐，都为谲谏，言中有物，则嬉笑怒骂皆成文章”，“欲正俗者先求于俗”③。叶季允本欲以俗文学的样式进行文教启蒙，无意间却以另一种姿态开启了南洋文学的一个篇章。

2. 第二份具有近代形态的报刊《星报》

《星报》是继《叻报》之后第二份具有近代形态的新加坡华文报刊。一方面，《星报》关注中国命运，痛心疾首于列强之劣迹，希望通过改革振兴国势；另一方面，面向南洋社会，关注本地华社的动向，呼吁开展海峡殖民地的文教事业建设。目前可查的是新加坡国立大学图书馆所藏的1890年2月15日至1898年8月16日的《星报》（图1-6）。

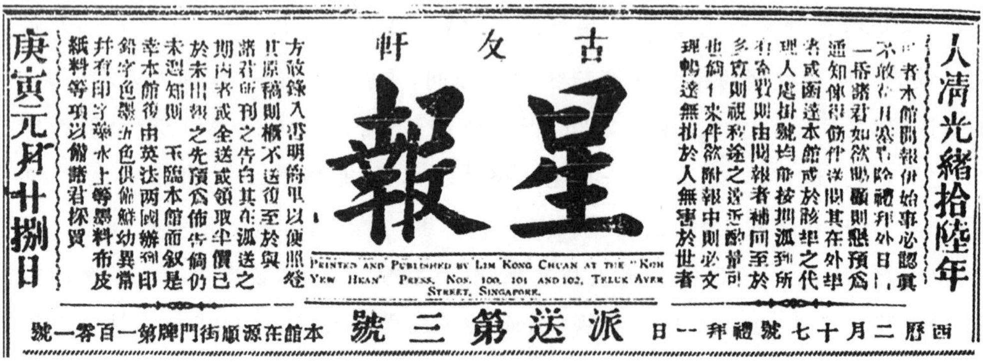


**图1-6　1890年2月17日《星报》报头**

①《惺噩生绪言》发表于《叻报》，1906年9月18日。

②《挽惺噩生君》发表于1921年9月12日《叻报》。

③陈育崧. 南洋第一报人[M]. 新加坡：星洲世界书局有限公司，1958：9-10.

《星报》由林衡南仿香港《循环日报》的形式创办。此前，林衡南已创办了在新加坡本土极有影响力的印刷机构古友轩(图 1－7)。

**图 1－7　古友轩广告①**

类似古友轩这样印务馆机器印刷设备之发达②是整个南洋报业得以繁盛的物质基础和技术保障。除了《海峡华人杂志》《星报》的发行，古友轩还承担其他语言图书的印制，包括部分销量较好的工具书的印刷和制作。例如 1880 年，英国皇家学会海峡分会委托古友轩承印马来西亚作家阿卜杜拉·门希(1797—1840)的自传《阿卜杜拉传》。全书为爪夷文，封底中文广告："本轩承印各款文字，细心校对，依期告竣，惟冀光顾者请认招牌，庶免致误。"《阿卜杜拉传》的刊行使古友轩得到马来社会的普遍认可。

《星报》每期 6～8 版，版头标注"除礼拜日外日出一纸"，除政论文之外，刊载大量广告，属于商业型报纸，内容主要包括答客问星报、清廷谕旨、时事新闻、汇票行情、西报照译、轮船行期、矿务佳音、捐赈芳名等栏目，大小新闻连篇排列，每则内容以另起段落和标题进行区隔，发行量可见表 1－2。

①《端蒙学校廿五年纪念刊》，新加坡端蒙学校，1931 年版，第 56 页。

②《星报》1890 年 12 月 17 日头版刊载古友轩和林衡南的公告曰："本轩在叻为印局已二十余年""启者本报不惜资本在泰西诸国采办大小隔间，灵巧异常"。

**表 1-2 1892—1898 年《星报》发行量①**

| 年份 | 销售量/份 | 年份 | 销售量/份 |
|---|---|---|---|
| 1892 年 | 450 | 1896 年 | 970 |
| 1893 年 | 350 | 1897 年 | 800 |
| 1894 年 | 740 | 1898 年 | 700 |
| 1895 年 | 800 | | |

关于报名的来源，第二期“答客问星报”介绍曰：“客有不知本馆命名之义，来相诘问者曰，贵报命名之义殆谓叻为星坡以为号，以地名如酸枣之风名魏，临海之风名齐者乎。”“非也，凡事需取其大，不可限于一隅。叻为南洋通津各埠之棋布星罗者。不知凡几叻不过天南一埠耳，若以此为号将挂一漏万，故属不可。且五洲之事均入报章，以叻为主名则他处之风土人情与诸事之可录者，其有主客之异耶。”

《星报》主笔之一的黄乃裳，笔名梅湖半农者，他不仅是有名的政治家、文人，而且是南洋有影响力的华人侨领，两个女婿林文庆与伍连德也同样在中国和新加坡颇具声望。黄乃裳言论趋向革命，因其个人的政治影响力扩大了报纸的发行量，1895 年至 1896 年《星报》的销量甚至是前文所谈《叻报》销量的两倍。

另一位有影响力的主笔徐圆阳，1844 年生，广东人，1887 年在《叻报》和《星报》任职，具有极强的政治抱负。1911 年 1 月，他公开剪辫并著文称：“此辫是吾族之污典之痛史，仆抱隐恨于兹六十七年亦。”②

早期华文报刊的创办多依托经营者或报人自身的实力。1898 年，林衡南去世一年后《星报》停刊。《星报》是后来《星洲日报》创办的重要基础。《星洲日报》创办人是林友苹、林蔼民兄弟和胡桂庚等华人。

3. 报国保教的报纸《天南新报》

《天南新报》(图 1-8)是新加坡历史上第三份华文日报，由林文庆和邱菽园创办于 1898 年 5 月 26 日，除去 1904 年 10 月至 11 月因机器故障停刊两个月外，以日报的形式一直持续到 1905 年 4 月 29 日，共发行 1960 期。邱菽园担任主要出资人和中文新闻的主笔，林文庆负责英文新闻的校译工作，驻馆记者徐季钧则是知名的南来文人。

①陈蒙鹤. 早期新加坡华文报章与华人社会(1881—1912)[M]. 胡兴荣，译. 广州：广东科技出版社，2008:59.

②王士谷. 海外华文新闻史研究[M]. 北京：新华出版社，1998:163.

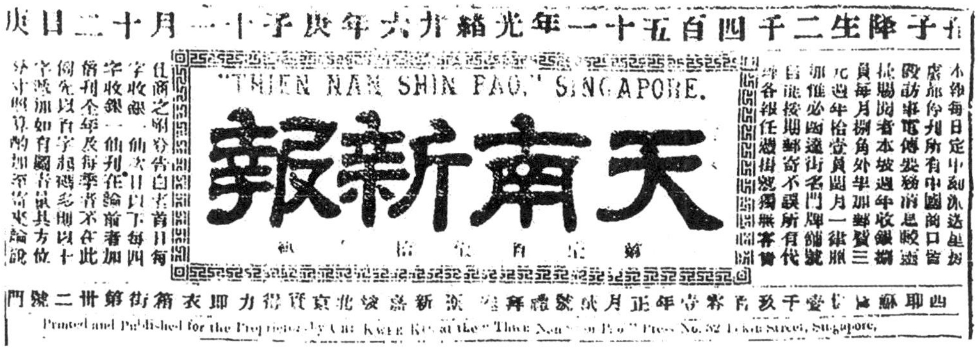


**图 1－8　1901 年 1 月 2 日《天南新报》报头**

《天南新报》馆址设于新加坡北京路 32 号，邱菽园任大总理，王会仪为正司理，徐季钧等任编辑。邱菽园后文会专门讨论。王会仪祖籍福建，参与创办会吟社、新加坡崇福女校。邱菽园在创办丽泽社的过程中认识王会仪，邀请其参与报馆的经营活动。徐季钧，字亮铨，号古梅钝根生，清末考取功名，青年时在福州鹤龄英华书院求学，1893 年南渡到新加坡，先后从事《叻报》《天南新报》《日新报》《槟城日报》等编辑工作，1909 年创办福州商业公会，自任会长一职，1910 年创办新加坡福州会馆。邱菽园来新加坡时，徐季钧已任《叻报》主笔，1899 年邱菽园邀徐季钧任《天南新报》总主笔，他成为《天南新报》任职时间最长的主笔。

相比同时期的其他报刊，由于邱菽园和林文庆自身经济能力较强，《天南新报》并不完全依赖于广告收入，因此广告所占篇幅远不及《星报》和《日新报》，也就有了更多的篇幅实现邱、林二人作为文人的社会抱负。在邱菽园看来，“然而中国仿设报纸三十余年，未尝见其畅行，此何故哉”①，中国报刊经营数十年难有突破在于办报理念落后，报人职业素养不足，邱菽园所期望的理想状态是报刊应具有“政教之得失，商务之盛衰，风气之转移，人才之升降，以迄天涯之逸事，街巷之丛谈，天下之事皆得畅言，胥得采而录之，论而定之，为国家补教化所不及，厥事不綦重乎”②的状态。因此《天南新报》作为完整意义的媒体报纸，除了提供本地的消息外，还将尽其所能让华人社会了解世界上每天所发生的大事，以及先进的科学知识和社会思想③。

创办初期的《天南新报》每日八版，头版刊载针对时事的社论，第二、三、四版则为新闻，包括来自中国的“上谕恭录”“京报选登”，来自西方媒体的“西报电音”，来自本土的“本馆专电”等，第五版通常为文学创作，包括旧体诗、古典小说和街头巷尾的杂谈轶事，

①《乐群社课》发表于 1898 年 6 月 13 日《天南新报》。

②《乐群社课》发表于 1898 年 6 月 13 日《天南新报》。

③《新加坡自由西报》，1898 年 6 月 2 日。

第六至第八版多为商业信息或者其他广告。之后，其在 1899 年进行改版，涉及部分栏目设置和篇幅体量等，在 1902 年和 1904 年又有两次改版，目的是更符合华人读者的阅读习惯。但是总体的设计和办报宗旨一直未变，并且通过报刊实行社会思想的改良和向西方报业学习的态度始终如一，例如《天南新报》增加天气预报栏目，分晨、午、晚三个时段登载天气状况与气温，是对西方科学的践行。此外，《天南新报》作为保皇党在南洋地区的第一份机关报，创办宗旨是“大开民智，辅翼我国家，宣扬我圣教”[①]，值得玩味的是，“圣教”系儒教，而“我国家”之所指，是故土“清国”抑或是在地南洋呢？这个问题在后面会有专文讨论。

《天南新报》的社论、报道对新加坡华文报刊做出两项创举。第一，使报刊成为一个思想或主义的宣传工具；第二，注重新闻报道，选稿谨慎，步上今日新闻处理的道路[②]。由于《天南新报》的影响力和向西方学习的范式，同处新加坡的英国报刊对其予以极高的评价和期望，在此摘录二则：

> 我们欢迎这份新的华文日报在新加坡面世，该报创刊之目的是为宣传进步思想提供便利，并阐明西方国家从过去所经历的愚昧中获得提升的方法。政治方面，该报持中国民族主义的立场，是最为适合宣扬爱国观点的媒介。
>
> ——《海峡华人杂志》

> 作为完整意义的媒体，除了提供本地的消息外，还将尽其所能让华人社群了解世界上每天所发生的大事，以及先进的科学知识和社会思想。在贯彻这些计划的同时，应该小心，没有必要伤及底层华人的偏好。我们深信《天南新报》将有长远而辉煌的报业生涯[③]。
>
> ——《自由西报》

很显然，西方报刊在评价时，对底层华人的诉求是有所顾忌的，对华文报刊是有所期待的。

4. 以传播维新思想为宗旨的《日新报》

《日新报》是一份存续时间较短的报纸，自 1899 年 10 月 5 日至 1901 年 8 月 13 日。《日新报》由林文庆创办。林文庆在新加坡参与“一刊两报”，即《海峡华人杂志》（系林文庆和宋旺相二人合办的英文季刊，创刊于 1897 年 4 月）《天南新报》和《日新报》。由于报人之间错综复杂的关系，该报与《天南新报》《星报》有承续关系。

---

①《添延外埠来访人告白》发表于 1898 年 6 月 17 日《天南新报》。

②郑文辉. 新加坡华文报业史[M]. 新加坡：新马出版印刷公司，1973：31.

③陈蒙鹤. 早期新加坡华文报章与华人社会（1881—1912）[M]. 胡兴荣，译. 广州：广东科技出版社，2008：60 - 61.

一方面，关于《星报》和《日新报》的关系，从表面上看，后者是前者的延续，《日新报》创刊首月的头版每日声明“本报现虽易名《日新报》，然与《星报》并无歧义”①，如《日新报》创刊系承接《星报》报期，列第 2876 号。与此同时，《日新报》继承了《星报》原有刊号。但两报的内容、主旨、版面设置都有差异。

另一方面，根据 1901 年 9 月 14 日《天南新报》所载《报馆改章》的消息，声称《天南新报》与《日新报》各股东协商，同意将两份报纸按照英国有限公司的形式整合为《天南日新报》，合同有效时间自当年 8 月 1 日起：

> 启者我等《天南新报》《日新报》即古友轩两号各在事人意欲将《天南新报》古友轩、《日新报》之生意合办为一家，其章程悉仿英例有限公司，及议名曰《天南日新报》，议自本八月初一日为始合，先声明保重以俾众知所有合约章程馆规一切亦各写妥画押交易之后再行②。

但事实上“整合”并未实施，究其原因，和报人纵横交错的私人关系有关。《天南新报》主办人邱菽园于 1901 年 9 月已辞去主笔一职，而《日新报》报主林文庆与邱菽园私交甚好，二报未能合一也有此方面原因。

《日新报》除了传播西学，还传播儒学思想，林文庆个人的儒学文章也会刊载其上。鉴于报人林文庆自身有中西学的背景，同时他受到两种文化的影响，因此《日新报》作为华人文化自觉的符号，还承担了传播西学和认识世界的责任。又因为《日新报》是早期南洋华人知识分子林文庆自发创办的，具备非常强烈的政治导向和价值认同。一方面，他认为报纸作为舆论平台不应该参与党派之争，而应保持中立，即“稽时局以镜得失，录朝事以中纪纲，缁电报以速要闻，择律例以知趋避，明商务以观消长，记交涉以达经世，综人才以念盛衰，志式备以见强弱，征学术以增才智，遐俗风以广化闻”③；另一方面，要求报纸必须有自己的认知和价值判断。《日新报》自身以传播维新思想为宗旨。所谓“日新”，取自《礼记・大学》中“汤之盘铭曰：‘苟日新，日日新，又日新。’”之说，要求“日日新”。刊载内容：“凡可以新人耳目，新人识见，新人学问，新人心思者莫不采登于报。”要求“何谓日新，曰为汤之盘实铭斯语，古圣王尝于此而三致意焉。报曰日新”“万世常新以足日月争光”④。《日新报》始终扮演着改良主义的保皇派角色。它除了开启民智、播报世界范围内新闻、支持维新外，一直以儒家思想为指导。

版头部分是西历和清代年号纪年方式并用，图 1 - 9 是《日新报》第一期版头，刊名上

---

①《本报更始告白》发表于 1899 年 10 月 5 日《日新报》。

②《天南新报》，1901 年 9 月 14 日。

③《日新报主义》发表于 1899 年 10 月 5 日《日新报》。

④《日新说》发表于 1899 年 10 月 6 日《日新报》。

方是西历纪年“西一千八百九十九年十月五号礼拜四”，右侧使用清朝皇帝年号“大清光绪廿五年”，左侧干支纪年“己亥年九月初一日”。刊名下方左边声称与星报的关系“接连星报第二千八百七十六号”，右下方是报社地址“新加坡源顺街门牌第一百零一号”。

图 1-9　1899 年 10 月 5 日《日新报》报头

1900 年之后，报刊的纪年方式还增加了孔子诞辰纪年法，如在报头右下角注有“孔子降生二千四百五十一年”（图 1-10）。

图 1-10　1900 年 2 月 5 日《日新报》报头

《日新报》沿袭《星报》的做法，在头版设置社论，所占篇幅较大，当内容较长时还会以连载的形式出现。但这也和该报政治立场相关，如果清政府有重要谕令公布时，社论会让出版面以示郑重其事。担任《日新报》和《星报》主笔的黄乃裳认为办报可以强国图存，

“报馆益多则闻见益广，闻见益广则变通益速，变通益速则国势益强”①。他在《日新报》发表的评论多为中国和南洋两地时政。其他撰稿人有天廖子、九幽一缕人、浮梁买客、四明刘谦、红杏山房、梦云寄庐主人、先忧子等。其中，报纸发行的前两个月，头版社论全部由天廖子撰写。亦有以社团名义发布的，如好学会、道南文社等。

《日新报》的销售市场并不局限于新加坡，根据头版栏目“各埠售报处”统计，发行地点包括香港的中环南兴隆号、广东的沙面吻者士洋行、厦门的打铁路头顺吉行、槟榔屿的缎罗申街万通号、吉隆坡的泽华号、大吡叻的吧罗广嘉兴、仰光的新瑞云斋、沙捞越的和顺号、吧城的大港墘协成号、三宝垅的亚郎街泰安号、井里汶的自成号、泗水的如春号和金安居。1901年开始，中国境内销售点被全部取消。

5.革命派报刊《图南日报》《南洋总汇报》《中兴日报》

太平天国革命失败后，余党南奔秘密结社，被称为南洋革命党，具有反清复明的思想。1900年惠州革命失败后，首领黄福，黄耀廷等逃亡南洋，1901年中兴会会员尤列也来到南洋。自此，华人有了革命党的倡导和引领。尤列在新加坡发起“中和堂”的组织，将惠州革命的青天白日旗挂出以号召革命。目前可考最早的革命派报纸是由陈楚楠、张永福二人在1903年创办的《图南日报》，报馆位于福建街21号。尤列以“吴兴季子”的笔名撰写了发刊词，正式运营后由陈诗仲任总编辑，尤列为名誉编辑。由于资金压力，《图南日报》经营两年后停刊。根据新加坡晚晴园所藏报刊，报头印有“忍令上国衣冠沦于涂炭，相率中原豪杰还我山河”，报面年号分别用西历耶稣诞辰纪年和清朝光绪年号纪年两种方式，版面标识“自由钟”，钟下两幅交叉的国旗分别为“独立”和“同胞国民万岁万岁万岁”。《图南日报》更大的价值在于宣传革命。1904年冬，孙中山在檀香山了解到南洋创办《图南日报》的信息，次年在尤列的介绍下，会见了陈楚楠和张永福，让他们振兴南洋党务，为南洋华侨参与革命和同盟会的创办多做贡献。

《图南日报》(图1-11)因经营压力无法维持而停刊后，陈楚楠、张永福二人再次筹措资金合办《南洋总汇报》，因与保皇派的纠纷，1906年春停刊。1907年8月，二人连同华人侨领林义顺再办《中兴日报》，该报自1907年8月20日经营至1910年2月3日因经济压力而再次停刊。陈楚楠在回顾办刊历史时说：“《图南日报》因亏耗过多，以致停版，我们组织《南洋总汇报》又因分子不纯粹，以致喧宾夺主，后来变成了保皇党报，专门攻击我们革命党，列位，以为我们对这宣传，竟能忍受吗？不，我们自总理以后，更知道宣传的重

①《福州宜设报馆说》发表于1896年5月1日《星报》。

要……总理到新加坡后，我们又鼓起勇气，在丁未年(1907 年)再次组织创办《中兴日报》。"[①]孙中山曾以"南洋小学生"为笔名在《中兴日报》撰写革命文章《平实开口便错》。胡汉民、汪精卫、田桐等人均参与过该报的编辑工作。

图 1-11 《图南日报》

《中兴日报》平均日销约一千份，每日出版四张八版，文字竖排，在南洋、欧美皆设有代理处。它和其他华文报纸一样，都有必设栏目"论说"宣扬立场，意犹未尽时还可以连载，另有中国各省尤其是闽粤地区的新闻和南洋本埠新闻，由于自身立场，对发生在中国境内的革命常常有极为详细的报道，还有专门刊载文学创作的副刊"非非"，刊载谐文、词苑、粤讴、杂俎等文体。作为革命派报刊，其宗旨鲜明，时人评价："南洋《中兴日报》乃新加坡诸爱国志士所创，其宗旨在发扬民族民权民生三大主义，言论精辟，资料宏丰，记事翔实，特电灵通，诚南洋第一大报也。"[②]

文化是为民族的生存和发展服务的。当传统文化无法适应这一趋势时，危机都会让文化主动或被动地调整自己的内部建构，以适应社会发展的历史要求。报刊的时空重

①陈楚楠.晚晴园与中国革命史略[M]//蒋永敬.华侨开国革命史料.台北:正中书局,1977:340-341.

②丁守和.辛亥革命时期期刊介绍(第二集)[M].北京:人民出版社,1986:33.

组，不仅是单纯伴随时间和空间的移位，而且是社会、文化与政治的综合反映，并不断生产的媒介空间，这个空间在相当程度上决定着报刊的面貌，形成近代南洋独特的报刊传播图景。

## 四、南洋知识分子的历史使命与办刊选择

本章之所以以“传播图景”为题，在于报人和社会关系的变化，进而言之是人与世界关系的变化。所谓“图景”，即报刊展现不同报刊经营者看待社会的方式，及如何改变社会并呈现于其时华人眼前的形态。清末民初以来，南洋受中、英、新三种文化的影响，产生了不同的报刊。

1. 西学影响下进行新闻译介的林文庆与《日新报》

海峡殖民地时期，海外华人的身份认同的差异与峇峇和新客、土生华人和海外华人、受华文教育和受英文教育或是社会阶级之争所带出来的分化有关。分析林文庆作为报人的身份，需要结合其作为峇峇的身份，自 1826 年三州府成立，英殖民政府将槟城、马六甲和新加坡称为“海峡殖民地”时，峇峇的身份就与“华人”身份的关系发生了微妙的转变。峇峇被英殖民地政府称为“海峡出生华人”，而出生于中国的移民被称为“新客”。作为土生华人身份的峇峇无论在经济、政治、社会还是文化教育，都充分展现了他们在海峡殖民地时代所占据的主导地位。在经济方面，由于土生华人通晓马来语、英语并且熟悉当地情况，欧洲商人需要他们推销洋货和采购土特产，因此在商务上占了先机。在政治方面，土生华人通常都担任政府官员的职务，如立法、行政等公职，他们成了华人社会的上等阶层。在社会上，土生华人有自己的组织，如 1900 年成立的以林文庆、宋旺相和陈若锦为领导的“海峡英籍华人公会”，目的是维护土生华人的各种利益，并自办刊物，如 1894 创办的《伯拉奈干》和《东方之星》。印刷业的发展带来文学的繁荣，产生了峇峇文学。在教育方面，英国人在 19 世纪初在海峡殖民地设立了四所英语学校。如 1814 年马六甲成立的英华书院、1816 年槟城成立的槟榔屿自由学校、1823 年在新加坡成立的新加坡工学院（1867 年以后改名为莱佛士学院）以及 1826 年在马六甲成立的马六甲自由学校，后来在 1878 年改名为马六甲高级学校。这促使土生华人群体有更多的机会接受英文教育，如殖民地政府“女皇奖学金”设立以后，部分优秀的土生华人子弟被派去英国深造，其中的佼佼者如林文庆和宋旺相。

林文庆祖父林玛彭是第一代中国移民。林文庆少年时期一方面在新加坡接受传统教育，受儒家思想的影响，一方面处于英殖民地的管理下，接受英语教育。1887—1892 年，林文庆在英“女皇奖学金”的资助下，赴英国爱丁堡大学医学院深造。1894 年，林文庆在莱佛士坊开设九思堂西药房，凭借精湛的医术，在南洋社会获得声誉，黄遵宪曾亲赠

“功追元化”。丘逢甲赋诗评价林文庆：“君名文庆字文庆，应慕汾阳郭子仪。若论收京扶圣主，终须横海出雄师。公卿当代多余气，豪杰中原望义旗。欲起病龙作霖雨，天涯我将访神医。①”林文庆在中国的文学史上虽然与鲁迅有复杂纠葛，但是二人却有着相同的选择，二人都有弃医从文的共同选择，还有以一己之力推动社会变革的骄人之勇。林文庆在英国留学期间，见证了盎格鲁-撒克逊民族在殖民地时期的辉煌，反思清廷为何江河日下。这不同民族的发展命运极大地激发了林文庆作为知识分子的忧患意识，促使林文庆凭借自身影响力推动华人社会的改良运动。

林文庆参与创办“海峡英籍华人公会”，1895 年当选“海峡殖民地立法议会”非官方议员，并通过种植橡胶，获得经济利益。1901 年“华人义勇军”成立。英殖民政府委任林文庆为新加坡政局、华人参事局等机构的咨询顾问。林文庆于 1897 年获得太平绅士，于 1918 年获得帝国四等勋章(OBE)等荣誉。

但身为华人，林文庆终是心向中华文化，对儒家思想尤为重视。他 1896 年成立华人好学会，1898 年提倡剪辫运动，1899 年建立新加坡华人女校，1906 年开设戒烟所。他虽然接受英式高等教育，却只身投入中国教育，受陈嘉庚委派担任厦门大学校长，1905 年又参加抵制美货运动，1906 年加入中国同盟会。

林文庆是 19 世纪末以来沟通中西、跨域族群的重要人物。其思想更多地受到西方功利主义、达尔文主义和自由主义的影响。这种以适者生存为导向的观念，让林文庆在评价南洋华人的生存时认为“这些华商是和平与信誉的最优秀先锋队，没有什么可吓倒他们。肉体上的障碍、气候的恶劣，落后民族的凶残，文明的排外法律都阻挡不了他们。遵行适者生存的自然法则，他们坚持到底”②。

林文庆认识到在传统的基于文化信仰的共同体向世俗社会的转变中，报刊具有不可替代的作用。在他看来，报刊可以消解“一己之见”的封闭，将人的眼界扩大，让华人更充分地了解其所置身于其中的社会。1897 年 4 月，林文庆与宋旺相联合创办英文季刊《海峡华人杂志》，版块包括新闻报道、时事评论、专题信息等，该刊延续十年，后因经济难以为继，1907 年 12 月停刊。林文庆提出，这份刊物目的在于促进海峡华人的文化活动，并将华人中存在的舆论混乱状态引向最后的统一，让高等教育的知识分子借此探讨各种社会和政治问题，凡是与全体海峡人民利益有关的事情，都在讨论的范围内③。《海峡华人杂志》每期都有林文庆个人宣传社会改良的文章，希望促进海峡华人对社会形势的关注，

①丘逢甲. 岭云海日楼诗钞[M]. 丘铸昌，校点. 上海：上海古籍出版社，2009：988.
②李元瑾. 林文庆的思想：中西文化的汇流与矛盾[M]. 新加坡：新加坡亚洲研究学会，1990：55.
③李元瑾. 林文庆的思想：中西文化的汇流与矛盾[M]. 新加坡：新加坡亚洲研究学会，1990：231.

主张在政治上一扫积弊，建立新的国家治理机制。林文庆主张动员华侨，通过各种方式服务祖国，宣传爱国主义、改良主义和维新精神。林文庆作为峇峇，他认为这个群体由于文化环境和母语教育缺失，加之英国殖民政府的强势管理体制，祖国观念淡薄，因此非常有必要让华侨子弟接受华语教育，强化文化认同。

林文庆主笔《日新报》时，一直受邀作为该报欧洲及国际政治事务顾问，由于林文庆本人受西学思想影响巨大，在主笔报刊期间，译介西方报刊上的新闻和时评，以期扩大华人的视野："本馆主人林君文庆拟将生平所讲求格致之学，择其新奇者，著为论说，或翻译西报加以论断，或采辑欧美博物去著述，不时登诸报中，以广闻报诸君子之见用而增新识，倘阅报诸君果能留意考究，是亦学问中之一大助也。"①林文庆在《日新报》开辟《格物杂说》栏目，刊发格物类文章，以启发民智，他注重在思想和科技上的启蒙，也不忘读报与人的现代性关系研究，认为向民众普及学理知识，以传媒启迪民智，教育人才这种功能才会发挥得润物细无声。表 1－3 是林文庆翻译或主笔的各类文章。

**表 1－3　林文庆在《日新报》任主笔时的文章**

| 稿源 | 题目 | 时间 |
|---|---|---|
| 译著 | 《论流星》 | 1899 年 11 月 15 日 |
| 译著 | 《论流星》 | 1899 年 11 月 15 日 |
| 主笔 | 《传行机器》 | 1899 年 11 月 17 日 |
| 主笔 | 《传行机器》 | 1899 年 11 月 18 日 |
| 主笔 | 《传行机器》 | 1899 年 11 月 20 日 |
| 译著 | 《论地球始于何时》 | 1899 年 11 月 21 日 |
| 译著 | 《论地球始于何时》 | 1899 年 11 月 22 日 |
| 译著 | 《释名上》 | 1899 年 12 月 19 日 |
| 译著 | 《释名下》 | 1899 年 12 月 22 日 |

办刊之余，林文庆与邱菽园共创"新加坡好学会"，好学会宗旨是开民智、利民生。好学会汇集知识分子、侨领在新加坡翠兰亭角华商阁定期演讲，谈论古今、格物致知，涉及题目如泰西商政、孔孟治学、戊戌政变、儒教建设，等等。

①林文庆．拟辑格物新说[N]．日新报，1899－11－14(1)．

## 拟新洲好学会序，戏仿欧阳文忠醉翁记体

岩岩巍然而屹峙者山也，渊渊乎浩然而澎湃者海也，生生乎繁息而孳，欣欣乎向荣而盛者，鸟兽之与草木也，也吾知其根于常石也，海也吾知其源于一勺也，鸟兽之与草木也，吾知其翼飞而足驰，芽萌而子结也。山之不能为海也，海之不能为山也，山与海之不能偏，鸟兽之与草木也。鸟兽之与草木又不能为山与海，且不能飞而为驰蔓，而为输也，则以天之所界固不能强。而他也然，此惟论物之情也，非所以论人也，人固万物之灵也，无不能也无不可也。其智慧则独多也，其思虑则独胜也，具财力则独厚也，故推其最则参天两地可也。幽养鬼神亦可也，即泄天地之机夺造物之柄，亦无不可也，故曰舜人也，我亦人也，禹稷颜子易地则皆然也，然性相近也，智相远也，人不可不知所习也。所谓学而致之眷也，故诱翼之以为善则中材，皆圣哲也放纵之，以为恶则金玉亦瓦缶也，是皆学不学之分也，君子知其然也，故不得不亟讲夫学也。况乎今日，民瞀则就颓也，国耻则未雪也，士大夫则相率而羽于低也，环显列强则又眈眈而逐逐也，欲匡其失而振其衰，则非大溶民智而不可也，此新洲好学会所由创也。夫所谓学何当非咿唔咕呼也非，摘句寻章也，及非执经问难从函文而赖师赛也，盖聚同志于一堂砥砺切磋而尽学问相互之通道也，则斯会也。实以矫今学人之失也，夫今之所谓学者非古之所谓学也，古人之学有准绳，也有阶级，也非可以踪而得也。所谓礼也、乐也、射也、御也、书也、数也，皆小学之事也。格物也、致知也、诚意也、正心也、修身也、齐家治国平天下也，皆大学之事也，然非可以例乎。今也夫今人之为学，上焉者则专经也、训诂也、金石考据也、文采辞章也，凡此皆所谓上焉者也。其下焉省则八股也、试帖也、小楷也，皆不过为猎取科名计也。所习非所用也，所用又非所习也，诚如是，则欲其不害国害民不可得也，嗟乎！今之天下一竞争之天下也，固无所谓礼，也无所谓让，也其强者则天下事皆可为也，而弱者则仰鼻息以轮生也。虽有公法不可守，也虽有条约不能恃也，虽有至善之词至长之理亦不能得而伸也，所尚者势也，所重者力也，而各国所亟亟然图之，省则货财之与机利也，而其自谋者则炮利之与船坚也，故其各国人所学与吾所学则有迥然不侔者也。夫西国之为学也，门类虽多，然约而言之固，可以屈而计也，则曰天学也、地学也、化学也、器学也、算学也、光学也、声学也、电学也、重学也、律学也、治学也、农学也、商学也、工学也、格物学也、机器学也、金石质学也、动物学也、与夫各国之语言文字学也。古今之兴亡因革学也，凡此诸学虽不能悉数而穷，今以一言蔽之，则皆有用之学也，然而人才之所以众多，则以学会之盛故也，夫我中国地非不广也，民非不众也，智慧思虑非不高明通澈也，然而国

贫民弱，事事落人之后，其不免有分崩离析之，应者则学之不能及人，故有势所必至者也，夫内地之民亦非不明其故也，而所以不能广鸩学会者则已，在上者压力之过甚也，夫叻地英属也，其民皆得自由也，而学会得英人所极爱而重之渚也，今内地不能行之，故不得不于叻地行之也，况夫学曾之意至美也，学会之法至良也，开发见闻究明义理资广益世已有所得，当众详宣示至公也，无主无宾、不拘不束昭平等也，先觉后觉成已成人征博爱也。于戏此学会之设所以为近今最急之务也，其学人功甚，也可以传诸永久历千古而不磨者也，夫创斯会渚文庆林子、菽园邱子也，与斯会者数百人皆新洲好学君子也，而序斯会者则天廖子也①。

每有活动，都会在《日新报》发出通告：

本日晚为本坡好学会假座华商阁第三次叙会之期。本届为邱君菽园演说政治时务，林君文庆演说生物化学。并闻该学会诸君选举叶君季允在会中演说政治新理。叶君熟悉闽粤二省方言。届期演说想必能以二种语言商论，闽粤人均能听而共喻也，有志者尽往观乎②。

活动前发布题目门类，鼓励参与者就问题开展激烈的讨论：

启者自前月既望第八期集会以后，适因菽堂弟文胞妹联姻，喜事连日，吉以延宕至今，近承诸会友纷纷函询……谨将题目门类列下时务类、学术类、政治类，以上三类任凭择说，各尽其长，或仿西国议院互相诘之③。

从报刊的评价看，每次活动由报人主导，反响热烈：

林君文庆在本坡之创设好学会，集文学志士讲论中外古今要政、格致、新理以开通民智，利益民生，诚美举也。听者约四五十人之众，先由邱菽园演说立会之本旨，并发明孔圣道理，劝人恪遵孔教之事。毕，林君文庆则起而言中西损益各事与格致化学诸理，继则叶君季允演说新理新学直至钟鸣千一点乃止④。

林文庆身上折射的是南洋新型知识分子的色彩，他用一种改良者的姿态面对海峡殖民地社会，接受英式教育，却在教育中建议编写系统化的华文教材，开创女子学校，推崇儒家文化，崇尚中国传统社会，却坚定地推动剪辫运动。以林文庆为代表的改良派在报刊上译介，介绍西方器物、体制和文明，在西方政治学说、政治制度和社会发展状况方面做了大量工作，并且迅速将其普及到各个阶层。这不仅使近代西方文明真正地走向了普罗大众和底层华人社会，推动了社会转型，而且论说范围涉及西方上下几千年的历史和事

①天廖子. 拟新洲好学会序戏仿欧阳文忠醉翁亭记亭[N]. 日新报，1899－11－25(1).

②《学会演说》引自 1899 年 10 月 9 日《日新报》。

③《好学会第九期演说广告》引自 1899 年 12 月 4 日《日新报》。

④《志好学会》引自 1899 年 10 月 6 日《日新报》。

物，就学科范围来说，人文科学、社会科学、自然科学无所不包；促使当地华人不仅能对当时的西方文化有大概的了解，还可以运用学新知识、新伦理反思中国传统文化，从而寻求现实的出路；从而使得来自海峡殖民地的西方文化以排山倒海、咄咄逼人之势，裹挟着政治、经济和文化之风，冲击着南洋文化，引起夹杂在中西文化之间华人群体的心理震动。

2.传统儒士向现代知识分子转化的代表邱菽园与《天南新报》

19 世纪末是一个中国传统知识分子身份急遽转化的时期，以士大夫为中心的四民社会逐渐消解，加之无缘科举，捐官又为正统的士族所排斥，于是出现传统文人逐渐向现代知识分子转变的情形。这种转变同样呈现于南洋，知识分子通过办刊这个渠道参与政治活动、重回社会中心，并以报刊为阵地发表政治主张，报刊的宣传功能得以充分发挥。舆论导向和政论成为影响最大的传播生态。

与此同时，19 世纪的英国经历社会变革，诸如功利主义、怀疑主义、自由主义等蓬勃发展。英国开发马来亚，使得英国的文化模式在新加坡得到推移和整合，但是这种推移却促使部分本地文人对中国传统文化更加坚守，其中最具代表性的就是邱菽园。

邱菽园 1874 年生于中国福建漳州海澄县(今龙海区)，在广东、澳门受教，8 岁暂住新加坡，15 岁返乡参加科考，乡试中举(原本意图走应仕之路，但因家庭变动赴南洋从商)。1896 年，早年来新加坡创业并通过经营粮食成为南洋著名商人和侨领的父亲邱笃信病逝，财产由邱菽园全部接管。同年，邱菽园扶父柩回海澄县安葬后，次年再赴新加坡。此后的岁月里，除了 1920 年赴厦门一次外，他再没有踏上过中国的土地。

邱菽园于 1898 年 5 月 26 日创办《天南新报》，鼓吹维新。1899 年他与林文庆合办新加坡华人女校。1900 年 2 月 2 日，康有为来新加坡，邱菽园开始担任保皇会新加坡分会会长，并资助康有为，推动勤王运动。次年 9 月 12 日其又在《天南新报》上发表《论康有为》一文，表示与康有为决裂："乃论者不察，以去年康有为之来星(新)加坡，曾一为延纳，遂多昔年以党康，今日拒康，而中间若留大段疑讶问题者……大抵康之为人，结党营私四字，乃其死后不磨之谥，而其结党之法，则以其学问为招徕之术，以大帽子为牢笼之方，善事之徒，一与之游，无不入其彀中，此则戊戌以前在粤聚徒及在京结党之手段也。①"学界有观点认为，邱菽园此举是与张之洞在清廷通过新加坡总领事罗忠尧给其施压有关②。

邱菽园作为早期流寓新加坡的华族，受西方文化熏陶又有雄厚的家产支撑，得以相对自由地实现自己的政治抱负和人生理想。表现在其一，邱菽园 1899 年自己编写华文教材《千字文》，1902 年又撰写出版《新出千字文》，改变中国传统诗文教育艰难晦涩的教

①《论康有为》发表于 1901 年 9 月 12 日《天南新报》。

②茅海建.张之洞策反邱菽园[J].四川大学学报，2012(1)：63.

学方式，使用浅显易懂的方式，让本地华族更容易学习。其二，邱菽园筹办萃英书院、道南学校等华文学校，让海外华人得以在域外习得华语知识，并邀请康有为等人前来讲学。其三，值得一提的是，邱菽园虽然是受中国传统教育成长起来的，但他却可以开明地传播女学，“重男轻女，有以致是，而不知日后改归西人保护，有男女平权之利益也……今欲匡正之，数百年之桩饰语言习尚仪节，实难猝移，亦不得尽人而移。匡在妇女辈为尤甚，则莫若先兴女学。”①

中国封建社会的科举选拔制度，权力基础来自政府，研习经典、科举致仕是读书人的不二选择。通过科举制度，知识分子以其掌握的知识资本换取政治权力，通过政治权力进而获得经济资本，实现阶层跨越。对于邱菽园这类南洋文人，皓首穷经却无缘科举，但是作为报人的身份却可以实现话语权。加之邱菽园所处的时代，正是中国社会变迁最为激烈动荡的时期，对内接连发生的有太平天国运动、洋务运动、公车上书、戊戌变法、义和团起义、辛亥革命、五四运动、抗日战争，对外有第二次鸦片战争、中法战争、中日战争、八国联军侵华等。邱菽园热心国内改良、积极参与维新，其论说中经常表现出对中国时局的极大关注。百日维新期间，邱菽园在《天南新报》先后发表十几篇时评，如《周礼精义为西学导其先路说》《经济科私议》《不以帝称孔子辩》《论中国不得》《享万国公法之益》《训蒙浅说》《论华地创设公司开除官办名目》《塾师指迷论》《拟创内地棉纱局序》《许尚书回奏牵涉康有为闲评》《正统博议》《三害质言》等提出变法主张，认为当时中国积弊极深，要变法需从开民智、发民力、重民德做起，中国十三经如《周礼》应该成为理论先导，中西之学可以调和，维新和儒学可以相辅相成。他从政治、经济、文化等多方面做了深刻的反思，发表《缠足考》《风水不足恃》《破瓜解》《陋俗》《嫁归宁男子亦可称》《父父子子》《异代追谥》《算命无益》等社论。

邱菽园代表的是中国传统文人，其通过阅读《天演论》受到达尔文进化论的影响，因此将自己的书房取名“观天演斋”，但又保持中华民族强烈的文化优越感。正如邱菽园自己所云：“周礼至今数千年，早备西学之门户矣。”他胸有成竹地认为中国文化和西方文化并无比较之需：“守中学者薄西学者而不为，竞西学者诋中学为无用，几何其不相柄鉴也哉！”

邱菽园期望孔教救国，维新救国，对于救国图强，认为维新变法失败“是诚无怪东西诸大国咸以我国为无教化之国，而以野蛮待我也”②。在《学校报纸议院三大要说》一文参照日本的政治体制“维新之始，事事改从西人，不止创立议院一端，然议院初立时，盖国人

①邱炜萲撰写《五百石洞天挥麈》，粤亘雕刻木版大字本，1899 年，第 11 卷，第 16－17 页。

②《东人之言》发表于 1899 年 10 月 26 日《天南新报》。

意气守旧，上下议院人员亦染习气，及至马关订约，守旧改变”①，提出开设议院是现代国家的必备政治架构，并认为在中国封建体制内，需要自上而下形成对维新的共识，创办好学会鼓励华人各抒己见：“任凭择说，各尽其长，仿西国议院互相驳诘之法，然后凭众举手以定公论，较易增长见识、开阔心胸也。”②

邱菽园认为中国传统农业社会重农抑商的体制已经不适应现代化的国家发展，参照欧洲和日本“师英日成法，将中国精义与总理衙门相表里，设立商务衙门，复办商务报纸，齐力倡立公司”，目前中国的发展形势必须从“保商”开始，“夫今之天下，非兵战之天下，乃商战之天下，战胜于海战，胜于陆战，胜于朝，究不如战胜于市之为益之大，外国质慕日本，非以其兵，以其商也”③。

邱氏办报，具有作为中国传统士人的才情，这种才情是消解了封建等级纲常之后的精神诉求，注重风雅情操，远离清风明月，又附身人间烟火，是南洋市民文化漩流中世俗化了的形象。因此，他代表了传统儒士向现代知识分子的转化。

邱菽园和林文庆代表了中英之间文化的延宕，人称“两贤”：

光绪二十七年辛丑二月新任两广总督秀水陶子方制军模，寄札新嘉(加)坡中国总领事府罗忠尧，查明流寓闽士邱、林两人近日情形。乃罗领事得札后，并未知会邱、林两君。事阅半月，粤港报馆自向督署录出原札底稿，刊印于外。邱时见之即行电复，并作答书一通，凡三千言，大意将年来维新党人心术行径磊落写出，而己之事迹附焉，以告天下，固不仅为答粤督之问而发也。此书自行刊登《天南新报》，而后即由津沪闽广港澳南洋日本新旧金山檀香山各华字报馆纷纷选登，而外洋诸西文报馆亦辗转翻译，不胫之驰遍九万里。天下之士得观原稿者，咸谓陶督善能下士，得大臣体，而邱君之披露肝胆，词无隐遁，有以见英雄本色，不受人欺，亦从不欺人云。若林君者，少即游学英京，壮年仕于英国，现为星洲政局议员，及预官中医师之选。与邱志行相合，雅相引重。每将欧美良法灌输宗邦，冀臻盛治。暇则共译中国古史及时事论说，播刊西报，冀通东西之驿骑。时人每两贤而两称之，其在西人则曰林文庆、邱菽园，其在华人复曰邱菽园、林文庆。如车之辅，如骖之靳，莫能轩轾也。邱既答书，心迹大白，林以所志不替代言，遂不复有词，闻将以英文短禀肃谢陶督而已。邱、林之言曰某等读书问政，本非淡然忘世者，不幸而所怀久蕴，欲达无门，又不幸而世处泯棼，动辄得

①邱菽园. 学校报纸议院三大要说[N]. 天南新报，1898－5－28(1).

②发表于1899年12月5日《天南新报》。

③邱菽园. 中国商务说[N]. 天南新报，1898－6－1(1).

咎，甚至蜚语之来，乱其影响，而使人猝无自解。固惟学寒蝉之噤声已耳。吾生有涯，人事无着，伤哉时也。其何能忍与终古。故自陶督寄札之来，二君感其知己，愜于五中，又尝言曰陶公盛意，某非不喻，特经此次险阻而后所谓时危出处，难者盖已窥之至微，验之至切。功名二字，于我浮云，然既淡然忘世，又非初心所安。会有不耻下问之人臣，终当尽吾一得以作刍荛也。邱、林之言如此，邱、林之志不亦远哉①。

在英殖民地看来，林文庆的影响大于邱菽园的影响，但是在当地华人眼中正相反。从创办者的知识背景来看，无论是邱菽园还是林文庆都出生于19世纪上半叶，接受过长期的传统教育，后来或通过留学，或通过彼此之间交游，对西学有所接触或了解。因此。19世纪末到20世纪初的华文报刊呈现出新旧杂糅的特色。在整个新加坡华人社会形成和发展的过程中，他们属于新旧过渡时期承上启下的一代，这决定他们既具有近代知识分子的思想取向，又具备传统士大夫的情怀和抱负。

①曾昭琴撰写《刊刻答粤督书缘起》收录于《菽园赘谈》七卷本之附录，光绪二十七年(1901年)刻。

# 第二章　清末新加坡华文报刊产生的社会历史和运行条件

马克思评价报纸是“广泛的无名的社会舆论机关”，是可以“作为社会舆论的纸币流通的”。19 世纪末以来的华文报刊不仅是华人信息沟通的场域，也是华人发声的社会舆论工具。新加坡之所以成为华文报刊的繁荣之所，与华人数量的增加及其经济实力的增强、华人读者的需要、相对自由的言论环境及城市化进程的推动等诸多因素有关，它们共同推动了报业发展。

## 一、清末新加坡华文报刊产生的社会历史条件

### 1. 中新交往的历史与英国对新加坡的管辖

新加坡位于马来亚半岛的最南端，地理位置优越，处在印度洋和太平洋之间的航运要道上，是东西商船必经之地，素有“东方直布罗陀”之称。

新加坡的历史分为原始社会与封建社会时期（1819 年以前）、英国殖民统治时期（1819 年至 1959 年）和新加坡独立建国时期（1965 年至今）。公元前 2000—1000 年间，原始马来人已经开始生活在新加坡、马来半岛一带，这些人在中国史书中被称为“奥朗·罗越”，奥朗指的是“人”，罗越指的是“海”，合称为“海人”。到了 12 世纪，新加坡已经发展成为东南亚最大的贸易中心。正如马可·波罗笔下的“很大、很有名的城市，有国王以及自己的语言”[①]那样。到 13 世纪，“单马锡”改称“信可补罗”或“新加坡拉”，根据《马来纪年》所述：“信可补罗是一个大国，从各方面来的商贾不可胜数。它的口岸，人口极为稠密。”而在 14 世纪后，它遭到重创，《新加坡通俗史》中有如下记载：

> 神话般的古城信可补罗，地处战略要冲，控制着印度洋与中国之间的航路。14 世纪末惨遭浩劫，被夷为废墟。于是丛林再度蔓生，断垣残壁没在荆棘丛中。过了四百多年后，这个倒变成了柔佛天孟公辖下一块无足轻重的领地，天孟公依次向柔佛、廖林和林加的苏丹效忠[②]。

①马可波罗行纪[M]. 沙海昂，注. 冯承钧，译. 北京：中华书局，1954：286.

②拉囊. 马来纪年[M]. 许云樵，译注. 新加坡：新加坡青年书局，1966：23.

对于新加坡在中国历史上的名称，《古代南海地名汇释》中解释道："其故地有如下说：指马来半岛西南岸外的皮散岛，或泛指马来西亚的柔佛及新加坡一带，或指今泰国北大年一带。"①这里的"皮散岛"即可作为新加坡最初的称呼。根据新加坡学者柯木林的研究，在国内的史书中，新加坡还被称为"蒲罗中"、"莫河信洲"、"多摩菠"、"罗越"、"凌牙门"（又作"龙牙门""龙牙山门"）、"麻里予儿"、"单马锡"、"淡马锡"、"淡马锡门"、"长腰屿"、"星忌利坡"、"息力"（又作"昔里息辣"）、"日柔佛"、"星加坡"等。

汉朝时期，汉武帝曾派人寻找一条海上航线以代替原从云南通往缅甸的陆路通道，这就开启了西汉与印度、东南亚的海上交通。关于这条寻觅到的新航线，在《汉书·地理志》中被记载如下：

> 自日南障塞、徐闻、合浦船行可五月，有都元国；又船行可四月，有邑卢没国；又船行可二十余日，有湛离国；步行可十余日，有夫甘都卢国；自夫甘都卢国船行可二月余，有黄支国……自黄支国船行可八月，到皮宗；船行可二月，到日南象林界云②。

短短数言，不仅是研究中西方海上交往的珍贵史料，更是追溯中国与新加坡发生关系的最早史料。这里的"黄支国"，据考证，就是今天印度东南沿海马德拉斯附近的康契普拉姆。而这里的"都元国"，根据孙光圻在其所撰《中国古代航海史》一书中所述，应该是后来唐代的罗越国，位于马来半岛东南部近新加坡海峡之处。那么，汉武帝派人寻找的这条航线，使得当时的船只，从雷州半岛启航，乘东北季风，沿中南半岛东南岸和马来半岛东岸向南行驶，当风向转换之际，由都元国穿越新加坡海峡和马六甲海峡，再乘西南季风北上。"邑卢没国""湛离国"和"夫甘都卢国"都是船只沿缅甸西南海岸继续北行所必须途经的古国。返航时，船只从印度东南部，历经八个月到达的皮宗，是马六甲海峡东部水域的香蕉岛，再从这北上行驶二月，航抵今越南中部。那么，从船只在该航道往返两程的走向，明显看出，古代新加坡是东西方海上交往的必经之地。

魏晋南北朝时期，新加坡作为海上丝绸之路必经之地的作用更加明显。伴随中国和印度佛教的传播，不论是从印度来的译经师，抑或是从中国西去求法的僧人，往往选海道而行。如东晋之法显，从印度取法返回时沿海道而往。这样的航程，据《佛国记》记载，船只从印度起航，途经耶婆提，再从其东北行至广州。根据考证，耶婆提位于今天的爪哇岛或苏门答腊岛。如此看来，从印度通过海上到达爪哇岛或苏门答腊岛，要么经由马六甲海峡，要么沿苏门答腊岛西南海岸向东南方向行。据此推断，无论是从爪哇岛还是从苏

① 陈佳荣，谢方，陆峻岭．古代南海地名汇释[M]．北京：中华书局，1986：285．

② 班固．汉书[M]．北京：中华书局，1962：1671．

门答腊岛赴广州,都是由南向北行,新加坡海峡一带就成了必经之地。

随着经济的发展以及航海技术的提高,唐朝经济中心逐渐南移,出现了交州、广州、泉州、扬州四大港口,对外贸易进入一个平稳发展的阶段,中国与周边国家的关系也进入新的阶段。《新唐书·地理志》中记载:

> 广州东南海行,二百里至屯门山,乃帆风西行,二日至九州石,又南二日至象石,又西南三日行,至占不劳山,山在环王国东二百里海中,又南二日行至陵山,又一日行,至门毒国,又一日行,至古笪国,又半日行,至奔陀浪洲,又两日行,到军突弄山,又五日行至海峡,蕃人谓之"质",南北百里,北岸则是罗越国,南岸则是佛逝国。佛逝国东水行四五日,至诃陵国,南中洲之最大者。又西出峡,三日至葛葛僧祇国,在佛逝国西北隅之别岛,国人多钞暴,乘舶者畏惮之。其北岸则是个罗国。个罗西则是哥谷罗国①。

文中的"罗越国"是今天的新加坡。因为最早居住在新加坡的人,乃是原始马来人的后裔,称作"奥郎·罗越"。所谓"罗越者,北距海五千里,西南哥谷罗。商贾往来所凑集,俗与堕罗钵底同。岁乘船至广州,州必以闻"②。可见,新加坡同样是必经之地。与此相应的是,由于新航线的开发,中国的对外贸易持续发展。其间,丝绸、陶瓷成为中国对外贸易的主要商品。

时至宋元,中国和新加坡的贸易往来更加频繁。宋代赵汝适的《诸蕃志》中有这样一段描述:"三佛齐间于真腊、阇婆之间,管州十有五。在泉之正南,冬月顺风月余方至凌牙门。经商三分之一,始入其国。"③这里的"三佛齐",音译自梵文,又称室利佛逝、佛逝、旧港。鼎盛时期,其势力范围包括马来半岛和巽他群岛的大部分地区。宋代,正值摩诃拉甲统治三佛齐时期,势力显赫,版图扩展。而上述引文中的"凌牙门"应是新加坡。据同一书记载,三佛齐地产爪渭、香料,并从西方等国输入香药、象牙、珠宝、番布等,以此交换中国的金银瓷器、丝织品,以及糖、酒、米、干良韭、大黄、铁器等食品、药品和日用品。作为航程必经之地的凌牙门,必然汇集来自中国和西方的商货,成为东西方商货的集散地。

元代旅行家汪大渊,在其亲历的手记《岛夷志略》中,提及了古代新加坡及其海港:

> 门以单马锡番两山相交,若龙牙状,中有水道以间之。田瘠稻少。气候热,四五月多淫雨。昔酋长掘地而得王冠。岁之,始以见月为正。初酋长戴冠披服受贺,令亦递相传授男女。兼中国人居之,多椎髻,穿短布衫,系青布捎。

①欧阳修,宋祁.新唐书[M].北京:中华书局,1975.

②欧阳修,宋祁.新唐书[M].北京:中华书局,1975.

③赵汝适.诸蕃志[M].北京:中华书局,1956:12.

地产粗降真、斗锡。贸易之货，用赤金、青缎、花布、处瓷器、铁鼎之类。盖以山无美材，贡无异货。以通泉州之货易，皆剽窃之物也。

舶往西洋，本番置之不问。回船之际，至吉利门，舶人须驾箭棚、张布幕、利器械以防之。贼舟二三百只必然来，迎敌数日，若侥幸顺风，或不遇之，否则人为所戮，货为所有，则人死系乎顷刻之间也①。

汪大渊的手记中，不仅有14世纪的“单马锡”利用自己交通便利的优势，通过交易甚至掠夺商船的方式纳财的记录；而且有“兼中国人居之，多椎髻，穿短布衫，系青布捎”的记录，说明当时已有前来经商的中国人客居于此。与此相对应的，1822年新加坡第二任驻扎官克劳福曾参观新加坡福康宁山的遗址，发现其中有中国各类的陶瓷器碎片，以及10至11世纪的铜钱。1984年初，米克锡博士在新加坡福康宁山进行考古发掘，其中出土的遗物中就有大量的陶瓷器皿碎片。这些陶瓷器皿碎片来自中国，大约是13世纪与14世纪的产物，应该是当时的中国商人带来的。宋元时期，中国的海外贸易蓬勃发展，东南一带的不少商贾都积极到东南亚一带经商，乘帆船由水路运送商品。新加坡处于东西交会的交通要地，自然是这些商贾停留的其中一站。但是需要指出的是，此时的新加坡华人大多散居，尚谈不上形成所谓的华人族群。

中国的海外贸易在宋元时期获得了较快的发展，但是到明代初期，统治者一改宋元长期实行的自由海外贸易政策，推行海禁，同时推行朝贡贸易制度。明清时期，中国和新加坡的交往体现出这样的特征：第一，明政府虽然实行海禁政策，但海禁政策阻挡不了民间的走私贸易。第二，清代虽然实行闭关锁国政策，使中国与周边各国的官方关系陷入低谷，但是政府间的使节依然有往来。第三，鸦片战争以后，大量中国移民涌入新加坡，使其社会结构发生了重大变化。

明朝时期，郑和下西洋是中国和南洋各国交往的典型事件，与郑和随行的费信，在郑和使团中担任通事教谕，每到一地，“辄伏几濡毫，叙缀篇章，标其山川、夷类、物候、风习诸光怪奇诡事，以备采纳，题曰《星槎胜览》”。《星槎胜览》对当时的新加坡有这样的描述：

龙牙门，在三佛齐之西北，山门相对，如龙牙状，中通过船。山涂田瘠，米谷甚厚。气候常热，四五月间淫雨。男女椎髻，穿短衫，围稍布。掳掠为豪，遇有番船，则驾小船百只，迎敌数日。若得顺风，侥幸而脱，否则被其截，财被所劫。泛海之客，宜当谨防。

诗曰：山峻龙牙状，中通水激湍。居人为掳易，番舶往来难。入夏常多雨，

①汪大渊.岛夷志略校释[M].苏继庼，校释.北京：中华书局，1981：213－214.

经秋且不寒。从容陪使节，到此得游观①。

费信记录的“龙牙门”，同元代汪大渊笔下的龙牙门大同小异，但是从“田瘠稻少”变为“米谷甚厚”来看，生产应该是有所发展的。但在贸易方面，龙牙门因地居要冲，凭借地利之便：“遇有番船则驾小船百只，迎敌数日。”他提醒大家：“泛海之客，宜当谨防”。

虽然中新两国交往历史悠久且频繁，但中国并未将征服的视野投射于南洋这片土地。真正实现开疆扩土，推动新加坡进入世界贸易体系的是英国人莱佛士(1781—1826)。

19 世纪的英国积极扩张在亚洲的版图，英国东印度公司派莱佛士率领舰队在东南亚进行殖民扩张，在英属南洋中，最早开发的就是槟榔屿(现称槟城，为马来西亚的一个州)和新加坡两地。英国人先后在 1786 年和 1819 年控制和开垦槟榔屿和新加坡。此后，莱佛士以东印度公司的名义与新加坡统治者天猛公阿卜杜拉签订协议，获得拓殖新加坡的治理权。

英国在新加坡通过开展“自由贸易”获得极大的经济回报，并于 1826 年将新加坡、马六甲和槟榔屿合并为海峡殖民地，置于东印度公司管辖之下。19 世纪下半叶，英国工业迅速发展，需要对海峡殖民地全面掌控，1867 年 4 月 1 日，海峡殖民地正式成为英殖民地，新加坡处于英殖民地政府统辖之下(表 2-1)。

**表 2-1　海峡殖民地三地华人占比表②**

| 海峡殖民地名称 | 海峡殖民地三地华人占比 | | | | | |
|---|---|---|---|---|---|---|
| | 1871 年 | 1881 年 | 1891 年 | 1901 年 | 1911 年 | 1921 年 |
| 新加坡 | 59% | 62% | 69% | 72% | 68% | 72% |
| 槟城(槟榔屿) | 62% | 52% | 56% | 55% | 49% | 37% |
| 马六甲 | 18% | 21% | 19% | 20% | 24% | 29% |

殖民地政府接管新加坡之后，通过社会治理使其完成经济转型。随后英国宣布新加坡为自由贸易港，往来“商船除征收低微的入港费外，进出口货物都不征税。”③英国商人一方面从本国出口商品到新加坡，再依靠华人在东南亚进行销售获利；另一方面又将东

①费信. 星槎胜览[M]. 冯承钧，校注. 北京：中华书局，1954：20.

②RAFFLES S. Memoir of the life and public services of sir thomas stamford[M]. London：J. Murray，1875：383.

③林孝胜. 新加坡华社与华商[M]. 新加坡：新加坡亚洲研究学会，1995：8.

南亚的土特产和工业原材料汇集到新加坡，出口欧洲。这样的贸易和拓荒需要大量的劳动力，因此，新加坡政府采取了开放的移民政策，从中国移民到此的华人日益增多，四五十年间，华人大量涌入。莱佛士在致索默谢公爵夫人的信中就说："我的新殖民地迅速走向繁荣，开拓不到四个月这里的居民就已经超过 5000 人，他们主要是华人，而且人口还在日益增长中。"随之，当地形成华人社群组织，新加坡也发展为英属殖民地的经济中心与重要海港。

2. 华人移民人数的激增

"移民"是"人口在一定距离的空间上的迁移，这种迁移具有定居性质"。导致移民现象产生的主要原因是原居住地人口谋求更好的谋生手段和生存空间的需要。庄国土教授指出，大规模移民的产生有四个条件：首先，移民的原生活地区生存条件差、生活资料匮乏或者政治变动需要谋求新的生存空间；其次，能够移居的新生存空间允许也能够吸收移民；再次，移民实现物质条件；最后，移民者个人的主观意愿。可以说，移民是社会、政治、经济、个人因素共同作用的结果。

就新加坡而言，之所以出现大规模的华人移民（表 2 - 2），需要从英国在南洋的殖民统治和中国 19 世纪的社会状况两个方面分析。

**表 2 - 2　新加坡华人 19 世纪 20 年代至 60 年代个别年份情况表①**

| 年份 | 欧洲人/人 | 华人/人 | 总人口/人 | 华人占比/% |
|---|---|---|---|---|
| 1824 | 74 | 3317 | 10683 | 31.0 |
| 1825 | 84 | 3828 | 11851 | 32.3 |
| 1826 | 111 | 4279 | 12907 | 33.2 |
| 1827 | 87 | 6088 | 13725 | 44.4 |
| 1828 | 108 | 6210 | 14885 | 41.7 |
| 1830 | 92 | 6555 | 16634 | 39.4 |
| 1832 | 105 | 7762 | 19715 | 39.4 |
| 1840 | 165 | 17179 | 33969 | 50.6 |
| 1860 | 2385 | 50043 | 81734 | 61.2 |

①The Singapore Chinese protect to race Events and conditions leading to it Establishment(1823—1877)[J]. South-east Society, 1960(16):1 - 2.

由表 2 - 1、表 2 - 2 可见，新加坡在继 17 世纪初到 19 世纪中期由移民与贸易互动作用下产生的第一次移民浪潮之后，更大规模的移民则是从 19 世纪中叶持续到 20 世纪初的第二次移民浪潮。自新加坡开埠以来，在英国殖民地政府的鼓励与支持下，华族人口开始迅速增长。1819 年时华人仍甚少，到 1836 年华人在新加坡人口中所占比重已经超过了马来人所占比重，成为新加坡人口中最多的移民人口。直至 1860 年，华人增至 5 万多人，是当时新加坡总人口的 61.2%。由于 19 世纪 50 年代马来亚锡矿的开采，以及 1860 年《中英北京条约》的签订，政策允许华人自由移民英属殖民地，华族移民增长率才大大提高。到 1901 年时，新加坡华族人口已增至 164000 人，占总人口 72%。

中国方面的原因如下。

第一，中国国内自然灾害严重，尤其南方广东、福建地区天灾严重，大量华人出国寻求生路。据吴凤斌的《契约华工史》，从 1068 年到 1911 年的 843 年间，福建发生饥馑 800 多次，其中漳州、泉州等 17 县发生了 321 次。丰年也不足食。乡曲贫民，终岁吃红薯者十室而九。广东台山从 1851 年到 1908 年间水灾、台风、地震、大旱、瘟疫等一共发生 36 次①。"土瘠民贫，山多田少，于是男子谋生，各抱四方之志。"②加之海上交通相对便利，闽粤籍华人迁往南洋相对便捷。

第二，国内社会矛盾突出，民不聊生，尤其鸦片战争后，列强加大对中国的侵略，将本国商品大量输入中国，战争赔款、鸦片贸易导致了大量的白银外流，而太平天国运动、捻军起义在抵抗政府的同时，破坏了中国的地方经济发展。社会底层的农民不得已冒险出海谋求生计。

第三，鸦片战争之后，清朝废除明代以后的海禁政策。明洪武年间，朱元璋为防止沿海走私和海盗干扰，宣布海禁。海禁的主要对象是商人，尤其禁止中国人出洋开展贸易，之后即便是郑和下西洋也并非出于国际贸易的目的。嘉靖年间（1522—1566）海禁政策尤甚。海禁政策沿袭至清朝，最终发展为闭关锁国政策。直至 1792 年，雍正担心海禁导致海患，废除南洋禁海令，随即开放了粤、闽、江、浙四口通商口岸。1857 年，乾隆下令禁止"通商"，并关闭三个口岸，仅留广州一个口岸，即"一口通商"。鸦片战争爆发，来自殖民帝国的坚船利炮轰开封闭的国门，清政府被迫逐步取消海禁。如 1647 年颁布的《大清律集解附例》规定："凡官员、兵民私自出海贸易，及迁海岛居住耕种者，均以通贼论处斩。"1660 年清政府要求沿海三十里居民内迁，并附加连坐。1864 年废除这些条令，并开始"开

①吴凤斌. 契约华工史[M]. 南昌：江西人民出版社，1988：21.

②吴凤斌. 东南亚华侨通史[M]. 福州：福建人民出版社，1994：261.

海”贸易。1860 年的《中英北京条约》中明确规定:“以凡有华民情甘出口,或在英国所属各处,或在外洋别地承工,俱准与英民立约为凭……下英国船只,毫无禁阻。”[①]1893 年,清政府颁旨正式废除海禁,给予出洋华民合法身份。以上规定使中国移民逐渐合法化。

移居英属马来亚的移民有一个共同特征,他们多数人年轻力壮并富有进取心,他们南来的目的是尽力工作多赚钱,而后衣锦还乡、安度晚年。这些华人移民都是工农出身的“苦力”,人数远远超过商人和政客出身的移民(需要指出的是,在 19 世纪时,华人中的知识分子很少移民,因为他们在国内一般会有较好的际遇,不需要南下移民)。但最终归国者寥寥,“视观每年华人进口册,为数如是之多,言归者恐不及百分之一,足知异乡留恋者大不乏人”[②]。

英国在南洋的殖民统治方面的原因如下。

在英国殖民地政府的授意下,华人社区自成一套以华人领袖和社团领导为首的管理系统,在殖民地政府的监督下运作。在整个 19 世纪大部分时期,槟城和新加坡分别被称为马来半岛的北方和南方华人政治、文化、商业和社会活动中心。可见,经济发达是吸引移民的主要原因。

新加坡作为南洋最大的商埠,1900 年海外华人 600 万人群体,南洋占 400 万人[③]。到了 19 世纪末和 20 世纪上半叶,新加坡已然跃居为整个南洋地区的总枢纽,是中国南来移民的登陆地和转运站,也因华人人数众多且集中,成为南洋华人商贸、政治、文化和教育的中心。

华人移民历史是新加坡历史的一个组成部分,也是学术研究领域里的一个分支。

### 3. 华人实力的增强及南洋领事馆的建立

“新加坡本非国,乃斗入南海中一大峡,地方两千里,距澳门水程十更,向为闽广客民流寓,约两万人”[④]。大量中国移民的涌入,使清政府向新加坡输出的商品种类更加繁多,如家具、成衣、墨和纸都成为输出的商品。这些商品不仅满足了人们的生活需要,而且丰富了新加坡社会的经济生活。许多华人开办小型商店或商号,直接促进了新加坡的经济交流和对外贸易。许多男性华人移民开始在此定居,甚至纳娶当地女子为妻,繁衍后代。“中华海商来者既众,步头繁盛,遂为南洋第一。近世西南洋诸国,莫不知有新加坡而盛称之。闽粤人特重,谓之新州府。若不知其初为弹丸岛国,于中华甚无足重轻也者,盖姓

①全国人大常委会办公厅研究室. 中国近代不平等条约汇要[M]. 北京:中国民主法制出版社,1996:94.

②《论游客宜思故土》发表于 1899 年 9 月 12 日《叻报》。

③《侨居华人务宜讲求殖民政府论》发表于 1900 年 12 月 15 日《天南新报》。

④魏源. 海国图志[M]. 李巨澜,评注. 郑州:中州古籍出版社,1999:16.

家谱距闽粤都不过五千里,海船来最便。闽粤人流寓岛中,纳巫来由土女为室者,不下数万人”[①]。光绪十一年(1885年),两广总督张之洞遣王荣和、余瑞访查南洋各埠华商,了解到“新加坡铺户房产田园,足称富饶。除英官衙廨公产之外,华人实业八成,洋人不过二成。闽省漳泉帮贸易甚大,粤省潮帮次之,广帮又次之。通埠华众有十五万人”[②]。

随着华人经济实力的增强和以地缘、宗族为基础的移民增加,华人社会逐渐稳定,并开始确立自己的社会归属,确定文化认同,提出多元诉求。

贸易方面,因地理上的优势,新加坡此时已然成为南洋地区最大的埠头。正如清政府商务大臣杨士琦上奏考察南洋华侨商业情形的折中所云:“地股之极南,有岛曰新加坡。幅员甚小,农产亦低。自英开埠后免税以广招徕。由此商舶云集,百货汇输,遂为海南第一巨埠。”[③]徐继畬在《瀛环志略》中有如下记载:

> 息力,旧名柔佛,英人名为新嘉(加)坡……旧本番部,嘉庆二十三年(1818年),英吉利有之。其地当南洋、小西洋之冲,为诸海国之中市。英人免税以聚商船,西洋甲板,每岁来者数以百计。闽粤贩洋之船,南洋诸国之船亦时至。帆樯林立,东西之货毕萃,为南洋西畔第一埔头。每年交易之货价,数千余万圆。英人筑楼馆以居,户口无多,闽广流寓万余人……余按息力旧本荒僻小番部,无足轻重,自英吉利创设埔头,遂为东西扼要之地。英船东来息力如归故土。行李之乏困,咸取办于此。近年中国盛传新奇坡,意其为广土众民,泱泱大国,而不知固海滨一廛也[④]。

新加坡具有如此重要的交通枢纽的地理地位,晚清政府也意识到了它的重要性,遂采纳驻英公使郭嵩焘的建议,在新加坡设置领事。“领事责在保卫商贾,护持贸易,有事则据公法和约办理,或有不行,则禀陈己国使臣,或转请外部大臣,以俟裁决,此其大略也。”[⑤]于是,新加坡就成为中国第一个在海外设置领事的地方,其目的有三:处理商业事务、保护中国商人和侨民利益、吸引南洋华商投资中国。设立之初,清政府任命新加坡侨领胡璇泽为中国驻新加坡领事馆负责人。胡璇泽就职是中英两国博弈的结果,当时领事馆经费自筹,更无严密的组织机构。因此当时的领事馆尚谈不上是清政府的独立外事机构。

鉴于新加坡的重要地理位置和华商在经济上的成就,清政府认识到委派朝廷官员去

①余定邦,黄重言.中国古籍中有关新加坡马来西亚资料汇编[M].北京:中华书局,2002:249.

②薛福成.出使英法义比四国日记[M].长沙:岳麓书社,1985:546.

③王彦威.清季外交史料:二[M].北京:书目文献出版社,1987:10.

④徐继畬.瀛环志略:下册[M].北京:朝华出版社,2018:25-26.

⑤王韬.弢园文录外编[M].北京:中华书局,1959:53-54.

领事馆任职的重要性。晚清外交官曾纪泽分析时局："万国通衢，五方杂处，英人既竭力经营，而华民之经商寄寓于该处者，辐辏往来，日臻繁盛。该处领事馆实有联络邦交，保护商民之责，必得精明强干之员，方足以膺兹居任。"①曾纪泽推荐原驻英使馆三等翻译官左秉隆任驻新加坡领事，并在领事馆门口悬"大清国领事府"的名牌，自此中国才真正意义上有了派驻领事的权力。左秉隆作为清政府派驻新加坡的首位专业外交官，在任期间，不断致力于提高当地华人的文化水平，为接受华文教育的侨民设立会贤社，并扶持创办后来影响很大的毓兰书室、养正书屋等。

1890 年，驻英公使薛福成与英外交部商议于英属各埠设驻领事，当年 10 月 21 日，薛福成举荐时任驻英使署二等参赞黄遵宪为新加坡总领事，称其："历练有识，持己谨严，接物和平，堪当以重任。"②1891 年，丁汝昌奏请总理衙门："去年奉令巡洋，抵新加坡各岛，目击流寓华民，交涉懋迁，尚称安谧，惟未设领事之处，多受洋人欺凌剥削，环求保护，未便壅不以闻。查新加坡附近英属各岛，曰槟榔屿，曰麻(马)六甲，曰柔佛，曰芙蓉，曰石兰莪，曰白蜡，华商亦颇繁多。新嘉(加)坡领事既无监管各埠明文，亦无遥制各埠权势。拟请将新嘉(加)坡领事改为总领事；其余各岛，设立副领事一员，即以华民公正殷实者摄之，统辖于总领事。"③同年，薛福成奏请总理衙门在新加坡建立总领事："请先议准新加坡总领事，并发凭，以便请外交部给准照，此事关系南洋全局。"④1891 年清政府在新加坡设置总领事，由黄遵宪担任总领事三年。黄遵宪在任职期间，开展文教、护侨、革陈等工作，并积极呼吁解除海禁，上谕称南洋："多属闽人，虽正朔服色，仍守华风，然大抵土著多而流寓少，其视中国官吏，有同陌路；偶有回华再来者，无不切齿痛恨，极言宗族戚里之讹索，官长青吏之欺侮，多自居化外，不愿归国；间有以商贾往者，不曰英人，则曰荷人，反倚势挟威，干犯国纪；推其原故，盖缘中国旧例，有不准出番华民回籍各条。当顺治、康熙之时，因海犯盛行，严设海禁，例意森严。今则邻交已订，海禁久驰，与往昔情形截然不同；而旧例并无废弃明文，奸胥劣绅，持有此条，得以借端讹索，致回籍华民，万万不能出头。必须大张晓谕，将旧例革除，庶华民耳目一新，往来自便。"⑤他促使清政府"将私出外境之例，酌以删改，并由沿海各直省督抚出示晓谕州县乡村，申明新章既定，旧禁已除⑥"，极大地保护了海外华人的利益。

---

①曾纪泽．曾纪泽遗集[M]．喻岳衡，点校．长沙：岳麓书社，1983：54.

②薛福成．出使英法义比四国日记[M]．长沙：岳麓书社，1985：213.

③薛福成．出使英法义比四国日记[M]．长沙：岳麓书社，1985：213.

④王彦威．清季外交史料：二[M]．北京，书目文献出版社，1987：385.

⑤丁凤麟，王欣之．薛福成选集[M]．上海：上海人民出版社，1987：469.

⑥丁凤麟，王欣之．薛福成选集[M]．上海：上海人民出版社，1987：494.

领事馆(负责人见表 2-3)的设立,事实上是以一种独特的方式承认了海外侨民的合法性,此举对心怀中国的侨民,是一种极大的心理安慰。此后,清政府于 1893 年 9 月 13 日根据薛福成上奏的请求颁布保侨新条令,中国海外移民从此合法化。这对于改善华人的生存环境,提升华人的社会地位和形象,意义重大。

**表 2-3　清政府驻新加坡领事馆负责人名册**

| 姓名 | 职位 | 就职时间 |
| --- | --- | --- |
| 胡璇泽 | 新加坡领事 | 1877 年 10 月—1880 年 3 月 |
| 苏溎清 | 署理新加坡领事 | 1880 年 3 月—1881 年 9 月 |
| 左秉隆 | 新加坡领事 | 1881 年 9 月—1891 年 5 月 |
| 黄遵宪 | 新加坡兼辖海门等处总领事馆负责人 | 1891 年 5 月—1894 年 7 月 |
| 张振勋 | 署理新加坡兼辖海门等处总领事馆负责人 | 1894 年 7 月—1897 年① |
| 刘玉麟 | 署理新加坡兼辖海门等处总领事馆负责人 | 1897 年 1 月—1899 年 5 月 |
| 罗忠尧 | 新加坡兼辖海门等处总领事馆负责人 | 1899 年 5 月—1902 年 1 月 |
| 吴寿珍 | 署理新加坡兼辖海门等处总领事馆负责人 | 1902 年 1 月—1902 年 5 月 |
| 凤仪 | 新加坡兼辖海门等处总领事馆负责人 | 1902 年 5 月—1906 年 1 月 |
| 孙士鼎 | 新加坡兼辖海门等处总领事馆负责人 | 1906 年 1 月—1907 年 10 月 |
| 左秉隆 | 新加坡兼辖海门等处总领事馆负责人 | 1907 年 10 月—1910 年 10 月 |
| 苏锐钊 | 新加坡兼辖海门等处总领事馆负责人 | 1910 年 10 月—1911 年 10 月 |

总领事馆虽然建立,事实上依然难以和英殖民地政府进行抗争,如黄遵宪在任期间提出给华人颁发护照,就遭到英殖民地政府极大的反对。

4. 华族文化认同意识的增强

19 世纪末的移民作为南洋土地上早期的“他者”,即便其后代加入所在地国籍,因他们生活在华人的圈子里,仍不愿意和华族文化分离决裂;同时在文化相对主义的影响下,出于文化偏见,不愿意被本地文化融合。初期移民主要由中国沿海闽粤两省移民及其后裔所组成,因为自然灾害或者自身发展必须到异域谋生,主体自然是农民、手工业者、小商人及人数很少的文人。这些人到新加坡后通过做苦力、克勤克俭以积聚财富。但是作为漂泊海外的游子,他们又如浮萍一样,无根无落。这样同文、同种、同样境遇就成了早

①根据《清季中外使领年表》(中国第一历史档案馆、福建师范大学历史系编,中华书局 1985 年版),唯独张振勋无任新加坡总领事离职具体月份,有一种推测是张振勋名义上离职,但实际上并未真正离开。

期华族乡党、宗亲之间相互依存的纽带。华人希望沿袭自己的文化，而文化要素中，首先就是语言和宗教。如中国传统的儒家伦理是建立在宗法制度基础之上的，又是传统伦理的指导思想，既强调宗族内要以强扶弱、休戚与共，又强调对外要仁者爱人，这种儒家思想中的伦理观念特别适合早期华族的心理需要。而对移民中的社会上层而言，也可以从儒家思想的长幼有序中找到自己的尊荣感，借以维持现存的领导秩序。早期华人社会的社区、阶层、宗族，都可以从儒家伦理中找到行为依据和心灵慰藉，故新加坡出现这样的景象：

风俗则中华流寓既多，颇重风雅，喜逢迎，善褒奖。童子见客，揖让为礼。人情古厚，甲于海南群岛。守家礼，重文教。婚则六礼俱备，无不亲迎。新妇入门，合卺毕皆谒家庙。丧不停柩，逾月而葬，亲执拂，必素冠，妇女亦徒跣，虞祭仍凶服，或用墓志，祭典极丰①。

与此同时，19 世纪 80 年代，伴随着中国文人的南来和本土掌握读写能力的华人的增加，南洋出现相对集中的侨领和华商，这批人传承着中国传统“士”这个阶层的精神，多受中国传统文化的浸淫，在物质上得到满足后，有了文化上的诉求，办私塾、开书院、印文集，成为政治经济活动中最有影响力的社会群体。

故至南洋者，辄谓西人虽握其政权，而华人实擅其利柄。其中不乏开敏通达、豪杰有志之士。徒以悬隔海外，不睹中国礼乐衣冠之盛者，凡数百年，钟爱之忱，未由自达②。

华人意识的渐渐觉醒，一个重要的表征就是帮群的扩张和知识分子阶层的崛起。最初的南洋知识分子由南来文人和本地士绅组成，中国南来的文人虽是南渡求生存，但是知识分子与生俱来的救世、立言的使命感，使他们来到文化相对荒芜的南洋，总是先入为主地以文化启蒙和拯救苍生为使命，加之其时华人群体的认同以中国为皈依，出于对贸易往来的考虑，英殖民地政府并不避讳此，因此早期南洋文化事业更似文化的移植。

## 二、清末新加坡华文报刊产生的运行条件

中国历史上文本制作方式发生过三次重要变化：一是由甲骨、摩崖、钟鼎转为竹简、木片、帛书带来书写范围的扩大和知识向各个阶层的迁移；二是纸和雕版印刷术的发明，这一次的变化是具有符号性意义的，使知识传播的成本降低，传播范围扩大，进而带来文字市场的兴盛和知识资源群体的扩大；三是近代由西方输入的机器印刷产业，促进新的

①薛福成. 出使英法义比四国日记[M]. 长沙：岳麓出版社，1985：874.

②王彦威. 清季外交史料：二[M]. 北京：书目文献出版社，1987：14.

商业模式产生，它以极为低廉的印刷成本推动市场化的运行，加快了文化的传播速度，尤其是加快了报刊这种极具时效性的文本的传播速度。报刊作为典型的传播媒介，以舆论影响社会发展。19 世纪，南洋报人群体能够高举民族主义大旗，建构华族想象空间，依赖的物质基础、社会条件正是大规模新式印刷业的出现和书面语言的传播力。

1."城市化"带来的资源集中

伴随世界经济的整体发展，作为社会现代化的主要标志——城市化，在各个国家不断地延伸和扩展。就整体发展水平而言，城市化促进社会生产水平和社会文明程度的共同提高，以及人口不断向城市迁移，城市数量及规模的不断扩大。城市作为资源相对集中的自然地理单元，与乡村的区别之一在于市场交易和人际互动，互动后面的信息传播是积基树本，是人类文明和现代化进步的标志。

从报刊产生的环境要素来看，报刊的诞生地多为综合性城市。戈公振先生调研发现，19 世纪末至 20 世纪初，中国境内出现报刊 247 种，就诞生地来看，上海 78 种、北京 24 种、天津 12 种、广州 36 种、武汉 15 种，这五个城市集中了全国报刊的66.8%①。近代工商业城市的出现是报刊业兴起的内因和基础。通过城市化进程，报刊作为大众传媒的属性开始凸显。这种城市绝非单一功能城市，必须是交通便利的综合性城市。美国学者丹尼尔·勒纳在著作《传统社会的消逝》②一书中提出现代化进程的三个阶段分别是：城市化阶段、读写能力提升阶段和媒介参与阶段。城市化阶段决定了后两个阶段的发展，后两个阶段之间也存在着相互促进的作用。现代化进程初期，唯有城市可使资源、信息、读者和报人集中。与城市化齐头并进的教育发展和大众阅读水平的提高，为报业发展提供不断扩大的读者群；城市化下商业的发达，为报业提供了广告源，使新闻采访和报纸发行集中；读者群的集中保证了报纸的销路。以上因素促生了现代报业，也为报刊获利提供了可能。

作为政治经济中心的城市，文化市场的形成与城市的繁荣亦步亦趋。尤其 19 世纪开埠以来的新加坡，社会的繁荣和制度化构成社会文化发展的宏大背景，各种语言报刊的产生与城市的繁荣紧密相连。城市是近代精神文明发展的物质基础，如雷蒙·威廉斯所说，城市不仅是"一个独特类型的定居地，并且隐含着一种完全不同的生活方式及现代意蕴"③。

---

①戈公振. 中国报学史[M]. 北京：生活·读书·新知三联书店，1955：119－121.

②LERER D. The Passing of Traditional Society: Modernizing the Middle East [M]. Berlin: Macmillan Pub Co，1958.

③威廉斯. 关键词：文化与社会的词汇[M]. 北京：生活·读书·新知三联书店，2005：44.

19世纪末新加坡特殊的地理环境，满足了城市化发展的各项要求。本地人口，无论华、巫，都从分散的地区向都市中心集中，这一过程决定了人口规模大小，尤其决定华人民众读写能力提升和媒介参与的程度。这种影响又是双向的，华人民众读写能力的提升促进了报刊的发展，报刊的发展同时也在促进华人民众读写能力的提升。

城市发展和非农业人口的稳定，市民阶层的出现、市民文化的认同促生了庞大的阅读群体。市民对信息的需求与报刊传递信息的功能是契合的。报刊的优势在于通过对国家大事、市井琐事的报道与读者的现实生活建立联系，甚至成为其生活的一部分。报刊培养了一批知识分子，这些知识分子在不断关注和被关注之下又成为报纸的供稿人。读者群的出现为华文报刊的产生和繁荣提供了一种前所未有的巨大动力。读者群的庞大又吸引了更多的华人加入作者群中，作者群的壮大和读者群的庞大相互影响，为华文报刊的稳定发展提供切实可行的条件。

2.以了解故土为需要的华人读者群

清末的南洋，远离政治中心，却时刻关注着清政府的一举一动。伴随南来文人的增加和本地华商、文人的崛起，华人势力扩张，南洋华人的社会责任意识被不断激发。华人不论对中国境内还是对国际时局的变化都具有高度的敏感性。报刊可以在一定程度上促使国家和自己的公民建立起血肉关系，呼吁人们热烈地关切国家，使国家同它的公民亲密相连、休戚相关①。尤其华商，因无法通过传统的科举考试或者顶戴花翎参与政治，就需要有一个途径表达自己的社会信念，传递信息。报刊作为大众媒介的出现，恰好满足了本地华人以笔为戟、参政议政的需求，以实现中国传统文人拯救苍生的理想。对于南洋的华人而言，晚清以降，随着传统文化的传播，将故土情结融入自身的民族国家观念中是自然的事。清末政治势力的角逐和自上而下启动的政治改革也为报刊提供了题材和生长空间。19世纪末以来发生的百日维新、立宪改革、辛亥革命，这些事件促使中国境内各阶层自发办报蔚然成风。相形之下，南洋报刊开花结果也是历史驱动下的必然结果。

报刊评论以论说为主，这是报人阐述观点、发表时评的主要栏目。各个报刊都有一支相对稳定的作者队伍，作者群中既有资产阶级改良派、立宪派，又有革命派以及自认为中立的知识分子等，创作时使用的有真名、有笔名，亦有无署名的，多为各报撰写社会评论。由于清末中国境内空前的民族危机，华人中的知识分子多站在自己的立场上发出声音，从而使报刊在政治倾向上呈现出多元化的特点。

报刊的重要功能是及时准确地反映社会现实，抓住社会的主要议题引导民众，从而

①马克思，恩格斯.马克思恩格斯全集：第一卷[M].北京：人民出版社，1956：194.

推动社会的发展。清末大变革时期各类事件频繁发生，各报刊密切关注并及时对新闻与消息发表评论，使华人民众能够及时了解中国时局。因此，报刊在一定程度上注重社会改良和族群言说，满足华人了解所在社会市井动态之需，了解故土之需以及引导社会参与之需。“报章能开发智识，通达上下，其益甚多，夫人能言，故各国皆重视之”①。

《辛丑条约》签订之后，中国局势风雨飘摇，围绕拯救中国的主题，有关自由、民权、进化论等新思想在南洋得到广泛传播。新思想的广泛传播，必然使华人对自身处境的思索更加深入。

电信手段在报刊中被广泛运用，使读者能够及时了解世界大势，拓宽评论者的眼界，使民众对世界形势的认识不局限于中国一隅。清末华文报刊不仅评论目前发生剧变的清廷，而且从法理学的角度思索外交主体、中国现存的不平等条约等存在问题并提出改善的根本办法，提出国家主权观念应受到充分的重视等观点。中国古代长期以来实行以宗藩体制为核心的朝贡制度，在外交上并不注重国家利益，而强调王朝的尊严与礼制，伴随国际法带来的主权思想意识的觉醒，关于土地主权、铁路修筑主权等观念在报刊中被不断提出。

早期各个华文报刊除了新闻外，最为重要的版块就是社论版块，在公众中激发不同的观点和情感，最终形成一定范围内的共识。社论孕育于新闻之中，成为新闻的重要补充，借此探寻华人读者中的一致意见。新加坡报人的身份通常兼具文人和商人双重身份，并且从来都不会背离自己的政治倾向，他们在经济上不掣肘于他人，在政治上立场鲜明，希望凭借报刊这方天地实现经国大业。经营者和主笔往往是一群具有相似政治理想的集合体。这带来两方面的效应：一是产生类似《日新报》《天南新报》《星报》这样的交叉关系，或者《图南日报》《南洋总汇报》《中兴日报》这样的前后相继关系；二是私人办报，不涉及复杂的行政管理体系，可以较快地推动报纸的风格、版面的革新（可参见第一章《叻报》版头的变迁部分的讨论）。

办报高潮体现在报刊种类激增，读者对象范围进一步扩大，阅读人数也急剧增长。除了个人购买，在东南亚报刊阅读行为还促使书报社的出现，最早的当属 1902 年郑聘廷、张永福、郑席珍等人创办的星洲书报社。作为一个公共阅读空间，它给有阅报需求而无识字能力或经济实力的普通华人提供了阅读机会。继而因读报演讲，宣传启蒙思想对空间的需求，其中部分书报社发展为同盟会活动中心。当下，仍有活动的是新加坡同德书报社。

多元文化共存的新加坡，报刊在保存华族文化和通过华语符号为本地民众打开广阔

①《论中国管理禁报说》发表于 1900 年 4 月 30 日《日新报》。

视野方面发挥了重要作用。报刊不仅能引导和区分读者，还可以促进意识形态的构建。这使得受中国传统士大夫的社会责任意识影响的知识分子被时局的变化所激发，这些士人群体怀揣“穷天人之际，通古今之变，成一家之言”的理想，在南洋相对宽松的政治环境下，积极自发办报。此时，自发办报成为一种风潮。不同报刊犹如雨后春笋般涌现。

3.言论相对自由的化外之邦

中国古代社会的话语权基本被统治阶层所垄断。但报刊出现之后，与市民相关的生活的各个方面，都被公开呈现。

19 世纪 90 年代，以康、梁为代表的知识分子开始利用新闻报刊的舆论力量占据政治舞台。在中国境内，因变法失败而导致京、沪、鄂等地报馆关闭。维新知识分子往海外逃散，目的地是日本和南洋，中国南方诸多维新革命派亦多流寓至此。南洋作为“化外之邦”远离中国政治中心，言论自由。海外报刊创办的第一次高峰由此而起，日本和南洋也由此成为清末重要的海外舆论阵地。在这个意义上，当时的华文报刊是为华人赢得话语权的信息通道，并满足华人国家意识、民族意识萌发的表达诉求。本书所探讨的新加坡之所以成为各种舆论交汇的信息通道，是与当时的内外环境是相关联的。

首先，中国境内清政府对舆论的封锁是极为严格的，自鸦片战争以来，面对纷至沓来的西方国家之冲击，以及自身的衰落，均疲于应对。对于清政府而言，专制主义的本质促使其对舆论言论加强控制，“报章能开发民智，通达上下，其益甚多，夫人能言，故各国皆重视之……尚欲禁之，不许人阅乎，且官吏恨报之深切”①，“伪政府禁阅报纸，极为严厉，所有京官无论大小，俱不准购阅报纸，一经查出，即必处分”②，“常禁民间阅报，言稍有锋芒，鲜有不遭蹂躏者”③。更有甚者，如 1898 年推行的“禁报”之策：

> 莠言乱政，最为生民之害，前经降旨，将官报《时务报》一律停止。近闻天津、上海、汉口各处，仍复报馆林立，肆口逞说，捏造谣言，惑世诬民，罔知顾忌，亟应设法禁止。著各该督抚，饬属认真查禁。其馆中主笔之人，皆斯文败类，不顾廉耻，即饬地方官严行访拿，从严惩治，以息邪说而靖人心④。

清政府素来对言论控制严格，戊戌政变后尤甚，涉及国家政务的言论与报刊都被禁止了。据方汉奇先生估算，从 1898 年至 1911 年，至少有 53 家报纸遭到“整顿”，其中 30 家被查封，14 家被暂停，其余的或被罚款、或被传讯等。总体来说，19 世纪末清政府对报

①《论中国官吏禁报事》发表于 1900 年 4 月 30 日《日新报》。

②1900 年 4 月 14 日《天南新报》。

③戈公振. 中国报学史[M]. 北京：生活・读书・新知三联书店，1955.

④中国史学会. 中国近代史资料丛刊：戊戌变法二[M]. 上海：上海人民出版社，1953：258.

刊以非常保守的专制方式予以控制。新加坡本地报纸对此也有记载：

> 近来内地报馆，屡被清政府封闭，或勒停出版，报界忧之，而无可如何。一日，某报(东)某行至某街，见一店门首，招牌大□□保险公司数字，异之，入问是保何险，答曰，能保不被封闭，不被勒停出版。某大喜，立即盖印买保，归视其保险章程，则只有恭维立宪，歌颂官场数字而已。是嗤之曰，此保皇报之伎俩耳，我地一定做唔到咯，于是退回单据，作为罢论云①。

而从管理政策上，1906 年以前清王朝并未有专门舆论治理的法律，遇事多援引《大清律例》中所谓“妖书妖言”进行判断，并视之为“其恶已极，其罪甚大”。1906 年 7 月清政府颁布了《大清印刷物专律》，针对出版现象进行规定：实行注册登记制度，凡印刷物及新闻记载均须向所在地巡警衙门呈请，报交京师印刷总局注册。而且言论中如“令人阅之有怨恨或侮谩，或加暴行于皇帝、皇族或政府，或煽动愚民违背典章图制”者，须科以 10 年以下的监禁或 5000 元以下的罚款等②。此后，清政府又先后颁布《报章应守规则》《报馆暂行条规》《大清报律》《钦定报律》等条例，使得报刊舆论管控愈加严苛。这样一套报刊管理体制，地方以巡警衙门为注册审核部门，京城由京师印刷总局对全国各地的报刊进行注册备份，凡报刊文章的审查必须于发行前一日送官署以备随时检查。这种做法显然是和时代背离的，国内新兴知识分子急于表达的启蒙思想亟待突破专制主义的藩篱。

光绪二十六年(1900 年)初，张之洞在给江汉关道的札文中，禁止武昌、汉口售卖康、梁一派所办的报纸：“查康、梁二逆在南洋造伪《天南新报》，在日本造伪《清议报》，该逆恃其远在海外，且因洋人不知中国情事，莫能辨其虚实，得以欺蒙洋人，任意诬捏，以掩其凶逆之罪。”③

其次，从报刊性质和报人身份的角度审视，有一个非常值得研究的现象，19 世纪末华文报刊在南洋创办得如火如荼，但是很多报刊在历史上都是昙花一现，除了《叻报》运行 52 年外，其他报纸存在时间基本上都不过 10 年，例如《星报》约 8 年，《天南新报》约 7 年，《中兴日报》约 3 年，《日新报》约 2 年，《星洲晨报》约 1 年。究其原因，与报刊本身的政治倾向密切相关。新加坡早期华文报刊全部都是私人所办，无须顾及各方势力，较之中国本土的官办报刊和 19 世纪上半叶的西人办报，言论相对自由。

再次，许多华文报刊带有鲜明的政治色彩。这种政治色彩在于它在政治领域方面的

---

①《警梦钟 · 谐文》发表于 1909 年 11 月 11 日《星洲晨报》。

②龚育之. 大清印刷物专律[M]. 天津：天津古籍出版社，1993.

③赵德馨. 张之洞全集：第六册[M]. 武汉：武汉出版社，2008：309.

功能，报刊首先满足的是华人的政治诉求，这种诉求一直影响着后来华文报刊的面貌和道路选择。《天南新报》是保皇派在南洋的机关报，云集响应康有为。《中兴日报》属于革命派报刊，在19世纪末与《总汇新报》《叻报》进行长时间的笔战。《叻报》虽然对待清末中国的立场偶有飘移，但基本上还是采取中立观，这种中立观从报人薛有礼和叶季允的办报主张中得以管窥。在叶季允看来，报人在报道时应持有客观的态度"报中之我为众人之我，须屏去我之私臆，然后众人之我，说事可行"①。薛有礼是《叻报》的创办者，鲜有注意到的是，薛有礼的另一个身份是峇峇。峇峇作为土生华人，其身份有两个明显的特征，一是对中华文化之"正硕"的坚持和维护，二是峇峇中的华人领袖是南洋最早关注本地华人利益的群体。作为峇峇中的精英，他在19世纪以来为争取华人利益做出很大贡献。在这种思想背景下，《叻报》关注本地华人社会，并且坚持中立立场，必然成为南洋华人社会影响最大的报刊。

华文报刊有开放自由的办报立场，报人有自己较大的自主权，只负责版面编辑，不负责盈亏，有较大的自由度来宣传自己的思想和主张。以社论为代表的篇章演绎了早期华人社会发展和华人认同的心路历程。因此，与报刊运作并行的是新闻内容的表达，即所谓的言论自由，不仅涉及华人受众的知情权，更为重要的是，相对自由的言说环境是政治自由的基础，由此才会出现本书第八章所谈的华人政治参与和政治选择的可能性。

4.南洋富商的经济支持与稳定的社会环境

19世纪发轫的新加坡华文报刊多是在地华商或侨领创办的，论及办刊目的，首先就是商业需求，这与西方人在南洋的办刊目的不同。西方人早期办刊带有极强的宗教目的，而华人办报却多出于商业动机。广告发行、争取支持的目的自不必言说，"星系"报业的创办人胡文虎对此做了最好的诠释，在谈到自己的办报初衷时说："与其花钱登报，为什么不自己办报?"但是，必须厘清一个概念，虽然早期的华文报刊是商业性质，但是如果狭隘地认为办报仅是为了盈利，就太过蠡酌管窥了。即便是影响力最大、发行时间最长的《叻报》，销量好的时候，每日也仅有五百余份的销量，其他影响力较小的报刊日销量多则二三百，少则仅过百。"《叻报》创刊时，每日销量只有50份，两年后增至350份，1894年增至450份。"②凭此经营获利，颇为困难。因此，各类来去匆匆的报纸，在南洋报刊史上，留下浓墨重彩的一笔后便悄然离去。

华文报刊和其他社会组织或文社的区别在于，这些报刊皆为私人创办，经济来源多

①1906年9月18日《叻报》。

②王士谷.海外华文新闻史研究[M].北京：新华出版社，1998：8.

是商业广告收入或者商人的资助。这种经营模式影响到整个20世纪新加坡华语报纸的经营，陈嘉庚于1923年创办《南洋商报》，该报是一份商业性报纸，其主旨是："通过对更多商务与经济的评述，教育读者，从而拓展华人在当地的经济活动。"[①]而华文报刊的商业性决定其生产必须依托近代工商业的社会环境，自身必须要能传递商业信息。

19世纪下半叶，新加坡在英殖民地政府的管辖下，逐渐规范化，市民生活相对富裕，但缺乏信仰和文化支撑，需要刺激性、传奇性的信息调剂生活，于是早期报人的传统文化与南洋市民文化融合，形成此时的文化特征。读者身份的复杂性与各类报刊品格的文野之分明来暗往、唇齿相依。多种报刊为不同类型读者开辟了选择的空间。

①崔贵强．新加坡华文报刊与报人[M]．新加坡：海天文化企业私人有限公司，1993：28．

# 第三章　清末新加坡华文报刊的新闻和舆论

本章主要从两个方面展开对清末新加坡华文报刊新闻的研究：一方面，基于统计学纵向分析各类新闻和相关报刊量的数据，考察清末新加坡华文报刊繁荣背后的新闻来源，如转载来自中国的新闻稿件（“上谕恭录”和各类“政府通告”），再如翻译、购买和转载的境外译电选编，以及新加坡本地报人撰写的稿件，如地方性新闻“本坡”“本埠”与“南洋”等栏目；另一方面，针对同一政治事件，横向分析不同派别如何利用报刊阵地与中国革命时局呼应，分析社论性文章体现不同政治倾向，归纳华人族群中比较主流的认同价值体系，尤其是保皇派与革命派在各自阵营的不同表现。

## 一、报刊新闻版块设置

就传播形式而言，与历史上书于竹帛、镂于金石、手抄雕刻的媒介形式相比，报刊最大的不同在于信息传递的时效性。对传统的中国社会而言，知识和信息的即时性远不如传承性和稳定性重要，亘古流传才是主流的传播诉求，公众是报刊赖以存在的原因，读者接收信息是跨越时间和空间的。而报刊以固定的间隔、连续性的刊号排列，信息要求“新”。这种周期出版的模式，尤其是日报催生的新闻性，造就了现代意义上的新闻。

清末民初华文报刊所确立的新闻理念与生产规范是在 20 世纪上半叶逐渐形成并完善的。这一时期的办刊实践无论在内容上还是形式上都成了南洋报业的源泉和起点。当时新闻主要针对国际、中国和新加坡本埠。

1. 国际新闻

清末的南洋华人通过华文报刊观察西方社会的政治、经济、军事和社会文化，并在比较中西方文化差异的同时进行思考，反映这一时期中国国内的近代化浪潮和民族主义的兴起。

毋庸置疑，新加坡华文报刊持续性地介绍西方的社会制度和社会变革，使近代维新思潮逐渐发酵。19 世纪末的报道主题：一是针对第一次世界大战前夕欧洲各国日趋紧张局势，国际关系格局变化，以及逐渐形成的军事政治联盟体系；二是针对法国与越南、暹罗的关系，荷兰与印尼的关系的讨论，围绕殖民地及其宗主国的施政方针进行报道，甚至会参照英国在海峡殖民地的政策将本国与他国进行比较；三是关注日俄、朝日关系，并逐步认识中国被侵略的根本原因。

一方面，新加坡华文报刊的办报方向和办报人的办报思想密切相关，如《日新报》主笔林文庆，受邀作为该报欧洲及国际政治事务顾问。林文庆本人受西方思想影响巨大，在主笔报刊期间，译介西方报刊上的新闻和时评，以期扩大华人的视野。另一方面，近代维新运动是中西方文化长期碰撞的产物，但清末民初新加坡华文报刊对这一运动的出现采取了不同的言说态势。因新加坡特殊的地理位置，为了保证新闻的充足性和权威性，华文报刊广泛翻译和转载世界各地知名通讯社的新闻稿件，如大量从欧洲购买新闻，进行国外舆情的报道。如《叻报》的“欧洲电报”“埃及电音”“美国电音”“英俄日电音”和本地英文报刊翻译的“本馆译电”专栏，《星报》的“西报照译”“译电”，《日新报》的“西报电音”以及后来的“电音译要”，《中兴日报》的“外国”，均报道国际局势，扩大华族看世界的视野。作为英属殖民地，其报道英国的情况尤甚。

2. 中国新闻

考量清末新加坡华文报刊的新闻，可以看出明显的侨民心态。根据新加坡国立大学姚逸思的统计①，《叻报》1887 年刊登的中国新闻占 54.8%，关于新马（新加坡、马来西亚，简称新马）的新闻占 37%，关于欧洲等外国的报道占 8.2%；1890 年刊登的中国新闻占 63.1%，关于新马的新闻占 28%，关于欧洲等外国的报道占 8.9%；1895 年刊登的中国新闻占 49.5%，关于新马的新闻占 39.3%，关于欧洲等外国的报道占 11.2%；1900 年刊登的中国新闻占 42.5%，关于新马的新闻占 53.7%，关于欧洲等外国的报道占 3.8%；1905 年刊登的中国新闻占 38.8%，关于新马的新闻占 48.6%，关于欧洲等外国的报道占 12.6%；1910 年刊登的中国新闻占 72.3%，关于新马的新闻占 22.1%，关于欧洲等外国的报道占 5.6%。从以上数据我们可以看出，关于中国的新闻在报道的比例上占有绝对的优势。清末新加坡华文报刊关于中国境内的新闻分为两部分：一是关于中国境内全局性的时政，新闻作为包含海量资讯的平台，真实快速地反映中国境内的重要事件，内容主要以政府公报、朝廷指令为主，一般为政府下达的各项政治经济政策，以及时局、战事的一些实时动态；二是针对华人的原乡，设置“闽粤”“广东”“福建”等地域性版块，专门报道地域性新闻。各省新闻都会设有小标题，标题下有五十到一百字的解说，具有及时性、概括性的特点，使有一定价值的时事能快速被了解。

从栏目设置来看，经营了 52 年的《叻报》常设专栏，最常见的便是清政府的各类新闻，如敕令、朝文等，论说中国时局的发表，评论华族事务，意在进行两地间的内外交流。

《叻报》上的新闻主要来自国内新闻稿件的转载，内容包括清政府谕旨、公文奏折以

①姚逸思.《叻报》新闻内容分析（1887—1932）[D].新加坡：新加坡国立大学，1998.

及沪港的通信等。有时报刊还会针对国内事件进行论说评论。当然，在海外，华文报刊对此类内容的刊登对国内政局不会产生太大的影响，主要是为南洋华侨了解国内政治局势提供了一个窗口。

其他华文报刊也常设栏目反映国内状况，例如《星洲日报》的“广东”“福建”“本坡”等栏目，《中兴日报》的“电报”“外国”“各省”“福建”“广东”等栏目，《天南新报》的“京报录要”“闽粤述文”“本埠新闻”等栏目。

值得注意的是，新加坡的华文报刊在评述国内情况时，常常是有特定立场的。例如中日甲午战争期间，《星报》(1890—1899)遵从清政府的报道，对中国军队歌功颂德，对日本的战况嗤之以鼻。再如类似《叻报》的“谕旨恭录”，《日新报》的“上谕恭录”是清末华文报刊固有的版块，用来刊载由清政府颁布的各项谕令。此类版块的设置，是由于朝廷关于重要政事的最终决策需要通过公文进行发布和实施，而皇帝的命令又需要中外臣民共知而产生的，具体内容如官员的除授降革、重大案件的处理结果、宣战、议和、谒陵等。

早期华族以清朝子民自居，对清政府的态度恭敬顺从，因此在摘录清政府的各项诏书谕令时，文种格式保持了原有形式。事实上“上谕恭录”并没有特定的主题，只是对清政府颁布的诏书谕令如实地记录。通常，这些来自清政府的谕旨内容和传统社论版块内容并列搁置在报刊的头版，以表示对清政府的重视和尊重。

1899 年，维新变法失败后，慈禧大权在握，《日新报》10 月 20 日发文《宜恭请皇太后归政议》，次月 3 日在新闻“京尘杂录”中言：“俄国驻中国北京使臣日前谒见皇太后皇上时所呈者为今俄皇于未登基时游中国日记一部，是书皆译作华文云。”此处讲到皇太后时，原文前后空格以示尊重，在俄国公使与慈禧见面时使用的是“谒见”一词。同年，《日新报》11 月 15 日刊载《祝寿并请归政》：

> 本报职员林云龙等于初十日恭祝皇太后万寿圣节并请归政。皇上颐养深宫以慰天下人仰望。
>
> 南洋吉隆坡埠职商范昌等七百名为恭祝慈禧敬请归政颐养以慰君情，呈请代奏事□等恭逢皇太后万寿节普天同庆，商等虽居海外忘阙抒诚伏维①。

同年，11 月 16 日《日新报》的《康事三志》《护保辅臣》两篇报道都是关于康有为的行程。1900 年 2 月 10 日，《日新报》报道《谋祖废立》，称：“慈母禁锢，圣明者一年于此乃复恐西太后一时之误悔误于将来。”

报刊作为华人民众的“喉舌”，通过公开报道评论政治事件，并将之置于公共生活空间之中，引起关注，让其成为华人社会讨论的话题。因此，很多被报道的中国境内的事

①《祝寿并请归政》发表于 1899 年 11 月 15 日《日新报》。

件，尤其类似“上谕恭录”这样的话题，改变了原有的私密性为公共性质。社会政治从传统清廷皇室桎梏下被解放出来，成为真正意义上的公共事务，使原本底层社会民众无权知晓、无心过问的家国之事消解在人与人之间，话语之间。

3.“本埠”新闻

本地新闻同样分为两个部分。

一是英殖民地在社会管理、经济建设、法律法规等领域的制度建设，由报纸进行发布，有时会评论或与中国进行对比。辖于殖民地政府，就必须遵守殖民地政府的法律，只有得到本地主管政府的认可，才有生存、发展的可能。各种报刊积极刊载英殖民地政府发布的各种政策和政令，一是信息和华人生活直接相关，二是为了寻求庇护。

二是家长里短、花边绯闻以及小道消息。《天南新报》设“本馆新闻”，通报三州府各事如“巨船又沉”“禁止使用旧银”“彩票被逮”（1904 年 8 月 25 日）等，《日新报》设置“本坡”同样刊载“失窃报案”“承顶声明”，以及和华人群体相关的琐事，如《劫匪猖獗》一文：“戏班主人潮人陈某承源春园雇佣演出，半路被劫。”《赌妇被逮》一文：“直落亚逸街第八十三号门牌屋内拿获了华妇……七名”，“诸华妇以十二枝赌局诱人相搏”①。《星洲晨报》设有“本坡新闻”。

《叻报》不设专门版块，但是会有大篇幅报道本地诸事，例如 1905 年 1 月 30 日《叻报》第 15 版整版描述的新闻：“险赋无衣”“不容托钵”“舟中有盗”“大帮盗赃”“移叻监狱”“强盗成群”“破门盗案”“人心叵测”“围殴遭伤”等。此类新闻的刊载主要吸引部分社会中下层华人对报刊的关注，也反映出 20 世纪初华人社会的混乱和无序。但是《叻报》稿源多来自他报的摘抄，由于很多转载未有出处，被《日新报》视为“掠他人议论以示自己之名”②。

在地新闻通常使用半文言或白话文发布，并且会在细节、人物心理上进行描述，这也是靠近读者的手段。如《真是无眼》：“粤人周某以驾船为业，是由荷埠购买椰糖五大笠来叻发售，适椰糖跌价，乃托二马路之同籍人某甲待价而沽，周随船入埠，日昨复从荷埠出往晤甲，询糖行情，甲曰该糖余已代寄某号代沽。”周某后来发现同乡某甲已经将糖出售并去柔佛赌场挥霍，自认有眼无珠：“立即自掌自拍其眼，因愤怒用力过猛，至眼珠跌出，鲜血淋漓，立即寻中医住院医治去。”③本地新闻多是此类，但是在主人公的描述上通常以地域代指，如“闽人”“粤人”“巫人”等。

①《赌妇被逮》发表于 1899 年 10 月 17 日《日新报》。

②《日新报》，1900 年 4 月 11 日。

③《真是无眼》发表于 1905 年 1 月 30 日《叻报》。

## 二、"访事人"制度

"访事人"是伴随报刊新闻生产而出现的社会角色，他不同于职业新闻记者，相对比较自由，清末郑观应在《盛世危言》中也提到此信息，鲁迅在《坟》中也谈道："我曾经也略略猜想过这些谣诼的由来……连常识也没有或别有作用的新闻访事和记者。"

19 世纪末，新加坡的报纸通常会发公告，征募"访事人"："归于报章之上，可代纳言拾遗之职……故于报馆访事多聘礼，有威望、有学术之人为之……谨告吾同志，凡欲假报以维危局，而保人心则宜公定宗旨、发公论以抒危难，尤宜重用访事探听实情。"①《日新报》将"访事人"视为中国历史上的"纳言""拾遗"，尤其重视能提供公论、实情者。《叻报》也时常"添招探访"，要求"熟悉叻地情形"，有声望并且"谙各地方言而办事勤谨公平"②。

这一制度在新闻稿源的即时性和多样性上具有优势，如《天南新报》"本馆专电"栏目由香港、上海和仰光、小吕宋、安南、西贡、望加锡等地当事人提供消息。"本馆专电"的优势是消息的即时性，1898 年 9 月 21 日戊戌政变仅两日，1898 年 9 月 23 日的《天南新报》就报道了京师消息："下午两点四十七分钟时，本馆接香港访事人发来专电云，疯传皇上驾崩，京师现在大乱，所有天津至北京火车路均已停止云云。"③次日则"外间传闻，皇上先行降谕恭请皇太后办理朝政，然后实被刺客所害，现在京师内外城门均已关闭，所有情形极为秘密，无自探悉。惟观李鸿章所为，似系此等之事皆属新党所激而成，以故出有赏格缉捕新党之人，所以外间之人皆谓皇上被弑，实系李鸿章与太后合谋云云。"④

"访事人"制度之所以出现，是和时代背景密切相关的，报刊信息最初只是一种单向传播的范式，这种单一的范式无法适应清末因为剧烈变革而导致的信息激增的情况。华人需要了解清政府最新的政治走向，西方宪政发展情况以及本坡的琐事逸文，报刊需要自下而上地收集民众对于时局的看法，同时需要提高自身影响力，以改变相对封闭的状况。阿尔都塞将国家机器分为"镇压型国家机器"和"意识形态型国家机器"，前者如政府、军队、法庭、监狱等，后者如教会、学校、出版、文学、艺术等。他认为："任何一个阶级如果不能掌握政权的同时掌握意识形态国家机器并在这套机器中行使其领导权的话，那么他的政权就不会持久。"对"访事人"制度而言，多选择有学术、有威望之人，在某种程度上，对沟通报刊与华人社会、交流故土与南洋、启发民智有重要意义。

此外，清末民初的新加坡华文报刊初步形成了本土化的内容特色，社论和新闻报道

---

①《论报馆宜公议重用访事》发表于 1900 年 6 月 26 日《日新报》。

②《叻报》，1895 年 5 月 30 日。

③《中国京师大乱续电》发表于 1898 年 9 月 23 日《天南新报》。

④《天南新报》，1898 年 9 月 23 日。

是中新两地政治变动和社会进程的直观呈现，形成较稳定的报刊栏目设置和相对稳定的主笔和报人队伍，出版、发行采取商业化方式，有时还承担代售报章的业务：

本馆代售福州《闽报》全年共一百纸，售价洋三元。又澳门《知新报》全年共廿三册，售洋六元。二报均以开通民智为宗旨。如有购阅者……①

报刊创生，信息传播由传统的“道听途说”的自然传播方式向专业的商品化方式转变，满足现代社会的需要，将人的合作领域由传统的熟人社会扩大至更大范围的契约社会，进而推动华人社会价值秩序的确立。

**表 3－1　清末新加坡各报馆地址②**

| 名称 | 地址 |
|---|---|
| 新国民日报 | 敏罗申律 四九号 |
| 南洋商报 | 敏罗申律 五四至五六号 |
| 叻报 | 老巴萨口 一三号 |
| 总汇新报 | 加笠实得力 二七至二九号 |
| 天声旬报 | 敏罗申律 八三号 |
| 星洲日报 | 敏罗申律 一二〇号 |

## 三、中国重大事件在报刊上的反映

新加坡的华文报刊之所以刊登大量介绍中国时政、欧美科技知识的文章，除了让华侨了解时局发展外，还与新加坡所处的地理位置不无关系，作为东西方文化交流的中心，其在不同文化间的传播交流中所起到的作用不同。只是这种信息传播犹如一把双刃剑，尤其是意识形态主导下的报刊具有很强的政治目的性，其舆论导向功能不仅能反映国内外局势，亦能成为不同革命派系的喉舌。

1. 中日甲午战争的报道

对中日甲午战争进行全面报道的主要是《叻报》和《星报》。

中日甲午战争期间，《叻报》专设“中日电音”专栏报道战况，并根据时局发展发表社论，《叻报》的消息来源主要是“英京电报”（由北京发往英国的电报），作为英殖民地，获得消息自然会更加便利。如 1894 年 9 月 17 日黄海海战爆发，9 月 24 日《叻报》刊文《中日海军交战电音》报道：“本坡买得力泰晤士西报接二千一日英京来电言，中日两国海军已

①《日新报》，1900 年 6 月 12 日。

②童子达. 新加坡各业调查[M]. 新加坡：新加坡南洋工商补习学校，1928：138.

在高丽海中开战。”①《叻报》叶季允始终坚持报人的客观性立场：“本报发行近30年来，本人自创刊之日起便出任主笔，而在我的报人生涯中，我始终坚持报纸乃社会之公器。权以公众的意见为意见，并且以公众的对错为是非对错。”其报对战事的报道一直相对客观，尤其是新闻部分，对日本的称呼一直是“日”。《星报》对日本的态度则更加明确而直接，19世纪末《星报》有别于其他当时报纸的做法，中日甲午战争期间，目录直接呈现战况关键词，尤其在语言的使用上，一直称日为“倭”，如《倭船受创》《倭奴杂事》等。

战争之初，两报对于战事估计还是很乐观的，自认为中国海军军事装备强大，因此战斗必然胜利，“中国自效行西法以来，凡事皆一先因循之习，沿江沿海各口岸炮台林立，巩固坚牢，北洋所肃水师直与泰西无异，南洋及专阀诸省，铁化钢舰其大倍于日本，其数亦多于日本”。反观日本甚至有可能不堪一战，“日本各海口日人兵额甚少，虽有常备兵可以征调，然率市人而临阵突见其丧身于枪林弹雨中已耳，我故曰战必胜也”②。日本对抗中国是自不量力的行为，“日本之不能与中国敌，无论西人知之，华人知之，即日本之稍识时务者谅亦知之，今所敢于挑衅中原者，实以中国常忍让之……今为日人计，正宜趁此未经大挫之际，平自息兵，速与中国言归于好则事尚易于收拾，不然则拖延愈久，所失愈多”③。《星报》甚至建议清政府借平倭之事整顿朝政以励精图治：

> 倭国此时放肆披猖，可以遽言平乎？曰可，曰何由知其可也？曰此不必故作大言谓中大而倭小，中众而倭寡，中强而倭弱，大不敌众，小不敌寡，弱不敌强是难，情形显然原非夸饰，而闻之者则往往从旁窃笑，盖笑其而不知所以，用其大众而不能有以用，其众强而不能有以用其强也，然而倭国则其小甚矣，其寡极矣，其弱久矣，一旦而欲自以为大，自以为众，自以为强，则本非佳兆，而又何能与中国久争？夫中国之大，天下莫加也，中国之众，天下莫比也，而独于强弱二字则不能一定而论，有时而强，有时而弱，其弱也非大者而忽小，众者而忽寡也，不能自强斯弱，矣然而中国之君则固不弱于他国也，中国之民则又不弱于他国也，其所以弱也者，皆官之为官也，者承上而起下者也，君上有平治天下之志，而不能躬自施行也，则必以官代肱骨心……而今病入膏肓，积弊固非一朝一夕之故，其所由来者渐矣，至今日而病入膏肓苟非用大攻大下之剂则其疾决不能疗，此时倭人之扰只发热见证之际及早治之外邪，尚易驱除，若再迁缓不治则传经极速，必将日见其沉重……国之治乱，全恃乎民心，民心所聚，全在乎君上（此处

①《叻报》，1894年9月24日。

②《战必胜说》发表于1894年7月27日《叻报》。

③《论日本非中国之敌》发表于1894年8月10日《叻报》。

空两格)天子励精图治所以仰承……①

战争维系期间，两报不间断地进行持续性报道，如 1895 年威海战争期间，《叻报》从 1 月 11 日开始不间断报道，此后 2 月 7 日报道威海卫失守；2 月 12 日报道刘公岛和威海卫沦陷，镇远舰和定远舰被击毁；2 月 14 日报道清廷刘公岛舰队突围失败；2 月 21 日报道刘公岛被攻占，主帅丁汝昌自杀；2 月 23 日报道日军运转丁汝昌遗骸，“当时，倭将见军门等诸公从容尽节，生气凛然，莫不敬礼有加，不敢稍微轻亵也”。

此外，两报还针对战争进程献计献策，发表社论，如《叻报》的《论日本与中国战必不能持久》(1894 年 9 月 5 日)、《论伐倭要策》(1894 年 11 月 2 日)、《驱剿在高倭兵刻不容缓说》(1894 年 11 月 5 日)、《论我军致败之反思》(1894 年 12 月 27 日)、《论倭人谋甚狡而力不足》(1895 年 5 月 1 日)、《论倭人得利而不足恃》(1895 年 5 月 11 日)，1895 年 2 月连载社论《和倭策》等近百篇。而且，以客观公正自称的《叻报》在新闻中的称谓是“日”，但是在文人笔下的社论则称之为“倭”。

《星报》还以中国兵法进行远程战术指导：

今者巧事其恐亟矣，变局仓皇，奇策之出不可缓，则为今之计，莫如入蛇穴，毁蛇巢，按蛇尾，斩蛇头之为要策焉。所谓蛇穴者何，日人之各口岸也，即饬南北洋兵舰鼓轮以进，为声东击西之举，作捣虚避实之谋，用奇法以破其水雷，设妙计以避其炮焰，务使彼片甲不留，毒气尽灭。所谓蛇尾者何，日人之占据高丽也。即饬宋总统提督各军严阵以守，坚壁以拒，一俟东师见捷，然后长驱直进，务使其首尾相倾，一败涂地。所谓蛇头者何，日人之东京海军也。日人自大沟之败兵舟，负创只剩余气以暂息于海滨，此时中国兵舰正宜长驱入，逼近东京，务使日王授首，日社倾颓。夫然后蛇头已斩，蛇毒全清，蛇之胆尾亦无从复返。然斩蛇之法先防反噬之虞。故善捕蛇者储硝磺出器械，严防门户，首恐相逼而来。今日人虚声恫吓，大放厥词某日攻威海，某日攻津口，此言虽放诞谋国，是者不可信其有，亦不可信其无，即饬各大员遣重兵严口岸，且遣兵轮游弋海面，以防其掉尾反噬之谋，则日人虽狡无从施其谋焉②。

中日甲午战争后，身处域外，放眼世界局势，社论发表多集中于中日关系。内容主要集中在以下两个方面。

一方面，对清政府的政治治理进行反思，认为旅顺失守的原因归于战略不当和清政府腐朽，类似评论如《叻报》《救急议》(1895 年 5 月 28 日)、《去贪吏议》(1895 年 5 月 30

①《平倭议》发表于 1894 年 11 月 2 日《星报》。

②《伐倭要策》发表于 1894 年 11 月 2 日《星报》。

日）、《海军善后议》(1895年5月24日)；《星报》的《论裁撤海军衙门》(1895年5月2日)、《论倭人得利不足恃》(1895年5月11日)、《论和议》(1895年5月17日)、《论割地轻重》(1895年5月22日)、《论和约条款之可骇》(1895年5月23日)、《论台湾有自主之势》(1895年5月31日)等，亦有数篇文章写"怀柔远人之道"，"廷巧柔远人之道摇置悉合机宜，故京明棘洒洋溢，中国施及蛮夷，无论东西洋各国无不仰之若泰山，尊之如北斗"，战后日本依旧被视为远离中华文化中心的"蛮夷"。

另一方面，对华人进行警醒，促使报人站在更宏观的角度反思各国情况，如对欧洲局势的评论《大局论》：

> 今天下大势将坏于美与法乎？何则千金之堤溃于蚁穴，百仞之木蚀于微虫，及其崩且折，蚁与虫亦同归于尽，当其未崩且折之时，不无悟也，方且晏然自以为安，嚣然自以为得，噫，亦皆中国七雄并峙，唯秦最强，有合纵者初尝合六国以摈秦，而秦挽首自喙，不敢出函谷关十余年，天下安然无事，其后诸侯自相携贰从散，约解天下，遂席卷而入于秦，今日之俄罗斯壤地袤地二万余里，背负北海南面，而争天下，因利乘便，高气尚力，不顾信义，何异于虎狼之秦，英吉利地跨三洲，以水师雄于宇内，与俄势均力敌，犹之楚也，德意志君贤臣良，习于陆战，屏蔽欧洲，犹之赵也；法兰西国富民强，高尚诈力，犹之魏也，美利坚僻处一洲，与俄极远，不受其害而坐观其败，犹之齐也，若土耳其之政乱。主庸坏地日削，高丽之民惰国弱，纲纪不修而皆逼俄之肘腋……①

再如1895年5月《叻报》开始在头版刊登广告，发布"中日高明细地图发售"信息，其他社论如《论目前各国之形势》(1895年5月27日)、《战后十策》(1895年5月16—17日，即"汰冗臣、进贤才、练精兵、筹军械、省浮费、兴制造、护商人、开各矿、兴邮政、兴学校")、《论俄日龃龉》(1895年5月20日)；《星报》连载《前任驻华英国威公使答东方时局问》(1895年5月)、《论英国防倭》(1895年5月4日)、《倭国建制沿革考》(1895年5月6日)、《论俄人逐倭亦不利于中国》(1895年5月16日)、《论西学》(1895年5月15日)、《论和局有强成之信》(1895年5月13日)、《论时局之变》(1895年5月9日)等。《天南新报》的《日俄战后三大可虑》(1905年3月18日)、《论中国宜严防俄之策》(1905年3月14日)等。

2. 维新变法的报道

报刊作为社会舆论、政治场域和文学文化的研究载体，是近代社会发展的产物，报刊业的出现和不断繁荣，是文化交流、知识体系成熟、社会民主化和政治文化结构变化的产物，真实地呈现华人对周遭文化的观察和体悟。报刊的史料功能近三十年来被逐渐重

①《大局论》发表于1887年11月24日《叻报》。

视，正是因为其反映了近代以来海外社会变革的实际面貌。

中日甲午战争之后，华人对民族危机的严重性有深刻体认，产生政治变革的要求。知识分子要实现其政治抱负，报刊是宣传其政治理想和动员民众的有效工具。此时报刊最突出的特点，就是被知识分子赋予的改造国家、挽救民族危亡和实现政治抱负的工具性使命。报刊成为维新思想家要求政治变革和宣传民主思想的有力武器。

中日甲午战争之前，单从报刊宣传的思想审视，报纸介绍维新思想，对西方议会制度的认识仅停留在沟通上下之情和参议功能上，而对宪法约束君主的行政权力、君主立宪制的本质却认识不足。其中，《日新报》对戊戌变法陈述讨论较多，如《吊六君子文》(1899年10月13日)、《申自由权以报国说》(1899年11月27日)、《兵政篇》(1899年12月6日)、《为君子难论》(1900年2月16日)、《论同治帝对光绪帝嗣统上之关系及去月二十四日之立嗣事变》(1900年2月28日)、《官民富国议》(1900年5月25日)、《国之兴衰由于教化之进止议》(1900年5月26日)、《论各省宜勤王讨贼以造中国》(1900年8月2日)。《日新报》天廖子1899年10月连发七篇《朝事平(评)议》，关注维新，立场却相对保守："太后之意原非不喜新政，实因势之所逼，无可如何，故惟复旧观，实未敢有丝毫之溢，且虽变新复旧，然于新政诸事并未尝有一言之斥责。太后亦知公益所在，诚不敢过冒不韪而强为之。因恐一经降旨，其事为不合，即将著而为令，他日顽固臣工据此上疏，引为祖训，使其子孙莫敢变更可知。"①《叻报》偶有《论中国无教民之政》(1898年12月29日)、《医国说》(1899年8月29日)、《论谋逆无益》(1898年10月4日)等篇章进行讨论。从报刊上的文学作品也可以看出当时新加坡华人对维新变法的态度：

**吊维新六烈士七律二章②**

文星耿耿傍龙光，吐出锋芒万丈长。
愿效贾生椽治策，讵知凶戚敢跳梁。
掀天大业环球数，幕地垂帘为诏张。
一刹阴风催志士，并教天子亦收场。
薪徒伊谁冒突烟，共将君国荷双肩。
帝为知己死何恨，天使成名杀可怜。
一变果苏多士气，万方同哭小诗编。

——圣明他日临朝再大计乌从问六贤 南洋秋云斋未定草

根据时局，社论将涉及维新活动的清政府官员进行分类：陈宝琛、黄遵宪被视为"实

①《朝事平议 六接前稿》，1899年10月31日。

②《日新报》，1899年12月15日。

力派”，二人“办理湖南新政百折不回……其实力施行之处在为保民起见”；戊戌六君子被视为“行侠派”；康有为、梁启超二人被视为“理想派”，这二人“未通西文、未游西国，而其说法精透处，往往有西人最新之理；将谭嗣同视为“哲学派”①。

但是在19世纪末的最后两年，报刊在讨论中国政治变革时，很难大刀阔斧地提出政治变革的要求。如李泽厚评价中国维新派：“虽或赞同或主张开议院，但未强调。看来这问题在他们思想中并未占重要地位。”②

戊戌时期，报刊开始成为知识分子要求实行君主立宪制度的宣传平台。因早期华人知识分子受中国传统文化教育中民本观念的影响，难以跳出从君权的角度来解释民权的传统思维定式，更多是将西方政治制度作为一个可以解决民族危机的工具，而没有思考其背后的法理基础和思想渊源。

3. 辛亥革命的报道

辛亥革命作为20世纪初大变革时期的重大事件，长期以来受到关注颇多。囿于资料限制，研究者多从宏观层面讨论革命，从南洋华人民众作为信息接收者的角度却鲜有讨论。本节希望避免仅以中国视角去附会境外的历史实际，就清末革命思想在境外的传播，尤其在报刊上如何凭借思想资源号召本地华人参与中国政治方面进行讨论，如将辛亥革命信息传播到华人社会时采用何种策略与政治基调，报人如何制造革命气氛，华人本地民众有什么反应，华人是作为旁观者还是参与者等。

在新加坡华人数量及其财富增长的影响下，华文报刊滥觞，知识分子和报人以社论、副刊等形式发表政治主张，无形之中，已然成为引导舆论的风向标。华文报刊及其营造的舆论氛围，对革命的酝酿与推动作用不可磨灭。孙中山提出“华侨乃革命之母”，也指出辛亥革命能取得胜利，《叻报》《总汇新报》等华文报刊的宣传占据九成功劳。借用柳亚子的一句话，“思想界中初革命，欲凭文字播风潮”。新加坡本地华文报刊对辛亥革命的态度却值得思考，具体体现在两个方面：一是各个报刊各自立场前后的变化；二是在立宪和革命、保皇和共和角逐的过程中，南洋知识分子和报人不一致的选择。因此，以报刊为基础史料，想要提出并试图分析的问题是，面对辛亥革命，新加坡华人如何在华文报刊中通过想象与表述界定各自的身份，并融入不断发生变革的社会中，以及在这个过程中如何确立华人的在地角色，从而分析海外华人在近代全球秩序重组的过程中如何形成身份认同。

辛亥革命作为颠覆时代的大事件，其发展的态势是当时难以预料的。华人面对时代

①《日新报》，1899年12月29日。

②李泽厚. 中国思想史论[M]. 合肥：安徽文艺出版社，1999：408.

巨变，无论是否无所适从，都是必然的形势。报刊中呈现的华人心路历程，是复杂心态的体现。辛亥革命初期，杂糅新观念与旧体制，华人情绪复杂，纵观整个时局，态度暧昧，甚至心存芥蒂，认为革命前途难料。1911 年 10 月 10 日之前，《叻报》报头依然是宣统纪年，头版下转载清政府律例仍是“谕旨恭录”，《叻报》10 月 11 日头版亦是论说《国人之对于盛宣怀》。这场突如其来的革命，让未来发展的趋势并不明朗，民众对成功的可能性也持怀疑态度。南洋华文报刊对革命局势的报道多以“乱”字冠名，“乱党”“乱事”足以表达当时报刊对辛亥革命的看法。如“武昌乱党军兵二千名”①，“鄂乱”②，“欧洲各国均已决言并不干涉中国乱事”③。再如专文《祖国“乱事”》：“本报实得力泰晤士西报得接三日德京发来专电云欧洲报纸批评此次革命之乱与从前太平天国之乱。”④南洋华人认为辛亥革命可与太平天国起义相提并论，并对清政府报以十足的信心，“官军与乱党并未接仗，现两军已约定初三初四大战，以决胜负”⑤。南洋华人对辛亥革命报有相对开放的态度，伴随事态发展，清政府败局已定，华文报刊审时度势之后逐渐转为支持革命。报人惺噩生评价中原大局是：“乃历古所无之大事，全球罕有之要闻。”因此辛亥革命的影响“不能仅以祖国论”⑥。由此可见，辛亥革命并非只是革命者的革命，亦不仅仅是对国内产生影响，这种影响会流动于国家之间、境内外华人群体之间。非常有趣的是一个月后《叻报》的报道，清政府败亡已是定局，“土崩之势已成”。当日的报刊甚至刊载了一则《急抱佛脚》的新闻，“某店平日附于保皇党，常斥革命为匪类”，辛亥革命大势已成，“欲筹款寄回祖国以报效革命军”。在副刊文苑上的《岑老三剃发赞》对剪辫之风也予以认可，因为清政府已是“两宫蒙尘，车驾西巡”⑦。

局势逐渐明朗后，报刊态度转为支持革命，于华人而言，面对的不仅仅是政治格局的消解，还有各种政治势力角逐。虽然革命时局不稳、民众惶恐的表面原因是革命本身，但更深层次原因则是清政府的行为与主张。因此，报刊舆论并没有出现针对革命党及其活动的破坏性，而是矛头直指清政府。报刊分析局势：“今日舍革命之外，真别无救国之道乎？抑尚有立宪可以救国乎？试以立宪救国与以革命救国相比较，果孰难而孰易，孰美孰恶乎，谓朝廷不肯重视立宪，则朝论既自专制而改立宪，自无能收回之理矣？立宪有极

①《叻报》，1911 年 10 月 19 日。
②《叻报》，1911 年 10 月 21 日。
③《叻报》，1911 年 10 月 23 日。
④《叻报》，1911 年 10 月 19 日。
⑤《总汇新报》，1911 年 10 月 24 日。
⑥《叻报》，1911 年 10 月 24 日。
⑦《叻报》，1911 年 11 月 8 日。

微妙之精义，所谓代负责任者，能明之则可以不必革命，今有能发明之乎？”①对革命持保守态度。随着武昌起义革命形势的迅猛发展，报刊对革命派持认可立场。《叻报》1911 年 10 月 27 日转载《缅甸公报》对革命军克湖北之面面观，民族派听闻后“欣然有喜色”，倚官派则“愕然相顾不知所措”，中立派则“革命举动之文明，西人交口称赞”，保皇派则“如鸟兽散矣，虽然知难而退未始，非保皇党诸走狗之有见地也”。之后再谈到辛亥革命时，“乱党”的言说方式已经变成“革党”。1911 年 11 月 8 日，《叻报》报头亦改之前的宣统纪年方式为“辛亥纪年”。

并非所有的华人都关心革命，更多的人慑于“故国”之威，担心国内亲人受到株连，或惑于清廷和保皇派的宣传，甚至担心支持革命会失去捐来的官衔和多年积攒的财富。很多华人处在以捐官为荣、支持保皇、支持革命三个阶段并逐步转化的过程中，等待革命形势明朗后，才逐步转化为革命的力量。

华文报刊，因为舆论处境的缘故，以“中立”之名超脱在政治舞台上各个派别的论说之外，注重族群性言说，文字上也多留存了乱世中的浮生与民心。辛亥革命期间，商户或个人所悬国旗，从最初的五色旗到之后的青天白日旗。他们对悬挂国旗的仪式感尤为重视，有人将国旗倒悬或与衣物相间悬挂，《叻报》对其斥责，为“避免贻笑外人”②。

一个极具符号意义的现象就是剪辫活动，孙中山颁布剪发令：“凡未去辫者，于令到之日，限二十日一律剪除净尽，有不遵者违法论。”③此后，袁世凯当选为中华民国第一任大总统，在 1912 年 2 月 26 日亦持续颁布剪发令，“昨袁总统颁布命令于各部首领，饬即督饬全部人员一律剪除发辫以新耳目”。但是在南洋，剪辫的意义并没有那么深刻。之所以剪辫，出于两个目的：一是针对满族统治，“满洲辫将绝矣”，“平章乡绅商议定年内全体侨胞一律剪除满辫”，民族情绪中“恢复汉族威仪，而无复如前之奴根”占的比例更大一些。剪掉辫子已经与华人自身权益相关联。二是非华人族群的看法，例如 1912 年 2 月 29 日《总汇新报》刊载的《改良剪发广告》，剪发的目的显然不是鼎新革故：“自共和政府成立，剪发之风盛行，故剪发者不胜然，皆不请斯道者在多数，而不思剪发。剪发为装饰之要，苟所剪之发不中不西非雅非俗，必为外人所耻笑也。”“外人”耻笑是剪辫的重要原因，显然，非华人群体的评价比革命的意义更直接。

颜清湟根据新马两地参加革命的华侨和剪辫人数，推算武昌起义第一个月 15 岁以上认同革命的华侨人数约占 4.4%，扩展到第一年则增长至 5.2%④。底层华人的新国民

①《总汇新报》，1911 年 8 月 23 日。

②《国民应知尊重国旗》发表于 1920 年 10 月 9 日《叻报》。

③《中国近代史资料丛刊》编委会. 辛亥革命[M]. 上海：上海书店出版社，2000：25.

④颜清湟，星、马华人与辛亥革命[M]. 李恩涵，译. 台北：联经出版事业公司，1982：289 - 290.

身份选择，更多的是出于功利性的审时度势，不一定是实质认同。本书从部分华人剪掉具有符号意义的“辫子”的时间即可体会到他们顺势而为的微妙心理。报刊杂文《辫子之中立》以诙谐的语气调侃是否该剪辫子“将脑袋后剪去一半”①。

辛亥革命推翻了清王朝，给华侨带来了希望。但很快政权易手袁世凯，党争之端混乱不堪，华人甚为失望：“讵料自有此纪念以来，国政则愈形腐败，国民则愈加疾苦，慨自袁氏秉政以后，其政治之专制，远过前清，其国民之痛苦，更甚往昔。今袁氏虽遭天诛，而其流毒则早播遍地。试观今日之武夫纵横，小人之弄政，割地卖国，版图分裂，杀戮无辜，枉死俊秀，寡人妻，孤人子，虚人室家，暴人骸骨，种种痛心疾首之举，曷可胜数？”②

无论如何，清末以来，辛亥革命党人唤醒了整个南洋华侨的民族意识，继之南京国民政府对南洋华侨更是成功地进行了民族主义规训：“华侨为革命之母，教育为建国之基，我国侨民子弟，应如何教导训练以养成其国家观念，培植其民族意识，使永为中华民国之国民，而不被同化于异族，实为今日我国教育一重大问题，不容轻视者也。”③辛亥革命的跨时代意义在于促使中国社会从传统帝制向现代国家的转变，于华人而言，则是民族精神日渐合流的转捩点。

辛亥革命不算是彻底的一场革命，华文报刊作为媒介，算不上是成熟和成体系的宣传平台，华文报刊只是一个信息传递的通道，但是百年后看，它已然是记录华人社会历史变迁的平台。华人在革命声浪的拍击与殖民地政府、国内与本地社会各方的共谋中，才逐渐接受革命的洗礼，此后半个世纪在此影响下踯躅而行。

清政府作为高度集权的政治体，从天命、民族两个角度设计政治合法性。从中日甲午战争开始，华人开启对清朝政治的反思，开启维新革命，却发现根深蒂固的王朝式统治无法通过一场不涉及根本的改革驱除积弊。辛亥革命促进了走向共和的现代文明的转型。相距甚远的南洋社会解构了人们长期遵循的“正朔”。虽然一次次浪潮摧垮了海外华人的政治意识、文化意识中的“国家”，但让他们更主动地接受共和制度却很难，因为他们对祖国、对故土的情感积淀和文化认同很难在短期内发生翻天覆地的变化。与 19 世纪之前的殖民地社会不同，华人从经济地位到政治身份受到诸多方面的影响，从英国殖民地的秩序化统治到清政府在南洋势力的式微，本地华人出于生存和发展的考量，不得不面对时局变革的不同路径选择。清末民初是海外华人中华民族认同的关键时期。民

---

①《总汇新报》，1912 年 1 月 5 日。

②《对于国庆纪念日感书》发表于 1919 年 10 月 11 日《叻报》。

③黄麟书撰写《考察南洋华侨教育意见书附：考察南洋华侨教育日记》，1935 年，序。

族主义思潮逐渐影响到政治生活领域。作为英殖民地的管辖区，南洋既有西化的一面也有中化的一面。中国传统文化通过宗亲、地缘及其社会文化等因素形成的华人族群关系仍在发挥作用。在亨廷顿为代表的西方学者眼里，辛亥革命作为“东方型革命”，革命者与旧势力需要在政治权力和政治参与上纠葛和博弈，必然性地出现较长的“双重权力”时期。维新与革命对中国而言，是政治秩序的重构，延宕到海外，促使政治观念、宗教观念发生某种转变，这样一个中西交汇，新旧杂糅的过渡时代，是一次深入而持久的认同转化时代，转化的结果形成人们的身份认同。在这个新的政治和正统观念交替的过程中，华人的族群身份认同正在逐渐加强。

## 四、政论及其评论

按照创办主张将新加坡华文报刊的发展时期划分如下：

一是 1887—1912 年，政论报刊风行，报刊主题主要受中国政治影响，不同政治派别以海外华文报刊为阵地开展论战，亦涉及英殖民地政府的社会管理。

二是 1912—1945 年，报刊商业色彩明显，英国政权逐渐撤离，日本侵入，华人在地意识增强。

三是第二次世界大战后，报刊产业经过不同政治力量的让渡，重新洗牌，真正意义上独立的本土报刊变得成熟化。

在本书所讨论的时间范围内，各类报刊以社论占据重大篇幅，甚至头版已经被社论覆盖。这个现象似乎离散了报刊作为新闻的核心，这是由报人和媒介政治化倾向导致的，华人中的知识分子也借此进行政治参与。

报纸普遍重视社论，中国古代“邸报”的产生就是官府在政治上的一种需要。在南洋，华人侨领深知宣传之利，或出资办报，或利用报刊进行社会整治，以评论作为自己的喉舌。革命派报刊论调，多鼓吹革命。中日甲午战争之后，强学会主张君主立宪制发行报刊，开华人论政之端。戊戌政变，有心启蒙之士，诉思想于民众。不同派别的知识分子报刊活动，呈现出相当的接近性：借助报刊发表政治主张，进行政治活动；重视报刊的政治工具性，使得报刊的宣传功能在华人社会生活中得到充分发挥；本书所言及的清末报刊文体中，以社论最有色彩，产生的社会影响最大。

社论是 19 世纪末以来华文报刊的灵魂和社会之公器。所有的华文报刊都会设置较大篇幅进行专门的社会评论，主要目的是“教化”，向本地华人宣传来自西方社会的思想，评价清廷的政治，维护华人的道德体系以及对社稷发展建言献策。通常执掌社会栏目的是有名望的报人，如叶季允、林文庆、黄乃裳等人，他们甚至会以极高的频率在报刊上撰写社论，除此之外，更多的是一些用笔名发文章的知识分子。“文人论政”是中国知识分子的传统，近代中国内忧外患，国势危殆，华人赋予了报刊言论空前重大的政治功能和历史使命。

《天南新报》最重要的栏目是“论说”，以报馆主笔的政论为主，内容涉及国内外时评。《叻报》主笔叶季允认为报人应持有客观的态度“报中之我为众人之我，须屏去我之私臆，然后众人之我，说事可行”①。其社论相对客观，在社论评述中国时局时，认同中国，以海外子民自居。但他的政治立场会根据时局有所变化，1900 年以前，他站满清政府慈禧一派，之后他又支持革命，这种摇摆不定的政治转向，“《叻报》党数言之矣，今忽悖谬”，被《日新报》描述为“恐其父母妻子为中国官吏所捕”②行为。

《日新报》的社论专栏通常放在第一版，往往占据较大篇幅，这是一个极具特色的报刊现象。《日新报》创办期间，共刊载社论 430 篇。《中兴日报》几乎每期都有一篇论说，主要围绕反清与革命主题展开，篇幅过长时以连载的形式出现。而且《中兴日报》这样的报刊论政已经具有浓厚的革命者办报的性质，报刊活动更多的是以党派的组织形式进行，言论也带有浓厚的启蒙色彩。对其而言，办报活动与政治活动是合二为一的，报刊创办之初就有浓厚的政治使命。

余英时提出知识分子应具有的特性是：“第一是他比较具有全面的眼光，因此能够敏锐地察觉到整个社会在一定历史阶段中的动向和需要；第二是作为基本精神价值的维护者，他比较富于使命感和正义感，因此具有批判和抗议的精神；第三是他比较能够超越一己的阶级利害，因此而发展出一种牺牲的精神。”③敏锐的洞察力、基于使命感的批判精神、超越阶级立场牺牲小我的精神——这三个维度，契合晚清以来华人知识分子的特质。而这种特质，在以报人为主体的社论版块得到深刻体现。

1. 批判清政府

19 世纪末 20 世纪初的华文报刊大多持有维新派、保皇派、立宪派和革命派的主张，这些报刊主要是服务或宣传维新派、保皇派、立宪派和革命派所从事的政治活动，所以它们的一大特色便是突出政论。但是在不同的政治背景下，由于知识分子社会角色和政治身份认同的差异，其报刊论政的表现形态也有很大差别。《叻报》以报纸的商业经营为依托，更多地表现出一个知识分子独立的立场和思考，叶季允“立言”是典型的文人的清议，他个人身上没有其他知识分子在报刊活动中的那种宗乡背景或者党派色彩，更似一个冷静要求展示自己报业理想的思想者。这种角色和立场直接影响到《叻报》的运作模式和

①《叻报》，1906 年 9 月 18 日。

②《日新报》，1900 年 4 月 11 日。

③余英时. 论士衡史[M]. 上海：上海文艺出版社，1999：1.

立言姿态。

而邱菽园的报刊活动则更多地带有志士化的痕迹，不计成本地追求宣传效果，言论风格也更为激烈。报刊不但加强言论的煽动性，而且强化新闻报道的政治功能色彩，其新闻报道的政治功能作用初步显现。

中国历来对统治模式的讨论都集中于郡县制和分封制之间，二选一，别无他法，伴随社论探讨的深入，尤其在西方思想的加持和戊戌之后立宪思想的蓬勃发展后，报人分析认为清政府专制导致亡国，军事上无能导致兵败，而中国军队自身无过。1899 年 11 月 7 日的《日新报》社论称："威海卫英水师中有人致书于香港西报馆曰华人喜为英兵，日多一日，英军中衣食丰富，故来报营者甚众，稍微训练而步伐便整齐，可惜彼此言语不通，须费许多心力耳，然就此而观，可华兵异日便可与英兵之最佳者齐驱并驾，因其善守号令且易熟练兵法也。"终是政府、军队对士兵的克扣和欺压导致战败，社论《论本报所载华人善兵事》言："各国之兵所能为者，我中国兵亦能为之，甚至有各国之兵未必人人能为之者，我中国兵而亦能为之。"①

政体上专制，《乞求速开伪国会之蠢谬》："清廷之所谓预备立宪，既无真民权立宪之本心，复无真民权立宪之资格……到时所谓国会，亦决不能脱离专制之本色……就清政府中央集权之政策言之，凡军政财政诸大计，方唯恐其不及，而欲窃国会之名，以愚弄热衷功名之辈，则所谓国会之真相，亦概可想见矣。"②

外交上，认为清政府丧权辱国，怒其不争，第二次日俄战争只不过是对中国的瓜分而已，"举东三省利权为其垄断而有，且与中国各行省之利权，亦为其垄断而有"只能"我有宝藏，而不能开；我有货财，而不能殖，而为他人维持尊重之，莫哀于此矣"③。

封建专制制度是民主政治制度淘汰的对象。时人逐渐认识到君主专制的弊端，转而倡导实行君民共主，变法以寻求自由，开民智以兴民权。而要实行民主政治，必须改变君主专制的政治体制。笔名"太仓者"自 1909 年 12 月 15 日至 1910 年 1 月 5 日，连发七篇《保皇党回朝热又大发之可怜》的社论对保皇派妄图"回朝"的意图进行反驳，认为："大抵保皇党之所以不惜奴颜婢膝，摇尾乞怜于他人之前，以期或遂其赦还之望者，其目的有二：盖一则，使事而果成，则十余年来升官发财之希望……此保皇党唯一之夙愿也；其再则，使事而无成，然借此固可以振党人之威，既可保持危局，而于愚惑无知华侨，以运动金钱之一方面，亦不无所益。"④

①《论本报所载华人善兵事》发表于 1899 年 11 月 7 日《日新报》。

②《乞求速开伪国会之蠢谬》发表于 1910 年 2 月 21 日《星洲晨报》。

③《日俄协约关于中国之前途》发表于 1910 年 9 月 9 日《星洲晨报》。

④《保皇党回朝热又大发之可怜》发表于 1909 年 12 月 15 日《星洲晨报》。

到辛亥革命前，清政府的政策已经徒劳，论说《论朝廷近日收拾人心之计》文后说明："按稿已成，始接到本坡总领事来函，内开初九日奉到外务部电文一则，嘱登本报。昨已照录。电文所言，亦无非朝廷为收拾人心之计。但未免太迟，恐不易挽回已散人心耳。"①

2. 民权议政

社论代表华人知识分子的声音，蕴含着传统的"民本"思想，报刊传递并表达了他们对舆论的认识。西方政治思想、中国百年大变革也开始让他们对政治制度有了新的探索，推动传统舆论观念向近代舆论观念转变。

报刊为华人交流思想、表达诉求提供了一种公开的交流方式。当来自不同宗乡、职业和阶层的人们，以报刊为纽带自发聚集参议政事时，报刊已然扮演了沟通作为"社会人"和国家权力的公共言论机构。在亨廷顿看来："现代民主是西方文明的产物，它扎根于社会多元主义、阶级制度、市民社会、对法治的信念、亲历代议制度的经验、精神权威与世俗权威的分离以及对个人主义的坚持，所有这些都是在一千多年以前的西欧开始出现的。在十七和十八世纪，这些传统激发了贵族和正在兴起的中产阶级要求政治参与的斗争，并造就了十九世纪的民主发展。这些要素也许可以在其他的文明中找到其中的一二个，但是，作为总体，它们仅存于西方之中。也正是这些要素说明了为什么现代民主是西方文明的产物。"②如果现代意义上的民主是西方社会的产物，那么中国的民主则更需要从西方移植。在晚清报刊的实践中，民主与宪政并不被看作是一种纯粹的政治概念，报人试图是将其与清廷自救抑或是国家的富强目标联系起来，传统中国社会缺少接受民主的条件预设，因此在援引西方思想时往往会在价值上做相应的改变。

19 世纪末的南洋社会缺乏民主共和的历史积淀，民主的素养与知识不足，导致许多报刊先后卷入政党斗争的漩涡之中，甚至成为政党互相攻讦的私器。继而出现个人以报刊为中心宣传各自主张的现象。在特殊的政治环境中，本应具有合法权威性的政府对社会的控制力不足，导致报业冲突频发。不同政治主张导致华侨内部分化，无法促成一致的国家意识和政治认同。

近代意义上的"民主"一词在晚清时期被引入南洋，民主被视为一种政治制度与社会理想，早期华人多接受过传统儒家教育，受到传统民本思想的浸淫，华人中的知识分子开始对东西方的政治制度进行对比，根据西方民主政治制度的长处，反思中国社会的封建君权。

"民主"在中国古代历史文献中系"民之主"的内涵，在儒家伦理所规范的中国传统政

---

①《叻报》，1911 年 11 月 1 日。

②亨廷顿. 第三波：20 世纪后期民主化浪潮[M]. 刘军宁，译. 上海：上海三联书店，1998：5.

治思想中，皇帝处于伦常等级之首，属于“民之主”。对于华人改良派而言，所谓民主，就是废君主，这违背他们传统的伦理要求。他们要求的是保留君主，给人民让部分权力，设议院、兴民权、挽救国家的危亡才是他们更直接的救国主张。又如民权的实现，需要有议院的开设为其提供行使权利的机会和场所。但是这个时期，社论对民主政体的实质虽有一定认识但还停在肤浅阶段，内容多是对西方民主社会某一方面的评论，而华人很难真正理解以宪法约束行政权力为核心的民主制度。立宪政体包括君主立宪和民主立宪，清末报刊所言立宪思想多是指君主立宪，介绍的是西方的宪法内容、三权分立制度和选举制等内容。知识分子与华商则多希望通过报刊实践参政议政，通过报刊传播达到影响政治的目的。

3.舆论声援

清末，新加坡报人多为知识分子或商人，至少是华人社会的上等阶层，言论影响容易扩散，早期报刊更类似于精英报刊，不但发布本埠内外的新闻，还介绍新思想。报刊、华校和华社三者互相影响，彼此作用。报人在此承担了启蒙者的角色并通过主笔或者栏目设置向读者传递政治思想、价值观念以引导读者产生与报刊预期一致的舆论反应。

传统社会的发声途径要么是天子诸侯自上而下直线式发布命令，然后官僚体系按照公关运行体系各抒己见，要么是士绅贵族达则兼济天下为民请命。当这两种途径都无法实现民意传递时，民众则会通过极端的方式反抗，各种来自民间的农民起义便是如此。

清末，传统社会构架式微，几近分崩离析，清廷被裹挟进入世界现代化体系中，旧的思想和治国观念被消解。报纸需要在这个转型过程中呈现并反映民意，但是中国传统社会的民意只在于对周遭事物，尤其在于对生活环境、制度政策等影响生活的事务，包括之后由士大夫主导的“清议”，也仅限于帝国统治内部，不具有公开性，评价的对象也非现代意义的公共空间中的公共事务。但是，伴随报刊的创办，形成了新的以舆论为中心的公共空间，如许纪霖认为，中日甲午战争后的维新变法时期正是中国公共领域的出现期，这种情况在南洋却要更早一些。社论这种“文人议政”的模式一经诞生，公共事务就被纳入报人笔下，以报刊的影响力扩大社会的讨论，形成以报刊为中心的公共空间。这不仅扩大了各阶层、宗乡的参与度，也使舆论与国内社会形成呼应。随着民族危机的加重，华人强烈的政治诉求更注重效果的即时性，而社论正是他们实现政治参与可以借助的重要力量。19 世纪末的社论是华人争取公共权力的合法性来源，这使得他们对舆论和制造舆论的重视程度达到了前所未有的高度。当然，进行舆论监督的目的，是对国家社会发展能有所裨益。

报刊对华人群体的凝聚力使之将报务活动延伸到文学、政治、商业等外部关系之中，从而形成了一个公共空间。如哈贝马斯认为："一般的阅读公众主要由学者群以及城市居民和市民阶级构成，他们的阅读范围已超出为数不多的经典著作，他们的阅读兴趣主要集中在当时的最新出版物上。随着这样一个阅读公众的产生，一个相对密切的公共交往网络从私人领域内部形成了。"[①]南洋凭借发达的报业网络，启蒙思想广泛而迅猛地深入到社会各阶层。

①哈贝马斯．公共领域的结构转型[M]．曹卫东，王晓珏，刘北城，等译．上海：学林出版社，2002：3.

# 第四章　清末新加坡华文报刊与社会经济

研究清末新加坡社会经济，报刊有特别重要的史料价值。首先，报刊对南洋内外的经济政策、局势和策论通常有详细的连续性报道，反映社会经济的真实情况。其次，由于新加坡对出版言论的控制相对宽松，因此报刊对社会经济问题的报道和论说，有较大发表的空间。再次，通过对报刊广告内容和图像的解读，可以了解近代南洋社会经济生活变迁的轨迹和华人心理的嬗变过程。

## 一、清末新加坡经济总况

欧美国家经济发展，通常是由工业发展带动商业发展，商业发展促进城市的全面发展，继而反过来再促进工业发展。但新加坡的商业发展并非由其他产业带动发展的，而是借地理位置之便独立开展的。

1949年，新加坡义顺考古发现一座明代古墓，经考证系潮阳达濠赤港乡（现汕头）人程朝元之墓，碑上书有“义叙，明考朝元程公之墓”。这一发现说明华南一带人口已经比较早地来到新加坡了①②。

1819年开埠之前，莱佛士登陆新加坡时，华人主要从事矿业、种植业和渔业。种植业，以甘蜜为例，甘蜜种植业在那时已初具规模，“甘蜜园遍布自梧槽河西北，沿拉瓦山、实利己山、苏菲亚山、西山、皇家山、和丰山、珍珠山、欧南山、河水山等丘陵地。”③法夸尔上校19世纪20年代写给莱佛士的信中也谈到当时的皇家山西面和东北面都有华人的甘蜜园。

19世纪下半叶，表面风平浪静的社会开始暗潮涌动，社会转型逐步开始。甘蜜和胡椒种植逐渐被利润更大的橡胶和黄梨种植取代。在这个过程中，社会经济的发展体现在以下四个方面。

---

①这一断定尚存疑，有观点认为该墓虽有文字注明，但许是反清复明者之墓，或有可能是清墓。

②星岛考古学上新曙光：义顺村附近发现明朝墓潮阳程朝元客死此地[N].南洋商报，1949-12-13(4)。

③邱新民.海上丝绸之路的新加坡[M].新加坡：胜友书局，1991：182.

第一，产业发展需要更多的华人劳动力，人口的增加直接带来社会分工的细化。同时，女性人口出现增加，在英殖民地长官眼里，19 世纪下半叶开始，社会发展出现变化：

首先，必须注意到马来亚华族人口自 1840 年以来已大幅增长。马来亚地区锡矿的开采，胡椒、甘蜜、甘蔗和豆蔻的种植，打开了海峡殖民地和马来亚各州府的市场，使得工商业及农业急需大量的劳动力，而劳工必须由国外输入；因此大量华工随之途经新加坡涌入马来亚各州……随着华族人口的激增，到了 19 世纪 80 年代，识字的人数也相应增加。此外，他们也有了更多时间和金钱投入对文化的追求。

1856 年，当笔者以永久居民的身份抵达新加坡时，岛上男女华人比例是为 18 到 19 比 1，且女性华人几乎足不出户。现在(1879 年)在每个街口都能看到不少步履蹒跚地走向市场的，陪着孩子从容漫步的，逛街的，或是坐在公共汽车或出租马车上的女人。男女比例的差距正在缩小①。

第二，种植产业的转型。新加坡从单一的农耕社会转型为以经营、生产为主的商业社会，华人所涉行业如种植、锡矿、运输、金融、制造等较多，以致当时社会"所有实业，华人居其八，洋人仅得其二"。比较有影响的商业，如 1850 年邱菽园之父邱笃信开设恒春号经营米粮，1871 年又参股新加坡铁路有限公司。胡璇泽② 1854 年开设一家制冰厂。1885 年陈慈黉家族，开设经营杂货的陈生利号。19 世纪的新加坡黄梨罐头制造业几乎由华人垄断经营，林桂英创办自南公司商号经营黄梨厂，陈大西创办德发黄梨罐头。1898 年吴文光、吴文璨兄弟创办和和乾饼干厂，并使用机器生产。但是由于英殖民地政府实行分而治之的管理，华人按照方言区居住，行业分工亦以此为据，不同方言群从事不同行业。"东南亚土产如橡胶、胡椒、甘蜜、海芋、鲜鱼与黄梨，其他如布赂、洋货、暹郊、越郊、香汕、京果杂货及瓷器等行业，多为潮人经营。"③海南人经营咖啡店、兴化人经营车店、广府人经营金店、客家人经营布店、福建人经营零售业、橡胶业以及潮州人经营杂货店④。

关于 19 世纪末新加坡的经济状况，从时任新加坡总领事的孙士鼎于光绪三十二年(1906 年)春提交清政府的报告得以管窥：

**新加坡商务情形**

十年前各国银行不吝揭借华商以转输……华商除贩华货与华人以外各州

①陈蒙鹤. 早期新加坡华文报章与华人社会(1881—1912)[M]. 胡兴荣，译. 广州：广东科技出版社，2008：17－19.

②胡璇泽，又名胡亚基，新加坡早期著名侨领，1877 年清政府任命其为领事，建立了驻新加坡领事馆。

③崔贵强. 新加坡华人：从开埠到建国[M]. 新加坡：新加坡宗乡会馆联合总会，1994：147.

④杨建成. 华人与马来亚之建国[M]. 台北：中国学术著作奖助委员会，1972：63.

府种胡椒、甘蜜及锡矿为大宗坡埠无大公司以总其事，以致货到不能旧持待价，洋人设行收买，本少者固急于出手周转，价值悉听命于央行，本大者同受其苦。锡砖去年进口价值共一二六二一九六三元，锡米进口共二六三八零三三二元，出口总价值三八九七九八三三元，查今年每锡百斤约价值银八十余元，闻前十年每斤仅值四十余元，每百元输税十四元，以价值言，则今倍增昔，而来锡华商匪惟不能致富，更有不如前者，详询其故，曰天雨多出锡自少，或曰赋税加增，或曰日产处日远，取之愈深，成本自大，虽售价高于前日，实获利不如昔日，纵观各论似以第三说为近，是仍以工价加增为最受影响。盖今年附近各岛屿办铁路用工自多，路工高价争夺，则椒、蜜、锡矿工价自亦加增。

…………

查本埠由中国进口之货物以杂货为大宗，销于华人居多，总前内地来之货销于土人者尚多，近以工资厘税日加，成本既昂，货色不无偷减，如红木器，如草席，如丝品，如麻纻品，各物皆为东洋所造，惟金银器，夏布山东丝绸等物间有销于洋人者，山东丝绸货色日逊，销路远不如前，夏布洋人多爱之，惜布面长短皆不合时宜，倘长短合用，染色鲜洁，当能畅销。出口货物皆来自外埠，出口曰锡、曰胡椒、曰甘蜜、曰树胶、曰咖啡、曰沙藤薯米等项为大宗，查锡一项，质美价昂贵，与我国浙江、广东所产者其佳加倍，多销欧洲，胡椒远销中国，为数不多，余者皆销售于欧美为生料制造品……计自西历正月一号至三月三十一号出口总价值数目曰一六五零六零零零元。

查种植品……华人佣工种植者十居八，印度吉林人占之二①。

市场化的经营体制下，商户之间竞争，报刊上刊载基本农产品价格涨落信息。出口贸易数量也会影响货物价格的确定，举例二则：

**糖米跌价**

泗水电云，本埠出口货物，糖为最大宗，数年来糖价昂贵，用糖的没有一家不利布三。倍近日价乎大跌，每担落一盾多银子，经营这项生意的，受亏的也不少，入口的米价也落了。

**土油减价**

望嘉锡月前土油减价，箭杨日杨二家相互争卖，每箱减至二盾余，殷实铺

①《商务官报》由北京农工商部主办，《新加坡商务情形》一篇发表于1906年第18期。

户，争买贮下，以伺来日获利。但二家拆阅闻已近数百千了①。

第三，贸易和海上交通运输发展。土生华人在经济、政治和文化教育方面充分展现了他们在海峡殖民地时代占据的优势地位。土生华人通晓马来语、英语并熟悉当地情况，欧洲商人需要他们推销洋货和并购土产。他们在商务上占了先机，并成为商行之间买卖生意的最佳中介，因此他们与商人们的关系相当密切。因此，很多土生华人被栽培担任政府官员职务，如立法、行政等公职，进入华人社会具有话语权的阶层。

英国将新加坡建设为自由港，较之于巴达维亚、菲律宾等地港口的重税，新加坡以地理优势和减免税收等措施极大地吸引了商人，“再也没有什么东西能够和这个新殖民地在商业上日渐兴盛和普遍繁荣相比拟的了”②。

1821 年 2 月 18 日第一艘从厦门启航的帆船抵达新加坡。海上交通发达，间接导致新加坡本地来自中国，尤其是华南地区的移民人口迅速增加。1880 年轮船因安全性、容量、速度等方面的优势逐渐取代帆船。华人借此开展海上交通业务和岛际贸易，19 世纪伴随海上交通的发展，陈金天、陈明焕父子创办陈金天父子轮船公司。邱忠波创办万兴商行往来于新加坡、槟榔屿和香港、汕头、厦门。

据《星洲晨报》1909 年 12 月 25 日记载：

> 各埠轮船入口：十五艘船分别从伦敦、仰光、汕头、香港、峇厘、丁加奴入埠。
>
> 各埠轮船出口：万裕、河西、庆生、海南、白腊等十二艘轮船自十四日下午至十八日下午发往马六甲、槟榔屿、吉隆港口、吉里汶等各埠③。

华人在新加坡开辟了与亚洲诸国的贸易航线，将其他国家和地区的商品运到新加坡，然后再进行转运，这对新加坡确立中转港地位有举足轻重的作用，并影响至今。

第四，侨批业务的发展。19 世纪中叶开始，新加坡的港口贸易逐渐成熟，橡胶和黄梨的种植、开采和制造业的发展，需要更多的工人，这促进了华人数量的增加。华人数量的增加和财富的累积，带动了“侨批业”的发展。

华人在南洋，多是凭借苦力换取财富，以求还乡后过上相对富足的生活。平日积累财富，似乎他们更可靠的方式是将钱交给还乡者带回家乡，但是这种方式随机性极强，毕竟还乡者还乡时间不可控。如《日新报》曾刊登《赏格》悬赏寻找李亚连，因李氏私吞雇主钱财，从新加坡返回了中国④。

---

①《星洲晨报》，1910 年 11 月 1 日。

②宋旺相. 新加坡华人百年史[M]. 叶书德，译. 新加坡：新加坡中华总商会，1993：8.

③《星洲晨报》，1909 年 12 月 25 日。

④《日新报》，1899 年 12 月 23 日。

因此，有商业头脑者做起了“水客”的生意，专门送信件和款项回国，一并往返两地进行商品交换。这门“生意”成熟后，成立专门的民信局从事汇款业务，至 1887 年新加坡已有民信局 49 家。报纸也会定期刊登金融信息(图 4－1)。

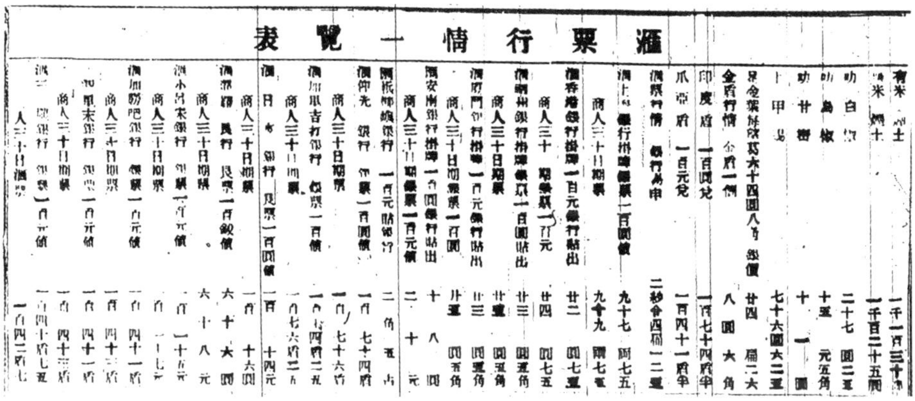
滙票行情一覽表

图 4－1　《星洲晨报》刊载的汇票行情一览表①

大量流入中国的汇款弥补了清政府的贸易逆差。1864 年至 1913 年，清政府输出货值六百九十五亿五千万两，输入货值九百三十二亿四千万两，入超数达二百三十六亿九千万两。清政府贸易逆差的缓解，应首先归功于海外资金的流入，这不仅解决了清政府财政困难而且推动了侨乡经济的发展。

## 二、清末华文报刊对南洋华人对清政府的捐款与投资进行报道

清末，南洋华人通过贸易、实业、经营等方式积累财富。华商的发展需要获得英国殖民地政府和清政府两方面的支持。他们一方面要服从英国殖民地政策，尽量融入社会；另一方面，他们需要获得清政府的支持。本部分主要讨论南洋华人的经济开销，除了日常的消费，为谋发展，他们支出很大一部分给清政府。南洋华人通过捐款获得清政府的政治认同，通过投资以期获得经济回报。

南洋华人对清政府的资金支持分为两种。

一是捐款。中国历史上，朝廷遇到财政紧张时，会出让一部分政治资源换取经济利益，即捐官。捐官之事起源于秦汉。清末各种条约牵制下的经济赔付增加，捐官之事更加频繁发生，在咸丰、同治时期，达到顶峰。这一制度甚至延展至境外，成为清政府获得华侨财力支持的重要途径。19 世纪末，对清政府而言，“中国商智未开，商力较微，而各国莫不借商战以争利于中原。商务一端，在我已有不能自支之势。居今日而思补救，固非

①《星洲晨报》，1909 年 12 月 25 日。

招致外埠华商维持商务不可”①。1866 年斌椿在出访新加坡时记录：“有顶帽补服来遏者，都司职衔，闽人陈鸿勋，贸易居此。”②1869 年侨领章芳琳由于“慷慨献捐福建省防务基金”③，获道员官衔。1877 年，胡璇泽任新加坡总领事前获道员官衔。

上海轮船招商局成立后，1879 年派广东试用道张鸿禄、候选知县温宗彦到南洋、新加坡一带考察并募集资金。据轮船招商局等与李鸿章电文，在新加坡等地募得股金 65200 两，投资人中仅张弼士一人就投资 3600 两。

光绪二十九年(1903 年)，商部奏定《奖励华商公司章程》，根据商人集股的多少，分别授予不同品级的顶戴或顾问官、顾问议员等荣誉称号，又于光绪三十三年(1907)七月十三日，公布《华商办理实业爵赏章程》，并修改《奖励华商公司章程》，规定：凡华商集股二千万元以上者，商部头等顾问官加头品顶戴，并请仿宝星式样特赐双龙金牌，准予子孙世袭，商部四等顾问官，至三代止；集股一千五百万元以上者，头等顾问官加头品顶戴，并请特赐匾额，准其子孙世袭，商部头等议员，至三代止；一千万元以上者，头等顾问官，加头品顶戴，并特赐匾额，准其子孙世袭，商部二等议员，至三代止；八百万元以上者，商部头等顾问官，加头品顶戴；六百万元以上者，二等顾问官，加二品顶戴；四百万元以上者，三等顾问官，加三品顶戴；二百万元以上者，四等顾问官，加四品顶戴；一百万元以上者，头等议员，加五品衔；八十万元以上者，二等议员，加五品顶戴；六十万元以上者，三等议员，加六品衔；四十万元以上者，四等议员，加六品顶戴；二十万元以上者，五等议员，加七品顶戴④。

在这一政策导向下，1877 年以前，至少 11 位华人被授予官衔⑤。据颜清湟考证，1877 年以后，清政府开始公开地、大规模地向华人卖官鬻爵，至 1912 年清政府一共向新马华侨出售 291 个官衔⑥。其中只有 5 名，还不到 2%，是因为科举和立下军功而取得官衔的⑦。这 5 名有功名的，按照颜清湟先生统计，分别是武进士出身的福建人林国瑞、举人出身的福建人邱菽园、客家人张克诚、五品军功的福建人郑鸿檕和广东人韩旭。其中，

①朱寿朋. 光绪朝东华录[M]. 北京：中华书局，1958：47.

②余定邦，黄重言. 中国古籍中有关新加坡马来西亚资料汇编[M]. 北京：中华书局，2002：227.

③颜清湟. 清朝鬻官制度与星马华族领导层(1877—1912)[M]//柯木林，吴振强. 新加坡华族史论集. 新加坡：南洋大学毕业生协会，1972：52.

④刘锦藻. 清朝续文献通考：卷 391[M]. 北京：商务印书馆，1936：11405.

⑤黄建淳. 晚清新马华侨对国家认同之研究：以赈捐、投资、封爵为例[M]. 台北：中华民国海外华人研究学会，1993：168.

⑥颜清湟. 清朝鬻官制度与星马华族领导层(1877—1912)[M]//柯木林，吴振强. 新加坡华族史论集. 新加坡：新加坡南洋大学毕业生协会，1972：59.

⑦颜清湟. 从历史角度看海外华人社会变革[M]. 新加坡：新加坡青年书局出版，2007：11.

即便是邱菽园，先支持康有为的改良运动，后与康有为决裂，仍捐 2 万两银子给清政府，1901 年获得四品官衔。

清政府发布的捐官信息被本地报刊详细登出，如《天南新报》1900 年 12 月 3 日刊登捐官价目折扣；《叻报》1889 年 3 月 26 日，1890 年 4 月 12 日，1890 年 8 月 13 日刊登捐官信息；《星报》1892 年 2 月 10 日，8 月 9 日，1893 年 3 月 16 日，4 月 4 日，4 月 18 日，1894 年 3 月 3 日，1895 年 2 月 18 日，1896 年 4 月 4 日都有此类信息。后期这一情况也受到部分报刊的抵制。

华人捐官除了受传统官本位思想和光宗耀祖的心理影响外，还有更为实际的意义。清末南洋，获得官衔就意味有机会参与清政府组织的政治活动，《叻报》1899 年 2 月 27 日，《天南新报》1898 年 11 月 21 日，都曾刊载南洋领事馆邀请华侨参与活动的信息，所涉之人均有清政府授予的官衔。1896 年 4 月 8 日，李鸿章途经新加坡，邀请本地华人会面，本地华人按照官衔大小排列座次。

此外，南洋华人还对国内自然灾害进行捐款。这是他们出于家国情怀和实际利益的双重考虑决定的。1906 年的淮河水灾，1908 年的广东、江西、闽南水灾，1909 年的泉州水灾，华商均有捐款缓解危机。同时，他们还会在报刊上发布募捐信息，号召捐款。1893 年 8 月 29 日《叻报》刊登中国驻新加坡总领事号召募捐救助陕西的捐款信息。1900 年福建水灾，赈捐分局连续在《日新报》上刊登捐款启事："上为朝廷分南顾之忧，下为子孙造无疆之福。"①《总汇新报》1908 年 6 月 28 日刊登新闻《筹赈现情：粤东水灾详情》，1908 年 7 月 2 日发表杂文《代广东灾民向华侨求救书》。

二是商务投资。南洋华侨资本家张弼士自 19 世纪 90 年代开始在中国境内投资，1912 年以前先后创办张裕葡萄酿酒公司、宝兴公司、广州亚通织布厂、广东开建金矿公司、惠州福兴玻璃厂、平海裕盐田公司、佛山裕益砂矿公司、雷州普生机械火犁垦牧公司等。这为他在政治上博得一席之地，他 1892 年任槟榔屿首任领事，1894 年任新加坡总领事。

台湾巡抚刘铭传为发展台湾商务在新加坡设置招商局。刘铭传制定招垦章程五条报请左秉隆后，张贴于新加坡领事馆门口，同时将《招垦告示》刊载于 1888 年 8 月 17 日《叻报》，几个月内募集资金 30 万两。刘铭传利用募集资金创办航运公司，购得"驾时、斯美两轮船，以航行沪、香(港)，远至新加坡、西贡、吕宋等埠，台湾贸易为之大进"②。此外，还有华商陈新泰投资修筑台湾基隆至台北铁路。清末新加坡华人投资国内企业，详细见表 4－1。

①《劝办福州水灾赈捐启》发表于 1900 年 12 月 3 日《日新报》。

②连横. 台湾通史：下册[M]. 北京：商务印书馆，1983：646.

**表 4－1 清末部分新加坡华人投资国内企业情况表①②**

| 创办年份 | 企业名称 | 投资者 | 投资额 |
|---|---|---|---|
| 1880 | 江门朱广兰出口公司 | 朱箕万 | 20 万两银元 |
| 1887 | 海口泰昌旅社 | 陈兴任 | |
| 1889 | 汕头福成出口行 | | |
| 1889 | 汕头福盛出口商 | | 10 万两银元 |
| 1890 | 厦门陈炳记(票号) | 陈炳记 | |
| 1890 | 厦门万记行(出口) | 邱明昶 | 7 万两银元 |
| 1900 | 江门朱有恒公司 | 朱有恒 | 20 万两银元 |
| 1909 | 汕头吴春成出口商 | | 3 万两银元 |

## 三、清末南洋华人在报刊上对清政府经济发展的建议

新加坡得天独厚的商业环境，较早受到西方社会思潮的影响，促使部分华人知识分子或侨领对中国境内商业进行反思，并在报刊上发表评论。19 世纪末较有影响的作者如天廖子、黄乃裳、邱菽园、林文庆等。

现存《日新报》创刊的前 28 篇社论，均为天廖子所写，内容涉及军事、朝政、商业等。1899 年，他发表《南洋华人宜大私以自保说》3 篇，在其看来“大私”即无私，无私意味着“保一郡一国，则事而济博，博则足以有容”，“保国保种在于是，保身保家亦无不在于是”。因此，海外华人之自私甚于国内。天廖子分析欧洲商业发达的原因，认为：“泰西多以商立国，则其商务无惑乎，盛极一时，欲究其由，舍欧美其将谁属乎。仆愚以为欧洲商务之所以蒸蒸日上，故由于商政之善，而商政之所以善，则由于国与商联为一气，脉络相通。大抵欧洲立国通例皆在以商养兵，以兵保商。”欧洲之所以国富民强，军事力量强盛，在于商业的发达，天廖子就此总结泰西商业发达的原因：“则曰济商之穷，再则曰厚商之为，三则曰崇商之体。”③中国传统社会以农为本，所谓士、农、工、商，“商”在最末，清末南洋对这一现象的认识发生了翻天覆地的变化，开始重视商业的地位，把发展商业视为国家增收，军事力量强大的保证。

黄乃裳曾在《日新报》担任主笔，发表文章使用笔名“梅湖半农者”，黄氏祖籍福建闽

①林金枝，庄为玑. 近代华侨投资国内企业史资料选辑：广东卷[M]. 福州：福建人民出版社，1985.
②林金枝，庄为玑. 近代华侨投资国内企业史资料选辑：福建卷[M]. 福州：福建人民出版社，1985.
③天廖子. 泰西商政[N]. 日新报，1899－10－16(1).

清，闽清旧称梅，有梅城之称，“半农”应是黄乃裳的自谦。他在天廖子的社论基础上，在《日新报》发表社论《广南洋华人宜大私宜自保说》4篇（1899年10月7日、9日、11日、14日），文中“南洋华人”的范围从新加坡扩大到南洋地区，“国家积弱之余威棱不能及远，以效欧美保商之为”，“流寓南洋则万不可自暴阋墙之丑而不合而御乎外人之侮我者也”。黄乃裳建议华商自己要先团结，“联闽粤两省南洋之商人成立商会，不时聚集，共立规制，共计利害”，共同开发南洋等地未开发的岛屿。在黄乃裳看来，发展经济，才能发展国家，同时要学习西方的商业观念保护华人在南洋的权益，并且应该拓荒南洋，通过经济发展吸引更多华人前来创业，以扩大中国的经济影响力。

黄乃裳发表《商学》（上下）①："前论南洋华商宜联络为一气，以图远大之业，则莫求如讲商学为开宗明义弟一。端夫商学为我中国固有之稽，之齐语。夫商君萃而州处查其四时而□其乡之资，以知其地之费，负任担荷，服牛轺马，以周四方，其所有易其所无，而贱鬻贵，旦暮从事于此以其子弟相语，以和相示，以巧相陈，以智买少而习焉？其心安焉？不见异而□焉？是即商学之谓也，后世儒者远于世情，其视商为逐末，其轻商为市侩，是故稍有诗书气者，不屑屑而就于此，为吾之所为，君子之事也，及问其所学则陈编而已，矣文字而已，唉呜呼国之弱、民之贫……不以商为贵，亦不敢自以为贵，其为商学也加减乘除之小算盘，行情市景之白字书信……此等商学当海禁未开之前，在中国与国之人以土货相交易，未尝不可。及出外洋，观其所图商务……夷考其商学书院章程……者必先在小学堂中学堂习过算学、书札学、地理略志、格致略说、诸书所谓普通学也举国之人无不能之，得普通学学照而后方可以入院，其入院先课以通行之语言文字，如英、如法、如荷，如西。在所必学西国……如三百年前，西班牙、葡萄牙、荷兰皆以商为国……虽千万之数大小不齐，登记如有定式，一目便可了然。”黄乃裳批评清政府重农轻商的传统，讲明西方社会之所以发展迅速，在于其对商业的重视，在于有系统化的商学科目，真正的商学并非如清政府理解的雕虫小技那样。清政府要发展，就要重视商业，需要向西方学习成熟的商学。

黄乃裳也是自身理念的践行者，1900年9月他在福建招募近几十人前往马来西亚诗巫（泗务），次年又带领535名福州籍移民从福州来到新加坡，第三年又在福州招募500余名华人前往诗巫，他共召集1118名工人在诗巫开疆扩土，并将之命名为“小福州”。

邱菽园同样提出商业兴国的战略。他提出："夫今之天下，非兵战之天下，乃商战之天下，战胜于海战，胜于陆战，胜于朝，究不如战胜于市之为益之大，外国质慕日本，非以其兵，以其商也。”目前世界的格局已经不仅仅是军事战争，更是商战，但是商战仅仅靠华

①梅湖半农者.商学[N].日新报，1899－12－1(1).

商是不足以为继的，需要清政府协助保商，以“师英日成法，参中国精义与总理衙门相表里，设立商务衙门，复办商务报纸，齐力倡立公司”①。要发展商业，就必须跟随世界发展的潮流，进行机械化大生产，对轻工业要多加投入。而且华商必须意识到经营方式的革新，他在社论《论华地开设公司宜开除官办名目》中提出，正是由于中国官场积弊已久，“而谓商民虽甚乐公司之利，岂敢动官场中一丝一粟”，所以才导致经营困顿，并鼓励清政府用公司制度进行经营②。类似文章还有《日新报》1900 年 2 月 7 日的《海外宜合公司以救君国演说》。

清末的南洋已经开始以企业的方式扩大经营，并以股份公司的方式开始经营：

**树乳园之招股**

吉隆电云。左打树乳园有限公司，现在英京招股，其总额共五万磅，拟发一万磅为开发该国之费，又发三千磅为存备矣，闻该公司有园丘两所……两园之价共五万三千磅，非但尽用现银购买，系搭交股票若干③。

林文庆于 1899 年 11 月 23 日在《日新报》头版发表《译西报论中英商务》，他对比中英商务发展状况，认为华人吃苦耐劳，在英、美、加拿大等地全靠华人劳工修建铁路，“实叻各岛商务之盛，亦旅居数百万华民乃华人有益于英国而不能有益于中国，可见中国官吏之为祸烈也”④。针对西方社会的“黄祸论”，林文庆提出“白祸论”，认为“和平的基础应该是公平的，不仅需要考虑欧洲商业发展的需求，同时也应该考虑殖民地人民自身的利益”⑤。

除了这些颇有影响力的侨领，其他报人也在报刊上对经济状况发表评论，针对清政府矿业开采的，如《天南新报》1905 年 4 月 27 日实务论说“论中国徒有开矿虚名并无开矿实效”，1905 年 4 月 25 日，实务论说《论矿产与风水无涉》等。《日新报》也关注于此，《意索已允》一文针对列强抢夺清政府矿权，谈道：“中国矿物从前杜绝外人入股，今则时移世易，非特不能拒人入股，且以矿物而拱手让诸外人。时事如此，国事如此，可胜慨哉！”⑥

针对经营问题的，如《星洲晨报》1909 年 11 月 24 日、26 日论说《粤东工业不大发展

---

①邱菽园. 中国商务说[N]. 天南新报，1898 - 6 - 1(1).

②邱菽园. 论华地开设公司宜开除官办名目[N]. 天南新报，1898 - 6 - 15(5).

③《星洲晨报》，1909 年 12 月 25 日。

④林文庆. 译西报论中英商务[N]. 日新报，1899 - 11 - 23(6).

⑤LIN W Q. The chinese crisis from within[M]. London: Grant Richards，1901:286.

⑥《本馆新闻》发表于 1899 年 10 月 20 日《日新报》。

之原因》,《天南新报》1905 年 2 月 13 日实务论说《泰西各国商务之盛由于多设公司论》,1905 年 2 月 14 日实务论说《论中国举行国债》要求经济自主,《日新报》的栏目《京师要闻》中写道:“京师大学堂之设也,所有经费皆存俄国道胜银行生息支用,因部款支绌,廷臣拟将学堂裁撤,即以所存该银行银款拨出另用,讵该银行以此项银款系专为生息,充作学堂经费之需,不能取出另用,须归俄国代为主持,廷臣竟致无法取回,以是议裁之。”①

清末南洋报刊中关于中国经济发展政策的建议,报人主要通过地区间比较发表各自的见解与看法,黄乃裳等更是将自己的理论投诸实践。这反映了中国近代历史发展的进步趋势和华人知识结构的变化,报人参与社会经济投资和建言献策,促进中国近代经济模式向现代经济模式转型。他们提出的鼓励发展轻工业、调整经济发展模式等一系列近代经济发展的建议,对清末商人商业地位的提高具有积极作用。

与此同时,很多报人作为本地侨领或华商,对清政府和英殖民地政府都有一定影响,这是普通华人民众所不具备的能力,他们通过对西方的凝视反思清政府传统经济模式的困顿,形成一整套自己的经营理念,这些理念通过他们自身的商务活动,比如开办学堂、学会,参与办刊等方式在南洋社会广为传播,唤醒华人用新的思维方式反思华人南洋社会。

论及局限性,一方面,远在域外,面对朝廷的腐败落后,许多自认为良好的经济政策难以在国内推行,从报刊中的信息不难看出华人对清政府治理的严重不满,面对苛捐杂税,行政效率低下、官场腐败等现象,他们只能在报刊上发声。另一方面,报人提出的经济改良政策多是在不动摇国家体制的情况下进行的,即便认识到经济发展的重要性和发展经济的紧迫性,也很难有深层的改变。这说明没有政治体制的改革,仅有经济体制内的创新,是不能从根本上推动社会进步的。如梁启超所言:“凡一国之产业,未有不与政治相关系者。政治不良之国,产业必永无发达之日。”②

## 四、清末华文报刊与广告

本部分主要讨论商业广告,不包括具有事务文书性质的启示、告示等。

清末的华文报刊,即使以华人资本运筹帷幄,经营情况也并不乐观。从中日甲午战争到百日维新,大多数报刊以笔为剑,激浊扬清,只顾呐喊,不顾营利,因此存在时间很

①《本馆新闻》发表于 1900 年 4 月 9 日《日新报》。

②李华兴,吴嘉勋.梁启超选集[M].上海:上海人民出版社,1984:580.

短。事实上，社会压力和经营资金压力往往使办刊之路举步维艰。私人办报要生存和发展下去，在不依赖政府的情况下，自身除了保持新闻的独特性和舆论的先导性外，还需要一定的收入支持。当时报刊的收入一方面来自销售，如《日新报》零售价每份报纸银五仙，若订满一月，则银一元。但销量本身就不高，而且资金回流通常会因为拖欠而难以为继。如1900年8月2日《日新报》刊载《催收报资》的消息：

时为七月，序属三秋，转瞬光阴已逾半岁，敝馆开设以来，荷蒙惠顾，拜赐良多，以此区区，雅不欲奉函催索，奈本馆资本有限，支销甚繁，望诸君早日将报费赐交本馆账房收纳，以免告匿之虞，是所厚望。

1901年4月起，《日新报》甚至连续在头版醒目位置刊登长期欠费的读者名单，其中印尼泗水的刘辉煌累计欠下两年报资，报纸发文"有此做本息无归之生理否?"要求其"速将所欠两年报资如数送还，以免后论"①。

另一方面收入来源于广告。广告客户的多寡与报刊的发行量和社会影响力密切相关。广告主，特别是持续性、大型广告客户成为制约报刊生存发展的重要因素。广告收入可以提高报刊的办刊质量，在社会上形成有力的舆论导向体系，继而形成互利。广告收入在报刊的发展中不可或缺，它使报刊有机会成为独立的经济实体。进入商业化发展时期，广告收入解决了报刊的经营困难危机，也推动了报刊作为一种传播媒介的发展进程。

清末民初，广告内容五花八门、包罗万象，医药、服装、日用百货等均在其中。要广而告之，就必然要围绕广告主的广告内容进行宣传，语言多通俗易懂、简单明了。19世纪末的广告主以欧洲企业为主，如莫实德洋行、候活亚士坚公司等。华人逐渐接受这种形式，在报刊上进行商品宣传，形式主要以文字为主，有时根据需要调整文字字号，商业广告已然是报刊的稳定收入来源之一，尤其是综合性报纸，如《叻报》商业氛围浓厚，广告所占比例极大。内容从药材、演出、烟酒到书店均有。各报主要广告分类如下。

1. 医药广告

医药广告最常见，医药广告和诊所广告伴随时间后移不断增加，20世纪初的医药广告数量几乎是19世纪七八十年代医药广告数量的三倍。医药广告分中医广告和西医广告，虽然新加坡处于英殖民地，但是中医广告的数量远大于西医广告的数量，通常广告以"眼科圣手""药到回春""敬颂良医"为题。

①《致泗水刘辉煌启》发表于1901年4月3日《日新报》。

2. 图书报刊售卖广告

19世纪，书籍以订阅的方式发售，报刊出现以后，常刊登新出版和即将出版的书籍广告，报刊会根据自己的立场发布图书信息。邱菽园创办的《天南新报》的版面常刊载邱氏个人著述，如1905年4月29日《天南新报》的“新书出售”告知“邱菽园先生新著笔记，一名《五百石洞天挥麈》全部六本约载八十万言，可称大观，定价售银二元……”1898年5月27日《天南新报》载“闽漳邱孝廉菽园先生名满海内，著述甚多，已经印就者诗稿则有《庚寅偶存》，合刻本笔记则有《菽园赘谈》，全书洋洋洒洒约两千万言，标题点句大字精版较省目力……”维新派报纸《日新报》，1901年8月13日发布古友轩的“新书出售”广告，标注书籍的名称和数量：“《读〈黄帝本纪〉》《说剑堂集》两部，《戊戌新政上论》五本，《闽中新乐府》十本……”革命派报纸《中兴日报》1907年8月20日第七版一半篇幅刊载各种革命杂志、中外小说，红十字会救伤第一法，代理中国日报等销售内容。1890年2月9日《星报》报道新加坡漆木街南兴隆号“华英书籍减价出售”。1910年11月1日《星洲晨报》刊载：“民族书发售”广告。

**民族书发售**

革命先锋每本银一角五占，唤醒同胞每本银一角五占，国语读本每本银两角五占，革命外交问题每本银一角五占。

星洲晨报谨启

图书广告是印刷品市场发展到一定阶段的产物，以促销图书，传递出版商、图书内容、书价等简要信息为主要目的。图书价格商品化。书目广告的出现可减少图书销售中的价格纠纷。书目广告除介绍图书的书名、版本外，还要标明图书价格，这种书目广告在清末图书广告市场上较流行。

古友轩作为19世纪末影响最大的印刷和销售机构，“告白”频繁，且占的版面大，如针对印刷业发布质量告白，《日新报》有刊载：

**本轩告白**

本轩在叻创设印局将逾卅年之久，所有刷印各款石版文件，其工艺之精致，字体之端正，为有目共赏者矣。

光绪廿五年(1899年)菊月朔日

1899年10月5日《日新报》刊载古友轩广告(图4-2)如下。

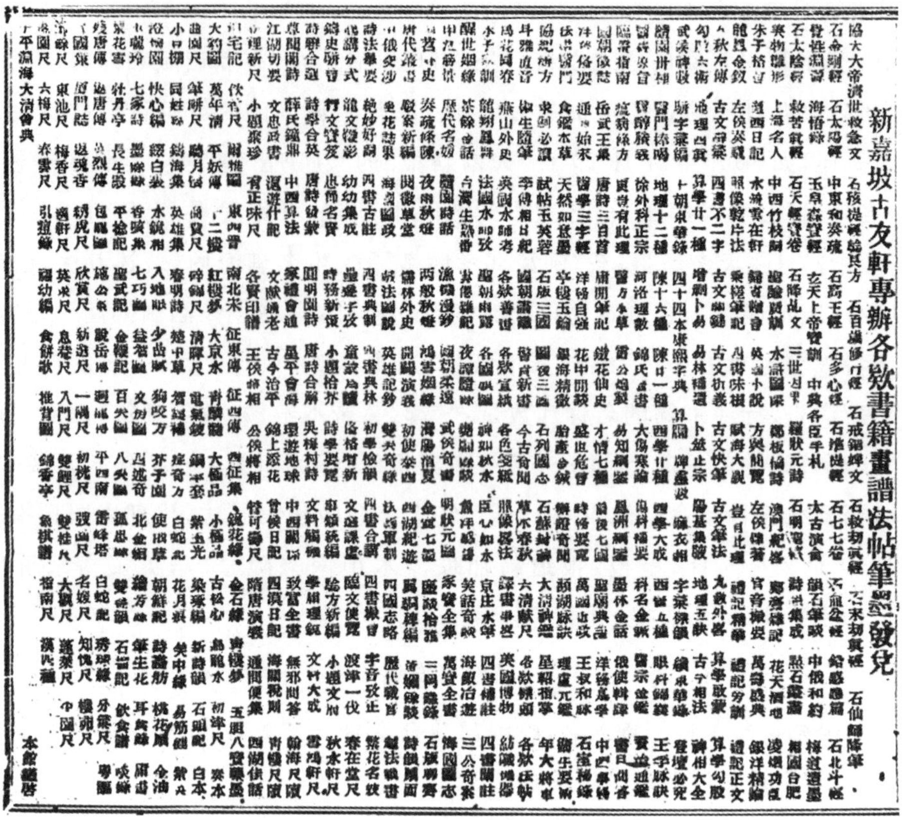
新嘉坡古友軒專辦各欵書籍畫譜法帖筆墨發兌

本館謹啓

图 4-2　1899 年 10 月 5 日《日新报》刊载的古友轩广告

3. 日用品广告

晚清大众媒介广告形式多样，传播的范围更广、载体多样，凸显出质朴明了、追求实效之风格。随着广告主的日益增多以及报刊自身销售网络的发展，报刊促销方式逐渐为更多的受众接受，和普通民众息息相关的各种日用品、快消品都是常见的广告内容，如奶粉、蜜酒、茶叶等。而审阅这些日用品广告也可管窥当时社会变迁，如中西文化二者之间如何经历从相互排斥到接纳，再到融合的过程。

华人社会沿袭的"吸烟"习俗，更似一种文化符号，"华人吸者自吸，否者自否，与西方人并无所涉，已不吸之则已又何恶人之吸乎？"①在此观念的引导下，有烟枪销售广告：

启者，余自槟城带有蚋蔗洋烟枪一支，该节形似龙头，节节均有双目，实为天生异物，亘古未有之奇，并有各款烟枪甚火，均属雅观，倘诸君有欲购买者，祈即玉临马车街口杏元堂药店内选购便得。均属价甚相宜，然余有事东归，不过

①《西方人不宜鄙视华人吸烟说》发表于 1888 年 8 月 3 日《叻报》。

暂留叻地，欲购者幸勿观望，因不能久候故也，并以此布闻。

谨启[①]

报刊作为传播知识、信息的新兴媒体，在时效性和影响力上具有此前媒介不可比拟的优势，既映射出清末南洋社会经济、政治、文化诸领域的发展变迁，也引领时代思潮。例如西装成为清末南洋城市文化的新元素，反映了近代多元生活格局的形成。类似这种广告不仅是对西服的推销，也是对欧洲文化的无意识的传播。

启者本公司因近来华人诸君喜用西之装，故特赴欧洲办到男子服，御之物甚多，愿以廉价销售：

顶上绵帽款式甚佳，每顶二元半至五元半；各新式帽每顶五元半、又六元半、又八元七角半；顶上草帽每顶一元二角半、又二元半又三元，顶上红皮鞋每双由三元二角半至五元半；顶上白色居家内衫每领二元二角半；顶上打球白色内衫每领一元七角半；各色内衫皆属新式每领二元二角半、又二元半、又二元七角半、又二元二角半，皮鞋每双十元五角，红皮鞋每双由八元五角至九元，白树皮领每劳三元，特字通知本公司之领在叻流行最为精美，所沽领各款式甚多，价值每条七角半又一元二角半又二元。

然里直公司谨启[②]

4.招聘广告

宋旺相在《新加坡华人百年史》中写道，19世纪南洋教育程度的低下是由于公办教育的局限，大多数华人接受教育的途径是去传统中式私塾学习。能进入私塾学习的自然是富商子弟，能坚持读书的华商子弟也是少数。一个显著的特征是当地本来富有的家庭，往往因为孩子教育的需求而耗尽辛苦积攒下来的钱财。家境好的华人接受教育尚且如此艰辛，一般阶层华人甚至底层华人接受教育就更为困难。但是在财力允许的情况下，经济条件优渥的华人会选择更适宜的教育方式，甚至在报刊上公开招募家教：

**聘家教**

启者近日有某家欲延蒙师一位，以训其童，每夕由六点钟起至八点钟止来家，赐教若有欲承斯者或玉临本馆或投一函以便敦请此布[③]。

各报馆因先天之便，需要的时候会在头版发布招聘主笔的广告，如：

①《蚋蔗烟枪出售》，1888年7月14日。

②《叻报》，1911年12月21日。

③《叻报》，1895年12月20日。

**聘主笔**

启者本馆近欲增聘主笔一位以帮司报务，诸君子有不嫌俯就者或投函本馆主人俾悉。文旌所止或径，惠临，赐教悉俟尊裁此布①。

5.金融广告

金融广告如英殖民地政府发行债券集资，要求三州府认购，就会在报刊上发布招募声明。再如有公司遇到股权分割或者转让时，会在报刊上发布声明，类似当下媒体发布的“公示”：

**承受声明**

启者本坡真者里街门牌一十二号合兴商号前之股东……同创卖西菜食生意，仅有年余，血本不归……生意家私议出卖偿各号账目……三折收清，此后食店生意与前股东不涉，任承受人改换字号，倘前日合兴号有兴各号割借担保账目，祈惟经手期限一个礼拜内向伊理会，过期与新承受人无干，先此声明，始免后论②。

6.个人的各种公告、启事、声明

如：

**停工布告**

今日为耶稣降生之辰，坡中各公署、银行、土库均一律放假③。

归纳来看，19世纪末到20世纪初报刊广告的总体发展趋势，呈现出以下特点。

第一，广告数量倍增。随着报刊影响的扩大，刊登的广告越来越多。创刊后的前两年《叻报》每期的广告数量在20条左右，1887年广告约占一半版面，1912年时，平均每期约有40条，广告已占四分之三以上版面。《星报》创刊第一年，平均每期的广告数量在17条左右，次年平均每期约有22条。1898年《天南新报》创刊第一年，平均每期的广告数量在10条左右，而且多在靠后的版面，1905年平均每期约有20余条，而且广告已经占据头版甚至头条的位置。《日新报》从1899年到1901年广告数量翻了一倍，1900年的《日新报》每日8个版面，有三个半版面是广告。《中兴日报》从1907年到1910年也出现广告数量倍增的情况，而且1910年出现报纸前两个版面全是广告的情况。《星洲晨报》《总汇新报》也是如此。

①《叻报》，1895年12月20日。

②《叻报》，1911年11月29日。

③《星洲晨报》，1909年12月25日。

第二，广告开始逐渐侵蚀报纸的核心版面。19 世纪 80 年代报刊广告多在较靠后的版面，但是在 19 世纪 90 年代初出现头版广告，20 世纪初有的报纸甚至前面两个版面均是广告。这个从插播式的广告到开辟专门版面位置的广告演进过程，实际上是向着近代意义上的广告靠拢的过程。根据广告的重要程度和付费多少安排版面，这一点各个报纸是趋同的。这也体现出报刊广告的一个优势，即批量生产。印刷术的进步和成熟，极大地提高了文字广告生产的速度和数量，为印刷广告的流通奠定了基础。

第三，广告的方式越来越直接，从最初的纯文字广告变为数量越来越大的更吸引人关注的图画广告。当报纸成为大众媒介时，文字广告才获得了其成熟的形态。早期广告如：

**敬颂名医**

潮州方鸿飞先生世医也，现在万梨香班内掌账，去年十月本班小生在日里病危，几乎残喘，幸遇先生诊治竟得药到春，回至本年元月本班来叻，适逢花旦又忽患伤风重感之症，遍请医师调治，均服药无功，旋即再约先生诊视，亦得病根尽去，身体复原。苟非先生之医学精能安克奏效若斯之速，本班子弟屡荷再造之恩……俾众周知此布①。

20 世纪初，广告改变了过去图画只是文字广告的附属和补充的现象，图画成为真正的广告主体。初期的商业美术，主要是应商业竞争而生的。商家在改良产品工艺、美化包装、引进现代广告促销的过程中亦萌生了商品包装的意识。报刊的经营目的非常明确，因此如何赢得更多广告主的青睐成为报人必须思考的核心问题。想获得更多广告收入，必须引发更多读者的关注，较之文字，图画的优势更大。对于识字困难的普通华人，图画广告可以突破文字阅读的限制。

第四，清末南洋的广告内容呈现了一个新旧交替、中西并存的局面。既有新式行业的产生，如保险业、西药、百货、机器、牙医等，也有旧式行业的保留，如中药业、茶业和丝业等。在同一新式行业中，还有中西之分，既有英国、印度、马来西亚经营的，也有华商开办的。因此，新旧并存、华洋共立就成为这一时期广告发展的特点之一。

从语言的角度，一个非常典型的例子是“告白”和“广告”的使用。“广告”属于外来词，早期广告更多地使用“告白”这种本土化的方式，类似的文体还有“声明”“启”“启事”等。1887 年 8 月 19 日《叻报》广告中，“本馆告白”“印度大药房告白”“声明告白”“开张告白”“保险公司告白”等均使用传统的“告白”一词。1910 年前后，大众逐渐接受“广告”这

①《星报》，1894 年 4 月 5 日。

一概念。如 1910 年 11 月 1 日《星洲晨报》有“寄南学校广告”“广兴机器厂广告”等。此类广告,还是很难真正区分“新闻”和“广告”。但以时间为据,这是一个中式传统语言向外来语转换的时期。

第五,广告与政治相关,广告作为华人日常生活的一部分,在一定程度上可以反映出清末华人社会的发展情况。中日甲午一役,签订《马关条约》,中华民族遭受了空前严重的民族危机,各阶层的爱国热情随之日益高涨。

报刊广告会高举“爱国”的旗帜,将使用国货,甚至将某个品牌的国货与国家和民族的前途紧紧联系在一起,与华人故国情怀、爱国心理产生共鸣。当然,这些爱国宣传在帮助商家销售产品的同时,也的确促进了华人爱国情感的宣泄、振奋了中华民族精神,更似于社会心态在广告上的映射,如图 4-3 所示。

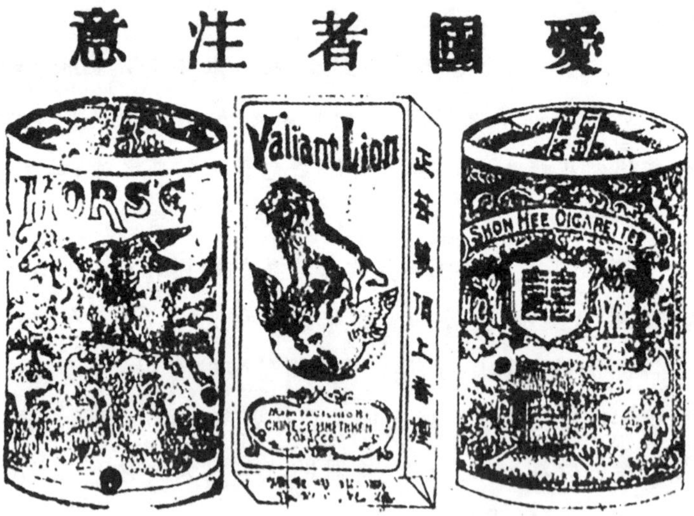


图 4-3　标注“爱国者注意”的香烟广告①

从报刊上的人物形象,可以看出 19 世纪末以来华人对服饰的选择呈现出华洋杂糅的特点,图 4-4 至图 4-7 是 20 世纪初期的药房、药品广告,其中图 4-4 是着洋装、戴礼帽的贵妇,图 4-6 却为衣衫挽髻的清代女性,图 4-5 中人物是典型的土生华人,其装束中西结合,着华服、戴西帽,图 4-7 中的男性却依然保留着清朝男性的发型和着装方式。

①《星洲晨报》,1910 年 11 月 1 日。

图 4-4　1912 年 3 月 1 日
《总汇新报》药房广告

图 4-5　1905 年 4 月 15 日
《天南新报》药房广告

图 4-6　1911 年 10 月 20 日《叻报》
补药广告

图 4-7　1910 年 2 月 3 日《中兴日报》
主治未老先衰"红色补丸"广告

此外,清政府统治结束,"满洲辫将绝矣"。南洋社会同样开始剪辫活动,报刊迅速做出反应,出现剪发广告:

改良剪发广告

自共和政府成立,剪发之风盛行,故剪发者不胜然,皆不请斯道者在多数,而不思剪发为装饰之要,苟所剪之发不中不西非雅非俗,必为外人所耻笑也①。

①《总汇新报》,1912 年 2 月 29 日。

语言和服装作为华人的标志性符号，选择在清帝退位的时机而非革命告胜的时机剪辫子、着洋装，也从另一个层面说明中国数千年传统社会忠君孝悌的伦理影响之深远。剪辫易服，符号更替的行为模式背后是新旧文化观念的竞争，落实到每一个个体身上就是一种文化的选择呈现。

## 五、清末华文报刊报道中华总商会的成立

伴随中国民族资本主义经济的产生，1903 年清政府正式设立商部，"通商惠工为古今经国之要政。自积习相沿，视工商为末务，国计民生，日益贫弱，未始不因乎此，亟应变通尽利，加意讲求。兹据政务处议覆，载振奏请设商部，业经降旨允准。兹着派载振、袁世凯、伍廷芳先订商律，作为则例。商律编成奏定后，即行特简大员开办商部"①。为专司工商事宜，商部成立后的第一件事，就是奏请"劝办商会"，"商会者，所以通商情，保商利，有联络而无倾轧，有信义而无诈虞，各国之能孜孜讲求者，其商务之兴，如操左券。中国历来商务素未讲求，不特官与商隔阂，即同行业之商与商亦不相闻问"②。次年，清政府颁布《商会简明章程》，规定各省凡商务繁盛之区，都要设立商会。

19 世纪以来，新加坡华人社会一直处于帮权分立的状态，"市面素称极盛的巨埠如新加坡等处，迩来贸易未臻进步者，皆缘平日商情涣散，鲜谋公益"③，为团结华人利益，1896 年，针对新加坡立法议会辩论修正破产法。福建商人李清渊牵头邀请百余名各帮商人集会，收集华商对破产法的意见。随后在佘连城的中宪第，各帮推举四十名董事创立华商公所。《叻报》记载了此次会议的情形。

### 本坡拟设华商公所第一次会议情形

本月十七日叻地闽粤两省商人等齐集佘君连城之中宪第内，会议设立我华人商务公所之事。先是佘君等拟有章程底稿，预行印送。至是乃行集议，当时与于斯议者济济有众，各籍之人均集，但此系初次会议，诸凡草创，故其规稿尚未能一一议及。兹悉此事已定于来年正月二十四日再行集议，俾得熟商一切，以便举行。并于各籍之人，每籍酌举若干名以为开创董事，兹将是日拟举之人列左：

福省计举十三名：陈若锦、小坡怡兴号、振裕李清渊、升德美陈清端、安和吴达邦、小坡合春陈清泰、邱松华、万山刘金榜、顺安陈杞柏、顺昌王长顺、林文庆、

①戴逸，李文海. 清通鉴[M]. 太原：山西人民出版社，2000：8708.

②劝办商会酌拟简明章程折[J]. 东方杂志，1904(1).

③商务[J]. 东方杂志，1907(4)：57.

新德成蔡仰泰、德源吴新科。

潮州计举十一名 陈永锡、蔡子庸、黄金炎、陈应清、薛来春、佘永和、杨瑞喜、新万和号、张长美号、陈广丰号、佘连城。

广府计举八名 欧虞廷、潘述之、李乾生、邱雁宾、吴夔甫、梁敏修、林维芳、陈进福。

客籍计举六名 林搏云、梁杰、新万山栈、陈冀云、万安和、蓝秋山。

琼州计举三名 锦源兴韩桂丰、恒裕成王绍经、裕昌隆蔡惠农①。

这批参会华商侨领是后来新加坡商务总会的重要基础。1905 年 12 月,时任清政府考察外埠商务大臣的张弼士抵叻考察华侨商务。《叻报》对张弼士的到访进行持续报道。12 月 8 日告知张弼士来访消息:"倾接槟城来电云中国督办闽广农工路矿大臣张弼士太仆已于本日附搭仰光轮船经吕打来叻,并带同随员十余名,大约十二日可到云。探闻本坡各绅商公议届时预先到码头迎接,借表仰慕之忱。行辕设在同济医院以便拜会。此次太仆奉旨充商部考察外埠商务事宜,将来南洋各商务定有一番起色矣。"12 月 13 日,《叻报》登载了张弼士到叻当日的情形:"中国钦差大臣张弼士侍郎……于十三日②傍晚七点钟到叻……各官员绅商同到行辕,列序而坐。张侍郎向各位送茶坐定,询问□埠生理近来如何情形,茗谈半晌,众乃辞告退……是日沿街诸铺户悬灯结彩……极一时之盛世焉。是晚吴寿珍等复在行辕设宴公请星使。"

具体事宜则是:

星使抵坡之翌日适值星期,故只接见华籍各绅商,并未出门拜客。至昨十五日礼拜一十一点钟时本坡督署即按照公使过境礼节遣其马车至星使行辕迎迓。

星使乃偕同参赞时楚卿商部暨本坡总领事凤夔九观察乘坐其车前往制军府第拜候,制军如礼恭迎入座。寒暄已毕,星使乃向制军致词,本使臣恭奉朝命出洋考察商务事宜,以图振兴,素仰贵国商务之盛,冠绝寰球,故特到贵治切实考求,伏望不弃驽骀,曲加指诲,不胜悻悻。

星使言毕,制军即以谦词复答,并云贵国现欲振兴商务,甚为可敬,今承下问,敢不勉竭愚衷,倘有力能办到之处自当竭力勖勷,但不悉贵使欲考何项事宜。

…………

是日时楚卿商部并函致本坡西商公所详询商务诸事,并请定期会晤,得以

①《叻报》,1896 年 2 月 18 日。

②应为十二日。

咨访各情，庶使中英商务日益增加，中英商情日益亲厚①。

张弼士一日之内拜访新加坡各殖民机构的重要官员，表达清政府振兴商务的愿望。张弼士在海峡殖民地的旧居经历让他清楚地意识到调节华人与本地殖民政府矛盾的重要性，因此他特别致函新加坡英国商会，并请定期会晤。

在解决外部关系后，张弼士正式开启与本地华商的磋商：

张弼士星使来坡后一切情形业经列报，兹星使于十六日（阴历）出门拜会本坡各绅商暨银行等，甲刻回辕。

翌日即往学堂牢狱及善善所等处逐一详查，是晚即由本坡茶阳会馆诸绅商设宴于同济医院，延请星使及时商部并请本坡闽粤琼诸商会宴，尽欢乃散。

十八日午刻，本坡诸绅商复宴星使于医院大堂……席后众请星使演说，即在大堂之上设一演说台，星使乃登台操闽音演说，略云……至于叻中商局所最要者系在勿分畛域，无论闽潮粤琼客籍，均当视同一体，有事则彼此通融，互相照应。其最要者则在创设商会，不但使商情融洽，声气相通，且商权可由此而兴，商权即兴，则诸事易于操办，即学堂一事亦可由商会设法成之。我中国近因贫弱之故每每见轻于外人，而商会之兴即为富强基础，故甚愿诸君皆成此事，倘仆之力所能办到之处无不勉助诸君一臂云云。

演毕，听者皆拍掌赞美，复请时楚卿商部登台演说……略云仆乃商部郎中，所办之事悉为商务，故与诸商最为关切，倾闻星使之论，深惬鄙怀。盖商会之益不特有益于国，并且有利于商，协助扶持，彼此均可通融交际，甚有国家所难办到之处，商会亦可设法为之赞助克底，于此可知商会之要，实不可以缓图。仆近日身历坡中，目击商货通流，商情融洽，私心甚慰。惟奈近年商况颇不如前，是正宜设法挽救之，惟愿诸君即选定日期，传单邀请坡中诸商号共谋创兴商会，当乘星使在叻观成此事，尤为妥帖云云，其略如此。

当地侨领与张弼士在同济医院多次设宴商讨中华总商会成立章程。目的就是团结华商，保护华人权益："若有商会则外洋商民若须回来可能告知商会，由商会发给护照，并知照该商民原籍地方商会。若有被人欺诈，即由该处商会为之保护。"②

《叻报》从1905年12月13日至1906年1月12日连载《张弼士侍郎奏陈振兴商务条议》中的十折。《叻报》予以极高评价，中华总商会的创建被一步步提上日程。

①《叻报》，1905年12月16日。

②《叻报》，1905年12月20日。

1905年12月20日《叻报》记载了第一次预备会议的情形：

近日张弼士侍郎轺旌抵叻，众华商所上之颂词以及侍郎之答词演说均有商会宜设之语，本坡华商因此之故遂发传单定于昨日齐集同济医院开议此事。是日二点钟后诸商陆续到院，与会者五十余人，另有工作之人、从旁听者共计百余人……签名完毕后吴寿珍即起以闽语向众述陈创设商会之益，及是日会议之原因，言毕，即由叶君季允以粤语当众述明。述毕，复由曾君兆南以潮音向众详宣三君所述之词大意，谓今日邀请诸君到议系欲创设商会，以为我叻地商民共谋公益。张侍郎抵叻已殷殷然以创设商会为诸君然，则我华商等安可不善成侍郎之志，况此事于我商民人等利益甚多，如有商会则可令坡中闽潮粤客琼籍诸人结成团体，不致如前之涣散……诸多利益不可胜言。尤可幸者，张弼士侍郎现今在叻，我等商会若能乘侍郎未去速告成功，然后禀呈侍郎，由侍郎径告商部请为转奏，即由商部颁发关防等件来坡，则本商会遂可与商部直接，将来各事可以径达钦商部……是以特请诸君会商庶得以速成此事。

闽、粤、潮各帮群均有代表发言，此后又针对章程细节等进行六次集会，最终由张弼士召集闽、粤、潮等各帮侨领于1906年3月15日在新加坡创立中华总商会，1206个商户向清政府商部申请入会注册，并由商部颁发关防。值得玩味的是，《叻报》并未立刻宣布商会的成立，而是一个月后的4月15日，得到英殖民地政府的认可后，才在报刊上宣告成立的信息："新加坡拟设商会由来已久矣，惜无群策群力相与维持，至廿余万华商竟若散沙撒地无从收拾。幸去冬张弼士侍郎时楚卿参赞以考察南洋商务驻节星洲，广集坡众劝设商会，以通商情，以维商务，爰自提倡三千元以立商会之基础。诸绅商各皆汴庆，深喜夙愿之克偿，乃合志开议六次，拟定试办章程，颁发签名号簿等得五十四人，遂暂假同济医院之议事厅于三月十五日先行开办。昨日已奉英宪明文准免注党册，至该总会开会之所，闻须另迁广厦，择期陈设，邀请中外绅商以壮观瞻。噫星洲有此盛举，是南洋商界上放一绝大光明也。"①

中华总商会创立初期需要不断进行自我调适和整合资源，遇到经济或者人员上的危机，通常会在《叻报》上刊载解决问题的告示：

粤自朝廷建设商部以来，我国商界前途，日益发达，海内外有志从商之士，闻风继起……而我新嘉（加）坡中华总商会，乃占南洋群岛之先声，夫以新嘉（加）坡为南洋根据地，舟车辐辏，殷商云集，商业之繁盛，甲于群岛。但是中华总商会成立之初，依赖捐款，一年多以来，资金难以为继，号召华商捐款。堂堂

①《叻报》，1906年4月15日。

乎兴中原千百商会，表里争辉，使上课一副朝廷期许之新，下可以慰同志缔造之苦，夫然后铸金而祀，长留商界馨香，列表以闻，上荷皇朝褒奖，懿欤休哉，吾得进而颂之曰：新嘉(加)坡中华总商会万岁，新嘉(加)坡中华总商会同人万岁①。

中华总商会的半官方性质使之更加能灵活应对时局，可以在英殖民地政府面前发出声音，为自己的利益争取空间。1906年11月，新加坡闽潮两帮工人因利益纷争发生矛盾而引发斗殴。中华总商会商讨解决办法。一面会同警察巡视各街市，劝告双方照常复业，一面在《叻报》发布“劝告公启”平息事端。解决未果后，商会又派29人分往各处调解纠纷，雇佣小轮船两艘“梭巡海面护载客货”，并提请海关派差携巡，最终平息矛盾②。1907年初，中华总商会要解决新加坡港起货巡差刁难当地华商的问题，各商号苦于没有证据，难以起诉。他们为此约定“将银币自记暗号”，由中华总商会向英国政府声明，若之后巡差再行勒索，将进行起诉。1911年初，殖民地政府决定缩减洋烟税而增加收入息税，中华总商会召开特别大会，决议由中华总商会拟稿、全新加坡绅商联名盖印，呈请当局“收回成命”③。1911年，为争取英国认同，中华总商会派陈若锦前往伦敦参加英王乔治五世的加冕典礼，并通告华人“悬旗张灯结彩同庆祝”。英国政府以国王名义致函感谢中华总商会④，事情才得以解决。

除了新加坡，中华总商会保护范围还有原乡。新加坡中华总商会总理吴寿珍在诏安的家遭劫，地方政府却纵容放任。吴寿珍通过中华总商会禀奏商部，又由中央“贝子爷”向地方施压解决缉盗事宜。《叻报》对此记载如下：

本坡商会总理吴寿珍家在诏安被劫一案，已经前报。兹探吴君禀陈商部，历述该县纵容门丁黄子珍援引匪类，且有卖放情弊。昨晚奉到贝子爷专电，称已电闽督查究。倾覆称已饬扣门丁，听候查办。昨据漳浦镇道电已获六犯，起有真脏，是否系正犯俤讯报再覆等语。先此电闻商部真按南洋华商每有回里，百计图谋求入洋籍，盖恐内地衙胥土棍遇事欺凌，借以保护。兹者商会吴绅劫案，全不费力，一禀商部，立即电牍交驰，扣留拿办。现在该县已奉文撤任留辑有脏盗不获，着即照脏认赔，不得置身事外等语，可见商部实力保商会不为地方官稍宽责任，从此州县知所敬畏而不敢漠不相关。而商会之力为何如也⑤。

1906年，新加坡中华总商会成立后，在筹资捐款方面也极具盛名，如1906年联合同

①《叻报》，1907年6月1日。

②《叻报》，1909年11月14日、16日。

③1981年新加坡中华总商会编辑《新加坡中华商务总会七十五周年纪念(1906—1981)》。

④1981年新加坡中华总商会编辑《新加坡中华商务总会七十五周年纪念(1906—1981)》。

⑤《叻报》，1906年5月5日。

济医院筹赈旧金山地震受损华人："敬启者本月初二日接香港东华医院来电称，奉梁使电金山(旧金山)地震，全埠被毁，华商流离待赈，除本堂电款外，乞速协济为盼云云……窃念本坡绅商素具热肠，拳拳从善，凡有善举莫不踊跃输捐，今金山全埠被灾，尤宜各发婆心，协力筹赈，用特具启布告，伏望仁善诸君子随量施舍，以赈灾区，庶数万同胞不致沦于饿殍，如蒙金诸其款可交本医院彙收电汇该处可也，特此敬告，伏布钧鉴。"①

吉登斯认为社会转型的动力除了生产力因素外，还有国家意识形态的变化。从南洋的在地管理体系、侨领和底层华人三个要素看，侨领是实现社会整合、建设社会组织、完成社会秩序重构的重要力量。侨领通过帮群、教育、报刊联结殖民地管理体系和华人民众，从而实现华人社会的自我完善。

①《叻报》，1906年4月27日。

# 第五章　清末新加坡华文报刊与社会事务

所谓"旅于叻者，日众而甘苦各异"，对在南洋生存的华人而言，热土之上的生活体验，如人饮水，冷暖自知。远离故土，落地生根，华人如何面对新土地、新生活，这是一个问题。布莱恩·伯纳德在《书写南海：中国和东南亚后殖民文学中的南洋想象》中援引新加坡女作家林苏贞的提法，将南洋华人称为"中国远嫁的女儿"。无论南洋与中国曾经如何地牵丝挂藤，却要在新的生活环境中重新建立社会秩序，完成公共事务治理。

> 叻为南洋通津，如室之有户，自归英辖之后，更成为要区。出产之多有不逮于各埠。而出处不如聚处，仍以叻为商务之总汇，财源之上游，故旅于叻者，日众而甘苦各异，通塞迥殊其直上扶摇致巨富者纵曰不少，而万中之一者不足以律，寻常此外，则获有小资者有之，能自立者有之，少有亏折者有之，一败涂地羽毛落不能覆者有之，甚至落魄天南淹有难返衣食俱绝，几吹伍子之箫者亦有之①。

19 世纪的新加坡社会正经历近代化的变迁过程。社会变化体现在方方面面，除了华人人口的激增，商业化社会的建构之外，最重要的是社会管理的逐步规范化。

## 一、帮群、会党及治安治理

中国历史上的政治架构，官方有以皇帝为核心的官僚体系，维护王朝的长治久安，征收赋税和维持社会发展；民间有以士绅为主的基层行政管理体系，主要以其自身影响力维系地方稳定并进行社会整合。南洋远离中国政治核心，传统官僚体系发挥不了作用，社会管理更多地依靠来自民间的侨领，类似帮群、会党等非正式的权力。帮群更容易亲近华人民众，但是非正式权力带来的社会混乱不可避免，也是英殖民地政府无法接受的，殖民地政府通过制度建设完善管理，并让华人侨领参与地方的治安管理，达到社会治理的效果。早期华人更似"新客"，尽管后代将成为真正意义上的"新加坡人"，但刚刚踏上这片土地时，他们只能生活在自己的圈子里。

### 1. 人口、帮群与宗亲

论及帮群，一种帮群是建立在行业之上的，中国行业有"行""帮"等组织，如"盐帮"

---

①《客叻难易说》发表于 1890 年 2 月 19 日《星报》。

"漕帮""马帮"等,很多行业还会有发起人"祖师爷"之说,如建筑业的鲁班,农业的神农氏,纺织业的嫘祖,织布业的黄道婆,商业的范蠡,餐饮业的易牙等;另一种帮群是以血缘、地缘为主要纽带的,与中国传统社会"五服"有密切关系。中国传统农业社会,宗族是社会的基本组成单位,强调亲缘和血缘及其他联系。个体遇到困苦和危难时,最直接的反应即是寻求家庭的庇护。华人移民在外谋生,仰仗原籍社会组织建立联系,获得援助与协同。加之华南地区乡土观念强,人们易抱团取暖、对付挑战。华人按照方言群垄断行业,福建人多从商,潮州人多从事种植业,广府人和客家人多从事手工业,海南人多为理发员和职员,由于新加坡主要行业按照地缘进行划分、管辖,因此第二种帮群更为重要。

来自闽粤农村的华人和家乡通过宗亲组织保持紧密的联系,19 世纪的宗亲组织又可以分为两大类:一是基于血缘、地缘和方言的地域性宗亲集团,通常是同宗同族;二是以较大范围的亲缘和地缘为本,成员可能来自几个相邻的乡村、县市,为了组成地域性宗亲集团结集成社会组织。

在中国自给自足的农耕文化影响下,人们过着相对封闭的生活。在广大乡村社会,血缘、地缘关系将同一类人紧紧地联系在一起,从而形成一个相对稳定的熟人社区,宗法结构成为基本的社会特征。宗族通过教化、调处等方式,积极参与地方秩序的构建。这一传统延续到海外,地域帮群取代了中国乡村的宗族。清末主要移民人口为闽南人(漳州、泉州和永春)、潮州人(广东省东部)、客家人(广东省东北部和福建省西南部)、广府人(广东省珠江流域)与海南人(海南岛)。因此,在 19 世纪新加坡华人族群中,闽粤人口数量最多。

福建移民人口最多,势力也最大。福建人在新加坡早期华社影响较大。1906 年中华总商会成立时,52 个董事会席位中,福建人占据 21 席。福建帮在社会事务管理中相应地承担更多的责任。1860 年,为调整帮群关系福建会馆成立。会馆在中国原是同乡人士在京师和其他异乡城市所建立的专为同乡停留聚会或推荐业务的场所。狭义的会馆指同乡所建立的建筑,广义的会馆指同乡组织①。在南洋,会馆组织遍布,已然成为基于地缘关系的宗亲社团。1885 年,同济医院成立,闽粤各帮实现跨帮群合作。

宗亲社团之所以兴盛,在于移民人口流动,流动打破了传统中国的封闭性。在一个新的空间,赖以生存的人际关系在传统的私谊网络上进一步展开。宗亲社团以地缘为中心、以报刊为平台开展成员之间的交往活动,以期凝聚成员之间的力量。国内时局动荡,移民他乡的华人失去了曾经的依靠,个体急需寻找依靠、认同和相互的抚慰。这种交往除了私谊,还有参与政治的需要,甚至有实现自己的政治意图的需要。可以总结帮群社

---

①何炳棣.中国会馆史论[M].台北:学生书局,1966:11.

团的社会交往发展途径：

凭借交往空间→展开社交→获得庇护→争取社团权益→获得更大的声名

按照福柯的观点，权力实施需要一个相对封闭的空间，权力在空间范围内通过资源调控实现运作。权力对时空产生影响，对空间进行分割，产生帮群自治，不仅满足殖民地政府监督的需要，也隔离了华人之间应有的联系。

2. 会党问题

论及19世纪新加坡社会治安，盗贼遍地，赌博猖獗，这多与会党势力蔓延有关。

会党的势力一是来源于南来的中国部分民间社团组织，二是来源于本地以方言群为核心的帮群组织。根据马来西亚作家阿卜杜拉记述，他在1824年曾看到过新加坡市郊的天地会举办入会仪式，这意味着在这个时期新加坡已经有了天地会组织。天地会最初出现在福建漳浦地区，18世纪末到19世纪中叶，华南各地天地会起义失败后，部分成员逃往南洋，在三州府内按照中国天地会的模式开设会党。会党在新加坡的活动最早可能在1824年。新马地区的秘密会党都是“洪门”支派①。这类会党既是清王朝的反抗者，又是底层华人的劫掠者，其生存方法如下：一是通过拜会等活动大量吸收会员以收取会费或保护费。二是贩卖鸦片，开设赌馆、烟馆、妓院等以牟取财富。如1841年，新加坡约有100家的赌馆，1882年，根据政府部门的报告，新加坡仍有超过100家的赌馆。三是参与人口贸易，新加坡开埠后，地下会党利用肮脏的人口贸易获利。新加坡首位华民护卫司署长官毕麒麟指出，在其掌管华民护卫司署时，新加坡各私会党负责人共有618人，党徒有15917人。而当时新加坡的人口大约为5万人，约有三分之一的人口是私会党党徒②。

根据宋旺相《新加坡华人百年史》和《叻报》等报刊文献记载，19世纪会党冲突频繁，以时间为序，影响大的事件如下。1848年3月，义兴帮因其创办人出殡事件与义福帮发生冲突。1854年5月发生了潮州人与福建人因购米事件，引发义兴帮和义福帮大规模械斗事件。双方各集结了数百人，纷纷使用木棍、石块、刀子作为武器相互攻击，进而蔓延到商业区，导致店铺遭到洗劫，双方一共有400多人被杀。1856年，英国殖民地政府颁布“警察法”和“保护法”，由于其直接干涉华人的风俗习惯，引发剧烈社会风暴。1857年1月2日新加坡华人开始罢市，殖民地政府请求部分侨领利用自身影响力和会党力量从中斡旋。1863年义兴和义福两派因娼妓分配不公而引发持续一星期的械斗。1876年之

①杨建成. 华人与马来亚之建国[M]. 香港：精华印书馆股份有限公司，1972：17.

②李奕志. 新加坡华人私会党今昔[J]. 东南亚研究，2017(6)：29.

前，潮州人和福建人因为邮政业务之争，再次引发暴动。1876 年 12 月 15 日，义兴公司和义福公司发生暴动，袭击邮政分局，杀害了邮政局局长，并且发动罢市。殖民地警察介入后，引发华人和警察之间的更大暴动，打死打伤近 10 人，逮捕上百人。1888 年 7 月，在武吉知马藤场，广东、海南籍工人明争暗斗，广东籍厨师在海南籍工人的饭菜中下毒①。1893 年 1 月，在武吉知马一带山地园区中，从事垦殖行业和从事畜牧行业的闽人各有数十人参与械斗，其中两个人受重伤②。1899 年 4 月，闽客两籍工人因口角之争，数十余人相斗③。1906 年 11 月，闽潮两个帮群参与聚众斗殴，波及范围之广、参与人数之众、械斗过程之惨烈极为罕见④。这些有据可查的会党进行大规模械斗的背后是以地域为基础的帮群之间的文化冲突。19 世纪 50 年代，早期华人女性所占比例极少，华人内部也不甚团结，方言是“族群”进行宗族保护的地缘标志，也成为彼此仇恨的渊源。会党与盗窃、赌博、械斗等事件关系密切，会党成员在各类事件中起联络、组织甚至领导的作用，会党势力也因此得以蔓延。

3. *治安治理*

19 世纪英殖民地政府尚无法将政治力量及社会管理在新加坡华人社会中全面铺开，于是华人社会出现半自治的状态，即国家机构如司法、行政、立法、财政、治安等归属殖民地政府管辖，一般性社会事务如衣、食、住、行、访、迎、见、谈、娱、赠等由华人自己解决。华人在自我管理时多用社会规范而非成熟的社会制度。

社会治安相对混乱的原因：一方面由于移民社会人口流动频繁，没有形成完善并固定的社会规范；另一方面则由于英殖民地政府治理初期经验不足，加之制度尚不健全。1826 年，英国将新加坡、马六甲和槟榔屿统辖为海峡殖民地，为了使海峡殖民地三地适用统一的英国法律，英国颁布皇家司法宪章，规定英国法是该殖民地普遍适用的法律。但是根据这个宪章，海峡殖民地没有独立的立法权，这导致 1867 年立法会议成立前，新加坡一直缺乏适用于当地的法规，直接套用英国的法律带来的水土不服是显而易见的。

解决帮群矛盾和会党问题的手段要软硬兼施。其中，帮群基本生存需要的满足，是解决冲突的物质条件。但更有力的解决措施是通过社会治安治理完成的。英殖民地政府面对混乱的状况，从以下三个层面入手解决。

---

①《置毒于膳》发表于 1888 年 7 月 14 日《叻报》。

②《因性械斗》发表于 1893 年 1 月 24 日《叻报》。

③《工匠斗殴》发表于 1899 年 4 月 14 日《叻报》。

④宋旺相. 新加坡华人百年史[M]. 叶书德，译. 新加坡：新加坡中华总商会，1993：37.

（1）从顶层设计上，强调制度的完善。

国家机器或者正式的治理机构开始参与社会治理。开埠初期殖民地政府也有不同的治安体制以及相应的管理法规，但是那些治安法规一般包含在通用的法规之中，很少有单行治安法规。随着社会的发展，这种立法状况逐渐显现出弊端。1867 年 2 月 4 日，海峡殖民地通过《皇室制诰》："和其他英国皇家殖民地一样，海峡殖民地总督在行政委员会和立法会的支持下，管理海峡殖民地。1867 年海峡殖民地行政委员会由总督、驻扎在当地的军队指挥官和六名高级官员组成。立法会由行政委员会成员、首席法官和四名总督提名的非官方议员组成。"①至此，海峡殖民地成立行政机构、立法机构、司法机构等，形成一整套相对完整的殖民地政治制度，法律和社会管理制度逐渐规范。有了完善的司法体系，殖民地政府发布文件则有据可循。

针对会党滋事，1890 年殖民地政府发布《严禁会党晓谕一》："各会之人数日多，权势日炽，每有歹人管理，则纵奸助恶，藏匿恶人，故三州府国家特设新律为之禁除，而此律现已蒙大英君主批准实行矣。夫此等会党乃在中国，以及大英别处属地，穆膀油、荷兰各州府均不准行者也。"②文件要求在 1890 年 7 月 1 日前必须清理掉各会。之后殖民地政府发布更严格的《严禁会党晓谕二》："本坡之义兴、福兴、松柏馆、广惠肇、广福、义气、洪义、利城行、粤东馆、兴顺、义福等会，均作犯法会馆而论。凡人若敢办理，或帮办各会之事务，或充作会内同人者，可照一千八百八十九年之会党章程示罚。"③此后经调查，在牛车水一带，仍有会党向娼寮勒索钱财，华民护卫司发布了更严厉的通告《严禁会党晓谕三》："本司自可将该匪等从严究治或申详督宪，押解回华。"④再有作犯，遣返回国。与此同时，要求华人入境后必须立誓词，如：

**立誓**

词人郑怀成，本帮搭南江船来叻，所带之新客，不得拘擎，从其所欲，觅路谋生。自今以后，怀成不敢再蹈前非，骗人出洋贩卖等弊，如再有为非，甘心受罚，特立誓章一纸为据⑤。

但是各报刊对于这一系列治理会党的法律的态度却不同，如有人认为英殖民地的会党治理只是针对华人。1890 年 2 月 27 日《星报》记载："本坡会党原为英例所不禁，嗣因

①藤布尔．新加坡史［M］．欧阳敏，译．上海：东方出版中心，2013：110．

②柯木林，廖文辉．三州府文件修集选编［M］．新加坡：新加坡宗乡会馆联合总会，2021：57．

③柯木林，廖文辉．三州府文件修集选编［M］．新加坡：新加坡宗乡会馆联合总会，2021：60．

④柯木林，廖文辉．三州府文件修集选编［M］．新加坡：新加坡宗乡会馆联合总会，2021：61．

⑤柯木林，廖文辉．三州府文件修集选编［M］．新加坡：新加坡宗乡会馆联合总会，2021：88．

各会党门户各分，每有斗殴与恃众横行，如虎负嵎，肆行吞噬，弊端百。英宪有见及此故知……有示谕将各会党除，有关人心世道，如兴文教，恤贫苦等类概行一律撤除，勒限销去。”严禁会党晓谕发布后，中国会党被英殖民地政府遣散，而同年 2 月 25 日日本有两个会党在松柏街斗殴却未被解散，报刊对此事态度是不满的。

《叻报》1891 年 9 月 1 日头版的《会党概谈》认为会党取消后，敲诈勒索和抢掠事件却“层见叠出，尤较当日公司未散之际”，没有了会党的管理，“无赖”更加无所忌惮，不断滋事。

1892 年 4 月 29 日《星报》亦有社论《法无不伸说》，认为可以通过取缔诸如妓院和赌场这类场所，改变社会环境。

(2)从理念上，强化对会党的管理。

1851 年，新加坡发生秘密会党攻击全岛华人基督徒的暴动，如潮州人攻击教徒，该区域主教徒多为客家人，总共导致 500 多人被杀。次年，英国海峡殖民地政府要求所有的华人社团必须登记，呈报办团宗旨和成员名单。按照登记造册数量，到 1876 年新加坡和槟城共登记 72 个会党，主要有义兴会、义福会等，其中潮州义兴会的势力最大，部分会党首领还是有影响力的商人。

(3)从机构设置上，建立华民护卫司署(图 5－1)。

**图 5－1 1911 年华民护卫司署早期面貌(赵颖摄于新加坡晚晴园)**

新加坡自开埠以来与槟榔屿、马六甲一起并入“海峡殖民地”(也称“三州府”)。1867 年 4 月开始，海峡殖民地归属英国殖民地部，首任总督为欧德。为了更好地管理以华人为主的新加坡社会，新加坡 1877 年成立了专门的华民护卫司署。首任长官毕麒麟精通中文，能听懂闽南话、潮州话、粤语和客家方言。社会状况日趋复杂，社会治安管理形势日趋严峻，华民护卫司署的成立满足了社会管理的需要。

毕麒麟熟悉华人文化，利用会党制衡华人，华民护卫司署和会党之间暂时和平共处。1877年，华民护卫司署颁布《华人移民令》和《诱拐令》处理劳工移民问题，规范劳工移民程序，此后，对传染病、赌博、娼妓等社会现象都进行了规范整治。

1888年，金文泰·史密斯接替了退休的毕麒麟的工作。他上任后，针对华社会党现象，进行清理和登记。这个举措虽然没有完全消除私人会党，但是对华人社会秩序的建立却成效甚大。1889年，新加坡颁布《社团条例》，坚决取缔秘密会党，并成立了新的管辖华人事务的机构——华民参议局。华民参议局对新加坡华人秘密会党实施严厉措施来管理，不仅维护了社会治安，而且也消解了华人的力量。

由于早期华人的国家认同观念较强，因此清政府在南洋设领让英殖民地政府有所忌惮。于是，华民护卫司署限制了清政府驻新加坡领事馆在处理华人事务上的权力，成立专门的华人管理部门，让其全方位地参与新加坡的华人事务，为殖民统治保驾护航。殖民地政府介入新加坡华人事务的态势亦趋于明显。

## 二、华人教育

1717年，清政府颁布南洋禁航令，规定“内地之人留在外洋者，三年内准其回籍”，此条例的颁发是出于安全的考量。但1717年后的出洋者则完全被禁止入境，即便雍正五年(1727年)解除南洋之禁，也只是基于经济贸易的需求，民间私人出国、归国仍被禁止。在雍正看来：“此等贸易外洋者，多不安分之人，若听其去来任意，伊等全无顾忌，则漂流外国者，无可悯惜，朕意应不令复回内地。”乾隆十九年(1754年)，清政府规定，以后如有因贸易滞留在外或本身已故者，其意愿或遗嘱愿回籍者，均准许回籍，“出洋贸易者无论年份久近，一律准许回籍”。政策缓和与闭关锁国政策有关，事实上对归国华人，清政府也是心存芥蒂，严加控制。

因归国困难，又逐渐适应了新土地，华人大力开展针对华人的教育活动。封建社会，读书人皓首穷经以博功名，新加坡远离科举考试现场，更得风气之先，省察中国与泰西客观环境，推动教育普及化、平民化。读书的目的更强调实用性和文化传承性。

关于文化的传承性，一方面是中国文字的习得。“吾人若插足马来半岛，最使人触目惊心者，即为一般侨生青年虽自认为中国人，然实际生活已经欧化或马来化，语言文字已完全与祖国隔绝。马来半岛之青年男女皆以能说英语为能事。因能说英语则可向行政机关或洋行讨生活，可骄视一切。马六甲之侨生，则更喜说马来语，一切起居饮食马来化，以此为美，殊可惊叹！此辈人不得已身如此，且欲令其子女如此。不使其子女学中国语，识中国字，入中国学校。易代以后，宁复纪念祖国?"[①]尤其要从童蒙时期开始学习："今之子弟当童蒙时不解，以此为养正之本，稍长之日，知识日扩，天性日漓，习染既深，颇难救药。"[②]另一方面是中国儒家文化伦理的传承，除了学校教育，文化团体也承担此项任务，如道南学社所言："中国自海禁大开之后凡士人之留心时务者，于四子六经子史外，又必考察列国政教典章、中外交涉利弊，正不徒闭户勤修规守古训乃事也，于此而欲咨访群言，网罗一世，振文明之广运，辟学术之新机者，非时务策论不为功，此星洲道南文社之所由创也。星洲为南洋总汇之区，凡我华人之旅居是处者，其闻关切时务，振兴学问之心，不亚于内地。"[③]再如1881年，以陈金钟为首的闽商团体，在左秉隆的推动下，成立乐善社宣讲圣谕。乐善社以传播儒学和儒家伦理为经营宗旨："今圣天子崇儒重道，稽古右文，六宇承风，咸遵圣教，虽山陬海澨，各自别其土疆，而户诵家弦，亦兴起于学问焉。况新加坡为西洋之名胜，蛮徼之咽喉，商贾贸易，行旅往来，我中国民多生长于斯者哉。于是陈君巨川鸠众力而劝盛举，光前烈以示来兹也！"[④]乐善社宣讲康熙十六条圣谕，宣讲主坛初设在闽帮主要聚点天福宫，宣讲内容包括传统的礼仪和尊卑观念。"抵制邪说和宣扬正统的观念对于新马华侨社会尤为贴切，因为它可以用来扭转西化的趋势。"[⑤]由于乐善社的文化宣教，1899年，福建提督学政对其颁发"力宣风教"匾额，各主要参与绅商亦获匾额，以示奖劝[⑥]。

清末新加坡华人的受教育方式主要是学堂教育，由于不完全掣肘于社会环境，以帮群为单位建设的各类学堂极其繁荣。根据《新马华人教育发展小史》记载："1786年以前，英人莱特初到马来西亚的槟城，就发现有华人老师张理之的坟墓。英传教士汤姆逊也说，新加坡在1829年已有私塾三所。但是有文献可考的，当首推陈金声父子所办的萃英义学，又称萃英书院。它创立于1854年，直到1957年才停止收生。"[⑦]宋旺相的《新加坡华人百年史》中也有此记载，并指出三间私塾中两所为粤人所办，分别收生12人和8人，一所为闽人所办，收生22人[⑧]。华人初到新加坡时所建立的书院，大都设置在大伯公庙内，所用的教材大多为中国旧时教育的课本，诸如《三字经》《中庸》《论语》《孟子》《大学》等，对学生的教育自然就是文言文教育。而这一过程几乎是和国内同步的，当戊戌政变

①刘继宣，束世澂.中华民族拓殖南洋史[M].郑州：河南人民出版社，2016:233-234.

②《论教子弟》发表于1887年9月22日《叻报》。

③《星洲道南文社序》发表于1900年10月15日《日新报》。

④陈荆和，陈育崧.新加坡华文碑铭集录[M].香港：香港中文大学出版部，1970:283.

⑤《星报》，1892年8月30日。

⑥《天南新报》，1899年10月9日。

⑦方起驹，杨耀宗，金永礼.新马华人教育发展小史[M]//吴泽.华侨史研究论集.上海：华东师范大学出版社，1984:331.

⑧宋旺相.新加坡华人百年史[M].叶书德，译.新加坡：新加坡中华总商会，1993:22.

中国境内废私塾开设新式学校后，新加坡才开始出现新式教育。

萃英书院（1854—1957）开办于天福宫内，它是伴随帮会和书院出现的，所谓“萃英”意为“萃者聚也，英者英才也，谓乐得英才而教育之”，书院供闽籍子弟读书，并仿西人教育体制，每年冬季会考一次。考试结果按成绩等级登载于报刊，1892 年考试，黄遵宪“到院将诸童面加考试以重其事”①。

**萃英书院碑文**

我国家治隆于古，以教化为先，设为庠序，其由来久矣。然地有宽严之异，才有上下之殊，立教虽属无方，而讲学尤宜得所。信乎士林之攸归，在乎黉宇之轮奂也。新嘉（加）坡自开创以来，土俗民风，虽英酋之管辖，而贸迁之有无，实唐人之寄旅，迄于今越四十有年矣。山川钟灵，文物华美，我闽省之人，生于斯，聚于斯，亦实繁有徒矣。苟不教之以学，则圣域贤关之正途，何由知所向往乎？于是陈君巨川，存兴贤劝学之盛心，捐金买地，愿充为党序之基，欲以造就诸俊秀，无论贫富家子弟，咸使之入学。故复举十二同人，共襄重建，且又继派诸君，以乐成其美，择日兴工，就地卜筑，中建一祠为书院，崇祀文昌帝君，紫阳夫子神位，东西前屋连为院中公业，经于咸丰甲寅年工成告竣，因颜其院曰“萃英”。盖萃者聚也，英者英才也，谓乐得英才而教育之。每岁延师，设绛帐于左右中堂讲授，植桃李于门墙。夫莫为之前，虽美弗彰；莫为之后，虽盛弗传。今者陈君巨川能首行义举，倡建学宫，不惜重金买地为址，而十二君曾举荐、杨佛生、许行云、梁添发、曾得璋、薛茂元、陈振生、林生财、陈俊睦、薛荣樾、洪锦雀、陈明水又能同心好善，鸠工经始，以乐观厥成。且此都人士亦皆能接踵其美，输财以助讲贯之需，其好善之心，上行下效，若影之随形，如响之和答，诚有不期然而然者，岂非一举而三善备哉。他日斯文蔚起，人人知周孔之道，使荒陬遐域，化为礼仪之邦，是皆巨川君与十二君以及都人士之所贻也。后之问俗者，亦将有感于斯举之高风，故为之序，且复列买地筑舍以并捐金诸芳名于贞石，以共垂于不朽云耳。

成率十一年岁次辛酉荔月乙未　毂旦②

华人教育自清末便开始萌芽“双轨制”，一边发展华文传统教育，使之维系文化身份；一边发展中英文教育，以应对生活之需要。闽商颜永成在丹戎巴葛创设英文义塾。1893 年，英文义塾迁至直落亚逸街，由殖民政府划出土地，补给津贴，称为华英义塾。华英义

①《叻报》，1892 年 1 月 16 日。

②丁荷生，许源泰. 新加坡华文铭刻汇编（1819—1911）：上［M］. 桂林：广西师范大学出版社，2017：351.

塾不仅按照西式教育体系设计章程，还同时进行中英文教学，每晚 7 点钟开夜塾，专教英文、算法及数学等(图 5－2)。陈合盛等创立毓兰书室、章芳琳创立养正书院、陈大耳创立乐英书室，均开展双语教学。

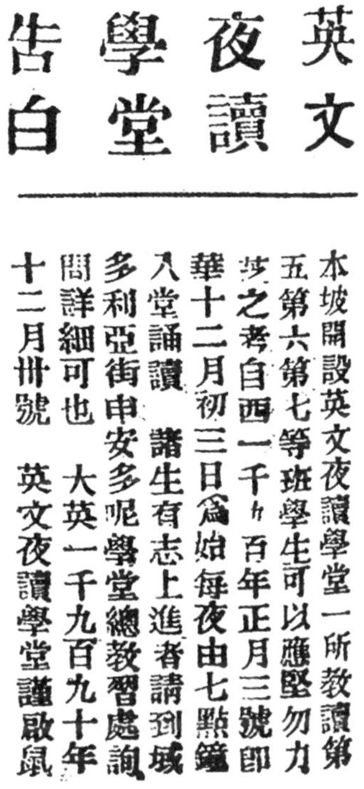
英文夜讀學堂告白

本坡開設英文夜讀學堂一所教讀第五第六第七等班學生可以應堅勿力步之考自西一千々百年正月三號即華十二月初三日爲始每夜由七點鐘入堂誦讀　諸生有志上進者請到域多利亞街申安多呢學堂總教習處詢問詳細可也　大英一千九百九十年十二月卅號　英文夜讀學堂謹啟鼠

图 5－2　《日新报》英文夜读学堂告白

1905 年，嘉应客家人汤湘霖和黄云辉等创建应新学堂。1906 年，粤帮吴寿珍、陈楚楠、王会仪等人创建养正学堂，属顺天宫之下的庙产教育机构，“寓叻广肇两府商人等拟在叻地创设养正小学堂，教育人才，以备他日闽粤合办中学堂立其基础”①。同时，大埔客家人创建启发学堂，潮帮创建端蒙学堂。潮籍端蒙学堂一直以来经费均来自“本坡潮侨个人或商号之年捐，为每年所认之一定常款。举办活动、兴建设施等，均请董事部募捐”②。1906 年闽籍华商吴寿珍发起建立道南学堂。

华人学校大量涌现，此亦与清政府的推动有关。1905 年，维新变法后，清政府派官员去南洋考察，在清政府的支持下，刘士骥鼓励创办养正、应新、启发、端蒙学堂，后有陈宝琛鼓励福建帮创办道南学堂，部分学校见表 5－1。

①《本坡广肇养正学堂第一次会议情略布》发表于 1906 年 4 月 19 日《叻报》。

②见 1931 年版《端蒙学校二十五周年纪念刊》第 6 页。

表 5-1　19 世纪下半叶部分新加坡华人所办私塾

| 校名 | 创办时间 | 创办人 | 地点 |
|---|---|---|---|
| 萃英书院 | 1854 年 | 陈金声 | 厦门街 131 号 |
| 毓兰书室 | 1892 年 | 陈合盛 | 麦根申律十五号 |
| 养正书院 | 1892 年 | 章芳琳 | 芳林八巴刹玉皇殿对面 |
| 华英义塾 | 1893 年 | 颜永成 | 直落亚逸街 |
| 乐英书室 | 1893 年 | 陈大耳 | 乐善所 |
| 进修义塾 | 1893 年 | 粤籍筹办 | 牛车水豆腐街 |

书室、义塾代表了华人传统的媒介空间，又代表华人权力在南洋的运作。它还代表了中国文化的传播空间，又表征了中国文化的教育模式，并逐渐积累了文化资本，不仅为底层华人提供阶层上升的教育设施，也为华商提供可以博弈的文化资本和政治资本。

清末以来新加坡诸多华商之所以被视为“侨领”，除了经济实力外，更是承担了极大的社会责任。如同报业，办学一样出于华人的使命感，全凭自身财力维系，入不敷出时甚至会在报纸上刊载筹募捐款的告示。萃英书院在《叻报》上公示华商捐款，再告知：“诸君捐册一纸嘱为照管，叻地华人义塾以该院为最久，而规模之立亦以该院为最宏，作育人之所益实非浅鲜，至于院中经费本堪敷用，不假他求，所奈其资寄诸商号之中，以为生息，年来多有倒闭者，遂累及本院，中公款渐不能支，今由叻地闽籍诸君集议捐得，以共襄义举。”①华商身体力行提倡教育，创办学校；出钱出力，捐地捐款；鼓励教育，设立奖助贷学金；支持学校发展，配置校内设施。

早期华校私塾经费来源以华商捐款为主，捐款的目的为培养人才：“国家以近来贫弱之故，皆由于人才不出；人才不出，皆由于学校不兴。我皇太后皇上屡屡谕饬各省设立学堂，此务本之第一要举。”如张弼士号召华人捐款修建槟城中华学校时所言：“眼见他西国之人，在各埠设立西文学堂甚多，反能教我华商之子弟，而我华商各有身家，各有子弟，岂不可设一中文学校以自教子弟乎……各地有事尚且不分畛域，何况事出本屿学校之事，更非捐助各地赈款可比。今与同志诸君会议，务祈慷慨乐输，集腋成裘，共成善举，并将监督、总理、协理建校一切事宜。”②

以道南学堂为例，1906 年，福建帮在吴寿珍的倡议下筹办道南学堂（后改名道南学

①《萃英书院缘款》发表于 1894 年 6 月 13 日《叻报》。

②《叻报》，1905 年 11 月 30 日。

校)。在1907年4月16日《叻报》刊登了"福建倡设学堂广告",并由福建籍官员陈宝琛题写道南学堂序。《叻报》也专门公示道南学堂的乐捐名单:

福建道南学堂乐捐芳名列左:金福和黄良檀捐银三千元 李清渊捐银二千元 刘金榜捐银二千元 吉美号捐银一千五百元 吴寿珍捐银一千二百元 张顺美号捐银一千二百元 顺发号捐银一千二百元 联盛号银一千二百元 李恒裕成银一千二百元 振成公司一千元 谢古和银一千元 许怡兴银一千元 张万庆银一千元 承日兴银一千元 怡和隆银一千元 中兴号银一千元 陈合隆银一千元 和和有限公司一千元 张顺陶一千元 丰源号一千元 林顺池银一千元 邱得松银一千元 协振号银一千元 联庆号银一千元 东兴号银一千元 源成兴银一千元 杨集茂银一千元 允昌号银一千元 鼎和兴银一千元 益昌公司一千元 谦益号一千元①

在道南学堂成立二十五周年时,学校对建校资金和校舍来源做出回顾:"本校创办于前清光绪三十二年(1906年)丙午,发起人陈云秋、廖正兴、张霞生、蓝金生……共二十八人,适逢两广总督张人骏派刘征君仕骥南来视学,与本校发起人磋商办法,本校遂以成立。于阴历十月初一开学。当时发起人为临时董事,公举蔡子庸先生为临时正总理,复以陈云秋先生为义务校长,教员近二人,校舍暂租禧如实得力门派五十二号,学生仅有初级生六十人,潮侨捐款作本校基本金者,共达三万余元云。"②报刊在华人办学中,除了有发布募捐信息的作用,同时还有帮助各学校进行招生的作用③。

开风气之先,其他学堂也声明"每日教华文以期学业有进益",甚至在住宿方面也有保障,"以便华人子弟在英大学堂肄业者可以在堂住宿"④,华人自筹经费办学在20世纪成为一种社会风气,影响大,意义深远。如陈嘉庚1906年参与创办道南学校,1912年创办爱同学校,1915年创办崇福女子学校,1919年创办南洋华侨中学校,1945年创办华侨女中,1946年创办光华学校。

华人办学就教育内容或对象而言,有几点意义特别需要指出:

一是发展女学,尤其是华语女校。之所以强调华校,这本身就是一种身份认同与国家忧患意识的体现,"一国语言之用,其广狭之程度可验其国与其民之势力运"。1823年莱佛士爵士创办了新加坡书院,后改名为莱佛士书院,该校成为新加坡第一所学校,并设有女班。真正意义上第一所独立的女校却是1899年林文庆倡导创办的中

①《叻报》,1907年3月2日。

②林国璋撰《本校大事记》,1931年版。

③《总汇新报》,1908年7月7日。

④《住宿学堂告白》发表于1900年4月2日《日新报》。

国女学校，虽是英文学校，但是开启了华人女校读书之风气。1912 年 1 月南洋英属华侨学务总会成立。成立后，其在规划中正式提出：“欲兴起英属华侨之教育，改良英属华侨之学务，必先筹设师范传习所，使得各埠之教员塾师补习科学，研究教育理法；又须筹设女子师范学院，并附设保姆传习所，使妇女之愿为教员及保姆者，预行学习。”1911 年成立的中华女学校是叻地第一所华语女校。

二是发展商学，不同于中国传统的农业社会，新加坡作为商业社会，商业是华人的立身之本，早期“华人社会之所以不像其他地方注重文化的发展，原因是他们只注重经贸和农业”①。以实用为行为导向，在学科设置上，他们参考英殖民地政府的样式设置商学以实现华人自身的发展。“可挟南洋所积之资，与所栽培之人才，旋归故里，兴所有之利，以保商权，为四万万谋所以生财之途，存活之策”②，以实现中国力量的崛起。

三是重视中国传统文化教育的同时注意教育方法的变通和白话文的推广。宋旺相在《新加坡华人百年史》中提到，在清末南洋社会中，教育出现两个极端：一是底层贫苦华人只会方言，无法受到良好的教育，也难以习得英文；二是土生海峡华人完全放弃中国语言，在听说上存在极大的障碍③。对于教育而言，凡人最紧要者为学业，常曰：“幼不学，则异日不独，无以善其身家，且不免有作奸犯科之事。”④清末白话文运动，黄遵宪主张言文一致，他提出“语言与文字离，则通文者少；语言与文字合，则通文者多”⑤。南洋开展白话文的推广，1900 年 2 月 12 日社论《论训蒙宜用浅白新读本》中提出用白话语言进行传统文化教育。

论及华人兴办各类学校的影响，一方面改善了新加坡的文化环境。早期华文学校多为私塾性质，讲授内容以《千字文》和“四书五经”为主，教学硬件简单。家长对子女教育要求也不高，识文断字应付生活足矣。但在帮群和侨领的不断推进下，华人子弟读书时，费用不用顾虑。学堂“请有华人通儒于每早教读华文以期学业具有进益，而且华人子弟读书费用，自能安置妥帖，学堂由林文庆、陈若锦等人巡视负责”⑥。“近年来，叻地义塾日兴，各绅董又能以实心行事，尊师重道，乐育英才，从此文风丕振，此效彼

①陈蒙鹤. 早期新加坡华文报章与华人社会(1881—1912)[M]. 胡兴荣，译. 广州：广东科技出版社，2008：17.

②《日新报》，1899 年 12 月 4 日。

③宋旺相. 新加坡华人百年史[M]. 叶书德，译. 新加坡：新加坡中华总商会，1993：22.

④《论上海设华童书院事》发表于 1900 年 5 月 3 日《叻报》。

⑤黄遵宪. 日本国志[M]. 天津：天津人民出版社，2005：810.

⑥《住宿学堂告白》发表于 1900 年 2 月 9 日《日新报》。

行，安见十年之后，不变海滨为邹鲁。”[①]另一方面，开启了体制化的教育先河。从清末私塾到民国初年的现代学制，从方言教育到统一的国语教育，从华语教育到双语教育，教育发生了巨大变化。根据殖民地政府工作报告，第二次世界大战前夕，新加坡的总人口约一百万人，接受中小学教育的人口有七万两千一百人，而其中52.7%的学生为在华校就读的学生。

## 三、医疗与医院

清末新加坡医院在医疗方面，除了治疗日常疾病外，重点处理的是性病和瘟疫。

1.性病处理

性病之所以流行和早期南洋男女性比例失调有关。1899年新加坡的妓院有298家，其中华人经营的有228家[②]。针对性病，预防重于治疗。报纸上会刊载治疗性病的广告，妓院归华民护卫司署管理，华民护卫司署会根据医院的洁净程度颁发营业牌照，“兹各妓院主人以本院地方洁净，四园花木清幽，益以办法完善，管理周至，咸乐得将有病之妓女到院留医及到院验症。华民政务司惠得闻其事，亦以本院办理妥善，因亦力荐各院主送其有病之妓女到院留医，且极崇重本院西医发出妓女平安出院之凭照焉”[③]。而在地医院同样重视对于疾病的防控，娼院新规如“本坡娼寮向为护卫衙司管辖，而其地方洁净与否，则责在西医，兹验尸官马君核得叻地各娼寮内多不洁，故昨已函至护署请饬各寮龟鸨等，嗣后娼寮厅不准厕，避免香臭混淆，而楼上所间之巷亦须与楼窗同宽，至各妓之房亦须令其通气。庶不至为热气蒸腾致生疾病，……请各寮一体遵照矣”[④]。即通过卫生监管和制度建设，实行预防为主的策略，进行环境改善。

2.瘟疫的预防和处理

新加坡气候湿热，疫病多发易传染，在疫情的防控和治疗上管理相当严苛。

清末是中国历史上的疫灾多发期。19世纪90年代到20世纪初鼠疫横行，蔓延数十个国家。中国闽粤地区潮湿闷热，疫情尤其严重，广东已然“西关连登巷烟户无多，自三月朔日起至望日止，死者计共数十人，十室九丧，哭声遍地，其余各处大略相同。棺木店昼夜作工，仍觉应接不暇，且所染之症顷刻即毙”[⑤]。1902年霍乱再次盛行。清末，多数民众对瘟疫的理解是有限的，消灾的办法也是迎神驱魔请乩童之类的迷信手段。人群汇

①《造就人才》发表于1894年12月26日《星报》。

②崔贵强.新加坡华人：从开埠到建国[M].新加坡：教育出版私营有限公司，1994：119.

③崔贵强.新加坡华人：从开埠到建国[M].新加坡：新加坡宗乡联合总会，1994：119.

④《叻报》，1892年6月14日。

⑤《申报》，1894年5月7日。

集促使疾病蔓延。以福建为例,《日新报》有记载:"闽中时疫往往当五六七等月最见盛行。今年斑核之外又有血症,尤其猛烈。然死于医者十只一二,死于乩童者十有八九。此等无赖之徒,常聚集多人建立乩童之所,抽取号金从中渔利。愚夫妇之惑,其说着辙求乩问童以致误及人命。所开之方,皆属离经或以香灰和符灰冲汤服之"。乩童参与防疫,伤人性命的新闻在新加坡的华文报刊上并不少见。

当时华人中的知识分子对瘟疫已经有所认知,并在报刊上载文宣传。最具代表性的莫过于林文庆,他 1887 年毕业于英国爱丁堡大学医学院,后返回新加坡行医。1899 年 11 月 17 日新加坡《日新报》刊载林文庆的《防疫说》一文,在其看来,瘟疫之害极大,但是处理得当是有可治之道,中国境内之所以结局不当,多是由于防治不力,"疫病之险为诸病最,祸不仅一身也,一身渐染而及于一家、一方、一国,且殃及他人之国,旬日之间,死亡狼藉,伤心之事,宁或是过。固西人畏疫甚于畏虎,于是乎设禁港之例。夫疲病之来贼,民命耗,民财不待言矣。其最大最遍之害应如商务,一地之民病疫,则船舶不得巧来,迨至瘟疫尽平,始开此禁,而商家受累已不可胜言矣。中国不讲求防疫之法,故瘟疫愈传愈广,曾无几时被害之人不可计数,或曰中国不知防"。若要治疗,必须探其根源,"凡人治病必先问其症之缘起。知病之缘起,从其受病之处而治之,则其病不久自除矣。"而且面对瘟疫,预防重于治疗,尤其需要重视各类传染源。"禽兽中以鼠与鼠蚤受毒尤速。故病人之衣服被褥及寻常所用之物,如皮类、毡类、布类皆易为此毒所附,盖疫毒之传染如五谷之播种,有种则生,无种则否。"

与此同时,还有报人建议南洋殖民地政府参考日本防疫措施:"疫症传染由于鼠者最多,是以政府通验民间,令其设法将各家之鼠尽行打毙,弃之远方,以绝后患。禁有疫症之地轮船不得人,亦不得邮寄棉布皮纸之类。例禁甚严,犯者有罚案。防疫必先防鼠。"①

报刊作为宣传医学知识和社会常识的场域,促使殖民地政府在防疫制度的制定和具体事务的执行方面不断推进。

按照英殖民地政府华民护卫司署的要求,凡是南来的船只,在登陆新加坡之前必须离岛观察。"惟英例素重卫生,最防传染,一有瘟疫影响,则入境之禁限甚严,凡属于同舟共济之人,亦不许遽然登陆"②,这是淇漳山防疫站设置的初衷。淇漳山天然的地理位置使之成为进入新加坡的检疫站。自新加坡开埠以来,过往船只必须在此接受检疫,这一政策一直沿用至 20 世纪 60 年代。设立之初要求所有中国南来船只必须在此驻留检疫,

①《日新报》,1899 年 12 月 15 日。

②《天南新报》,1905 年 2 月 24 日。

后来检疫范围逐渐扩大，即便是香港和吉隆坡的船只也要接受检疫。一旦发现传染性疾病，全船人会被滞留在此，接受消毒，待安全后方可离开。

新加坡的华文报刊将淇漳山的详细要求公告于报：

兹将留住淇漳山众搭客应知各事详列于左

一、新加坡为南洋通商总埠，约有三十一万人，凡由中国往马六甲、四州府、东方沿海各埠及荷兰州府等处者，均须在本坡驻足。

二、新加坡所注重之事，系提防传染之症。

(一)以免本坡有此等症出现。

(二)以免槟榔屿、马六甲、四州府及附近各埠患染此等之症。

(三)以免别埠政府照万国公法将本坡视作有病口岸，致碍商务。

三、中国各口岸，常有传染之症，如霍乱瘟疫痘症等类发现，此等病症，皆由各种微生物所致，该微生物俱生于污染不洁的地方，人若被其沾染，并不即日发病，必候一定之日后，其病始现，是以由中国来之人，于启程之时，安然无恙，而沿途其病始发者，又在船上染病之人，于到埠后其病始见者。

四、因此之故，凡由中国到坡之船只，如沿途有传染之症出现，或搭客中似有染的此等病症者，即将全船搭客送上淇漳山留住一定日数，逾期无病，方始释放，如期内复有症出，则仍照改日数再留，如遇山上住满搭客，则将新到之客暂行留在一船之内。

五、淇漳山上设有条例，以为防病传染奉行法令之用，该条例在场内均有张贴，山上住客，务必遵行，并宜规劝别人遵行①。

淇漳山作为防疫禁港，不止于隔离之用，如果新加坡本土确有疫情发生，也会将染疫者转移至此。

近代社会，当遭遇大面积的疫情时，基本的策略无外乎查找源头，隔离传播路径并寻求得以治疗的方法。这些手段是人类在无数次无硝烟的战争中积累的。当然最有效的途径是预防，防患于未然才是最重要的行为。淇漳山禁港的预防措施以隔离为要，将疑似人群单独安置，使之不得与其他人群直接接触。这也迎合了中国《黄帝内经》中“避其毒气”的思想。淇漳山这种隔离以避疫的方式，从性质上说是一种积极主动的行政介入行为。

1901 年 7 月 1 日《叻报》再次发文述说淇漳山的不便，但是日的却是比前日有所权衡：“南来各客入口被禁同嗟艰苦之来因，签约有陈君东海等十余人以缕述禁港不便情形

①《入境问禁，入国问俗》发表于 1912 年 3 月 3 日《总汇新报》。

告白以通，刊登本报，既现身说法冀援手之有人君等可谓独具一片婆心欲拯无边苦恼者哉！”发文的目的直指两个原因，一是淇漳山“抵达他乡遭遇羁绊，身非囚犯二地若狴牢”的恶劣环境不利于殖民地政府形象，二是淇漳山恶劣的生存环境不利于真正的防疫。由于禁港之苦“虽有病者，亦互相忍匿，不敢报官，以冀早出界中”。甚至提出淇漳山不能真正防疫，因为外来船只，经过长途跋涉，即便“偶有一二人早经染疫，到此病亡亦不能预”。文末依然是号召华商捐款，期望“诸大绅商仁人善士采兹舆论，共筹补救之方，务使来客胥安人无疾苦，此种功德，食报靡穷。”

针对淇漳山禁港防疫的恶劣条件以及报刊所载的华人心声，中华总商会不断向殖民地政府提交文字诉求。“接驻坡孙领事函称，淇漳山禁疫一事，以商华民护卫司成允旧例，嘱本商会集议妥协商办法，是日各员议定，淇漳山改良旧例一节概由众华商各抒所见，函达驻坡领事署，以便与英政府磋商处理。”①

在向殖民地政府争取权益的同时，中华总商会还号召华商捐款改善禁港生活条件，“兹值本月廿七日，各商董定在天福宫集议平粜存款，及拟整顿淇漳山禁港事宜，深望乘此机缘，共相妥议，勿致临时草率，贻笑他邦，简陋无文，尚祈登诸贵报，忠诚共矢，是所望于群公”②。

1910 年后，清政府在南洋势力减退，海峡殖民地具有更多的实际权力，南洋华人族群不得不采取适当策略，缓解紧张气氛。例如 19 世纪末针对粤东水灾，不断在报刊上筹款的同济医院，却在 1912 年 6 月 20 日上发表声明《同济医院紧要告白》，表明态度，医院乐于“办各种善举”，但“恐将来有干坡律”，考虑到殖民地政府的规定，希望“叻各界同胞勿再借本院为集议之所，免招外来干涉”。对在地殖民地政府管辖制度的遵守，不同时期和政治环境下的利益和立场决定了华人的生存策略。因此，英殖民地政府在淇漳山禁港问题的处理上有更多的主导地位，从管理制度、人员安排和资金分配等方面都掌握着毋庸置疑的重要救助资源。然而，英殖民地政府在南洋的战略有着更多层面的政治设计，不可能在资源分配时给予新加坡更多的权重。中华总商会这样的社会组织由于其具备灵活性的特征，在社会救助、经济募捐等方面掌握着关键性资源，成为清政府能够仰仗的机构，更是殖民地政府资源的有利补充。中华总商会在为淇漳山发动募捐、提供救助资源的同时，必然会给殖民地政府施加制度性的外部压力，迫使殖民地政府在涉及华人权益的制度上有所权衡。

---

①蔡佩蓉. 清季驻新加坡领事之探讨(1877—1911)[M]. 新加坡：新加坡国立大学中文系，2002：142。

②《叻报》，1904 年 7 月 27 日。

3. 建立医院

为改善医疗条件，华人自筹经费建立医院，比较有影响力的是笃生医院和同济医院。

陈笃生为海峡华人，是 19 世纪新加坡知名商人。面对各种疾病滋生，陈笃生认为要与疾病搏斗，惟有倡建医院。1844 年，陈笃生耗资 7000 元在珍珠山上建立平民医院——笃生医院，目的是帮助底层华人改善医疗环境。

> 大凡守望相助，里井原有同情，而疾病相持，吾人宁无夙愿。矧叻州者西南乃极，瘴害频生，所以疮伤疫疾之人，尤为狼藉，既无衣食以御其饥寒，复无户牖以蔽其风雨，人生况悴之遭莫逾于此，能不目击而心伤哉……余自营商贾以来，私心窃念欲有所事于孤苦之人，而有志未举，幸际新加坡、槟榔屿、马六甲三州俄文律姑呢呇抵嗡，示珍康申喳脂临莅，胞与为怀，痌瘝廑念，嘱余构屋以邵前征，余因夙有此心，是以直任不辞，另寻淑地无杂嚣尘，俾斯人得所栖息，此一役也。虽曰命使然，而实不辜余之素志云尔。是为序①。

同济医院成立于 1885 年，是由华人捐资筹建和管理的社会慈善医疗机构。它突出的历史意义在于其在清末所发挥的华人社会跨帮群领导和整合作用，是新加坡华人社团组织运作的重要组成部分。它最初的名字叫“同济医社”，由广帮人士发起，继而由闽、潮、琼诸帮捐款共治。“去岁广劝捐输，无论闽粤潮客琼等籍，各举总理、协理、董事等以劝诸人捐助，一时认捐踊跃，不崇朝而立至巨金”②。1893 年由“医社”改“医院”。“本坡同济医社自乙酉之秋创设以来，今已六更岁序矣。初本一二好行其德者，约集同人遽资创设，税屋数椽，延请医师，以冀赠药贫病。嗣以捐题之项日厚，而求医之辈亦日多，于是陆续置业生息，以作社中经费。近以善缘日广，而善举亦日繁，于是倡议再行广募捐题，得以宏其善举。略仿粤垣爱育善堂、香港东华医院之法，宏其局面，将医社而改称医院焉。近者院内董事诸君，已颁发公启，分派院部以募捐题。”③

1893 年 4 月 3 日，同济医院正式开诊，并在《星报》刊载广告“启者本医院原设在单边街赠诊有年，兹定本月十六日下午暂停诊。因新建医院现已告竣，于是日举行庆成礼故也，及十七早当即迁进新医院，照常开诊”④。同济医院建设初期的主要经费来源是华商捐款。

医生通过招录考试确定：

> 本坡同济医院诸董事前经议定，函请香港东华医院代考医生，兹据该院董

①丁荷生，许源泰. 新加坡华文铭刻汇编(1819—1911)[M]. 桂林：广西师范大学出版社，2017：252.

②《叻报》，1892 年 2 月 9 日。

③《叻报》，1893 年 9 月 18 日。

④《星报》，1893 年 4 月 3 日。

事送到东华医院来信一函，此函乃东华医院布陈此次考医情形者，爰即照录报中，借供众览。同济医院列位善长仁翁大人阁下敬启者二月廿九日由敝港朱永安奉上一函并考医布启三百张，谅早登青睐。此次各医生挂号应考者计广府、肇府、惠府、梧州、福州、潮州、嘉应、旗籍满洲等处共计132名，是日到考者98名，不到者34名，将院内大堂及千步地方编列天地元黄递派列号数，摆台座位，并咨会五环更练到院关防标明片纸只字不得带入，造册、点名、交卷、按号座位。是日邀请福建行、潮州行、广府行、肇府行、惠府行各值事同人等到院，自辰至暮公同察考，并书明贴堂。各位先生佳卷汇送高明老师评阅次第，仍附往新嘉(加)坡同济医院董事酌夺去留，然后致函通知。至各卷另发凭票，异日相换，奉缴字样。迨至十点钟拟题焚香在炎帝、神农、黄帝案前当众提签阄题，首题曰：杂症有大虚似实，大实似羸，最易混淆，从何体认，试为明辨并详治法以免蹈虚虚实实之弊。次题曰：痿痹、脚气证治辨。午刻按名派点心，下午五点钟缴卷入席，席设在宴琼林顶楼，各应考医生齐到欢叙。现下各卷必俟托世医榜名老师评阅，方足以副诸善长慎选良医，活人之至意。容俟评妥复香，自当编列附呈台察请命定夺。今谨将廿九日考医情形先行缕陈清听，伏希朗鉴。至所办点心、酒席、茶烟什项等费，容后缮录清单呈核。余容后达，专此并请德安。

东华医院同人顿首①

同济医院在丹戎巴葛设置短期分院："倡设分局小启：公启者我同济医院办设也，十有余年矣。始由发起人热心经营构此基础，继有值理人同心积累成此规模，至于今除赠医施药、常年经费而外，岁中所入仍有余款，而我同胞之天南卧病得以共跻春台者，其获庇固已不少矣。然或者谓星洲一岛为南洋之总枢，我同胞之佣作其间者实为群岛之冠，斯埠延袤十数里，散而处者其数实繁，而又劳动者占多数焉。设一旦卧病，既不能匍匐数里，又乏资雇车而来，困苦颠连，情殊可悯，仁人君子之用心谅亦默触其隐，为之恻然，必宜变通办理，添设一局，以有余之款为体恤之方。凡属义举何分畛域，曾于四月廿九日集众公议，皆以今日天时不正，贫病尤多，是以议设分局一节各皆赞成，即日决定实行，拟择丹戎巴葛适中之处添设分局一所，一切章程悉照本院办理，惟目下预算岁入亦仅敷支，故经费必须宽筹，善举方能持久。今议赶紧择地开办，再行集议劝捐。窃思疾苦相扶，王者之道，且我客叻同胞乐善久经著闻，今兹义举，度无坐视，伏冀善士仁人大解客囊，同襄善举，踊跃输助，共赞厥成。"②

①《叻报》，1893年5月31日。

②《叻报》，1906年5月28日。

一百多年来，同济医院在慈善和医疗史上都写下浓墨重彩的一笔，不仅见证了新加坡华人社会的沧海桑田，更是华人帮群逐渐团结与凝聚力量的象征符号。同济医院门头，如图 5－3 邮票图案所示。

**图 5－3　印有同济医院门头图案的新加坡邮票**

## 四、女性问题

清末南洋女性一方面依然受中国传统伦理的影响和制约，另一方面开始女性自我意识的觉醒。女性此时的觉醒包括身体和精神两个层面，身体上杜绝缠足等旧习，“流寓诸友，其原籍多为闽粤名乡，素以缠足为贵……立会后，首先为家人倡，弱妹娇女皆不令缠足”①；精神上将男女平等的平权思想推向躬身实践。此等成就与在地华社的一系列政策有关。

第一，人口拐卖与保良局的成立。

19 世纪的牛车水一带“妓寮毕集，人最稠密，藏垢纳污，莫此为甚”。“妓馆栉比，闻注籍于护卫司之妓女，共有三千数百人，而此外之私娼女伶，尚不计其数。皆广州府人，或自幼卖出洋，或在坡生长者。”②除了登记在册的，实际数字要更多：“试观诸妇女来叻，由港开行时，赴船政署讯供，则称访寻父母，或言随侍夫男。年中来往者，不下数千人，无一认出洋充当妓女者，然叻中之妓，日见其增，今总约而计之，谅已有万余人。”③在叻女性，

①《天南新报》，1898 年 9 月 14 日。
②李钟珏. 新加坡风土记[M]. 新加坡：南洋书局有限公司，1947：28.
③柯木林，廖文辉. 三州府文件修集选编[M]. 新加坡：新加坡宗乡会馆联合总会，2021：99.

部分是随丈夫而定居或寻亲而来，还有部分是被拐卖来的妓女，这部分占华人女性总数的20%[①]。

娼妓现象背后更严重的是拐卖人口的问题，“南洋各埠素为拐逃渊薮，夫固尽人皆知，盖彼拐贩者流，无论男妇小孩，拐得而后每每携至南洋，以求销路，男子则作为新客发往各埠充当采锡种烟之役，小孩则卖与人家或为儿女或充婢仆，至于妇女者流则所遭尤惨，盖彼拐带南来之后，莫不鬻诸鸨妇置于娼籍之中。”[②]拐卖妇女儿童的广告频繁，《叻报》新闻对此多有报道，如在1887年9月，粤妇梁亚六因诱琼妇王亚娥来叻为娼，判监禁一年[③]；1896年，钟家荣、梁开朝涉嫌诱拐琼妇黄玉兰和金不二来叻，交500元保释金候审[④]；1896年9月，叻地闽妇陈李氏的7岁女儿随其探亲回家，在途中失踪，陈李氏往差馆报案[⑤]；1904年，粤妇黄有遭同籍人陈德、冯迪绑架到新加坡为妓[⑥]；等等。

1885年，左秉隆倡议成立保良局，专职保护华人妇女和女孩。保良局在官方获得殖民地政府的支持，由于当时英殖民地政府同时统辖新加坡和中国香港，在管理两地时，时有互通借鉴。参照香港的样式，叻地设立新加坡保良局，处理女性和儿童问题，“频年香港贩幼女来坡，卖入妓院者，踵相接，领事悯之，率同华绅言于英总督允下，护卫司议章保护，投保良局，以时查察，于是此风小息”，同年颁布保护16岁以下女性条例五项。

保良局在官方有政府拨款，1891年保良局获得殖民地政府提供的1000元补贴，1898年又获得1030元的补贴；在民间则有华商的支持，1899年1月20日，保良局在《叻报》公示收支情况：“兹阅本坡保良局结册将去年内各处所助款项即其支出列出，照登如左，一收国家捐助三千元，一收闽帮绅商捐助六百四十八元，一收潮州绅商捐助六百三十元，一收粤客琼三籍捐助六百四十九元，一收局员捐助，一收各会馆及别墅捐助，一收出阁女子聘金，一收女子针黹四条共二千二百四十元，以上合计共银七千一百六十九元，是年局内共支银六千六百三十元。”华人民间捐助的费用远在政府财政开支之上。

保良局在妇女救助，收留拐卖妇女方面大有作为，被人贩子诱拐至新加坡的女子，一经华民护卫司署查获，便会被暂时收容于保良局中，在拐卖案件审讯结束后，她们返回原籍。

初四日有某轮船由吉隆坡抵叻，船中载有妇女三口，系由吉隆坡华民政务

---

①吴藜.新加坡华人妇女社会、家庭地位的变迁[J].华人华侨历史研究，1994(01):35.

②《叻报》，1894年1月16日。

③《叻报》，1887年9月8日。

④《叻报》，1896年10月3日。

⑤《叻报》，1896年9月16日。

⑥《叻报》，1904年10月8日。

司署送至叻中者。查诸妇女一名陈梁氏，年约五旬，一名陈妹则约在花信之间，二人系为母女，乃于去年十二月间到叻，转往吉隆坡寻子陈金胜，但竟无所遇。一名李胜彩，亦在二旬以上，于去年九月被人诱至吉隆坡，欲令为娼，胜彩不从。因为华民政务司署将其扣留，故并陈梁氏母女二人一同送来叻地也，今此诸妇已由本坡护署发交保良局暂行安置，想有便轮即当遣其归去也①。

除了杜绝人口拐卖事件外，保良局经常派差役巡视各妓院，"遇有形迹可疑者，即无不立传到案，若果系来历不明之辈，即拨交难妇所收养，俟其长成为之择配"②，并且保护未成年人，如发现女童在烟花之所，亦会送往保良局安置。

除了设置保良局，殖民地政府在法律条例的完善上也在不断加强，如1887年殖民地政府通过了《妇女和儿童保护法》。在法律修订过程中，报刊社论也给予舆论支持。前文已经讨论过，在此不再赘述。

第二，男女性别比失调与女性移民数量的增加。

早期移民新加坡的华人几乎都是男性，而女性劳工寥寥无几。1850年人口普查统计数据所示，华人男性人口有25700人，女性只有2200人，男女比例仅为12∶1。1882年，移民新加坡的华人女性所占比例为2.61%，占比最高的1897年也仅有6.54%③。虽然清政府被迫承认女性出洋合法化，但在中国传统观念中，男主外女主内，女子抛头露面仍有违古训。而且早期出洋女子有部分沦落风尘，事关颜面。因此，中国在女性出洋问题的执行上依然十分谨慎。这也间接地影响到另一个群体"峇峇"，之所以华人男性会迎娶马来女子，一个很大的原因是当时南洋本地女性数量不足，这种男女比例失衡的现象一直在20世纪上半叶依然存在，但是总体上是有所改善的。

从19世纪末开始，新加坡女性移民数量不断增加。究其原因，华人通过劳动、经营获得收入，有经济能力将家人接来团聚、定居。20世纪初，女性人数已有20多万人。女性移民的涌入，使新加坡华人社会向更长久的稳定定居的社会转化。

第三，女性接受教育。

20世纪初是华人女性自我意识觉醒的开始，尤其是华校、女校的建立，让女性有可接受教育的条件。女性学习谋生技能、新思想，有能力走向社会④，参与社会事务。

女性接受教育已经上升到了社会风气改良的地步，1890年7月1日、12月21日《叻

---

①《妇女解叻》发表于1896年4月17日《叻报》。

②《拐逃可恶》发表于1887年8月3日《叻报》。

③吴藜.新加坡华人妇女社会、家庭地位的变迁[J].华侨华人历史研究，1994(01):35.

④《女医济世》发表于1905年4月15日《天南新报》。

报》刊登社论《女子宜贵读书说》，认为女性只有读书才能明理，明理才能相夫教子，提高家庭质量。当时新加坡之所以社会风气欠佳，与女性嫌贫爱富，家庭不稳定和女性受教育程度低有关，甚至根据南洋的社会形态反思中国本土，如“中国日积于贫弱，民智之愚，风俗恶薄，皆由妇女无学所致……故强国强种源，莫大于教育女子”。

第四，平权思想的呼声。

中国传统女性文化植根于中国封建父权社会之中，男尊女卑的思想几千年来禁锢着女性的思想，桎梏着女性的行为。但是清末华文报刊却有关于男女平等的呼声。1905 年 2 月 10 日《天南新报》刊登报人陈仲尧的“实务论说”《论女子不可无平等权不可有自由权》讨论男女平权思想。此外，陈仲尧在同年 2 月 27 日还有《论本坡妇女不宜盛饰游行》一文，认为“荏弱女子，岂能防奸”，认为女性戴过多首饰，不利于自身安全，容易遭遇抢夺。1908 年 7 月 6 日、8 日、9 日《总汇新报》连发评论《勸开不穿耳会以男女而昌孔教书》，反对女性打耳洞，认为这一行为残忍且有违天性，并尊重男女平权思想。报刊还通过改良儒家思想，批判女性缠足①，缠足是中国封建文化之糟粕，是对女性之戕害：

> 缠足之弊，华人行之，此其害皆由其父母贻之者也。盖华人之风俗，其妇女多以缠足为美观，即间有素足者，要惟贫家妇女为然，至于富贵之家，莫不斗小争织、穷共极巧，非直为美观也，谓不如是，不足以嫁缙绅之族，正敌体之称，故其势不得不出于此。习俗相沿由来已久，然其始缠之时，食不甘味，寝不安席，其痛苦之情，几令人耳不忍闻，目不忍见，谁实为之而造孽，一至于此②。

批判妻妾制度：

> 谓夫国君所以称为圣天子者，以其圣也。其圣云者，以仁氏也，非作恶之人，宜拥此美名也。学者不知孔孟宗旨，所以中日两国流及今日之衰，如一人有妻又有妾，以直报怨，轻视女人，三者极恶之事也，而作是恶者，往往以孔孟为借口。此等之人岂知孔孟宗旨乎③？

清末南洋虽然对女性的社会地位进行了改善，但依然受传统封建伦理的影响，思想尚未彻底解放，如《日新报》在 1900 年连续几个月刊登福州省垣如心社嘉奖贞烈妇女的广告（图 5 - 4），并登报在南洋各地寻找贞孝节烈妇女，拟列入节孝祠“以彰潜德”。

---

①邱菽园. 答人问不缠足会事[N]. 天南新报，1898 - 9 - 1(1).

②《论残体节观咎由父母》发表于 1889 年 7 月 19 日《叻报》。

③《叻报》，1891 年 7 月 25 日。

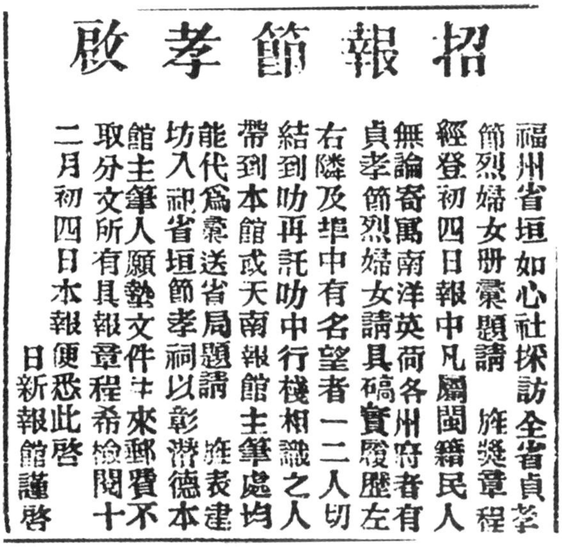

招報節孝啟

福州省垣如心社採訪全省貞孝節烈婦女冊彙題請　旌獎章程經登初四日報中凡屬閩籍民人無論寄寓南洋英荷各州府者有貞孝節烈婦女請具碻實履歷左右隣及埠中有名望者一二人切結到叻再託叻中行棧相識之人帶到本館或天南報館主筆處均能代爲彙送省局題請　旌表建坊入祀省垣節孝祠以彰潛德本館主筆人願墊文件往來郵費不取分文所有具報章程希檢閱十二月初四日本報便悉此啟

日新報館謹啓

图 5－4　《日新报》所载广告①

解读南洋报刊所构建的文化场域，不仅要从物质意义认识空间，还需要考虑精神和社会维度。中国传统社会一向由科举指挥学习的方向和内容，南洋则呈现出多元化的学习方式。华人，尤其是华商和知识分子通过报刊参与社会事务管理，从边缘走向中心。

①《招报节孝启》发表于 1900 年 12 月 4 日《日新报》。

# 第六章　清末新加坡华文报刊与民间生活

民俗和民间生活的诸多要素是历代传承、约定俗成的风尚和规范的集合，也是人类在衣食住行、婚丧嫁娶、岁时节庆、民间信仰等方面的行为和习惯，内容丰富而又极为驳杂。世俗化的南洋生活要求报刊将更多的注意力集中在即时关怀上，通过报刊发行，华人生活的斑驳多元被不断集合扩散。人人都是民间生活的参与者，清末南洋民间生活逐渐活跃，报刊在其中起到传递信息、强化舆论的功能。从参与群体看，原乡地域帮群依然起到相当重要的作用，华人民众以及崇信儒家思想的士绅、侨领等各自发挥作用。

综合来看，南洋民间活动在建设华人认同方面体现出高度的自治性。各种民间活动在整合力量、调节心理、促进凝聚等方面都起到一定作用。

## 一、宗教与信仰

之所以将宗教和信仰分开，是因为二者在南洋社会的表现大相径庭。宗教这个概念由信仰的对象、信仰的力量和信仰的仪式呈现①。如果将宗教定义为信仰系统、仪式活动和组织性关系，其目的是处理人生面对的终极关怀的问题，比如那些可能会破坏人类社会关系的现实威胁：死亡的悲剧、不公正的遭遇、难以计数的挫折、无法控制的战争等；而教义的证明就是用以应对来自实际经验的矛盾现象。这些问题超越了有条件的、有限的经验和理性的知识世界，要想将这些问题作为人类生活的内在问题予以解决，人们不得不从信仰那里寻找力量支持；这种信仰来自非经验性的领域，而神灵性则源于人们超自然的观念②。

所谓信仰，在中国文化语境中，其词源来自汉译佛教经典，是人类意识经过对自身生活环境的审视后进行自我调适的行为，之所以称之为信仰，往往宏观上有终极性人生目的的终极性追求。实践层面则有程序性的仪式活动。民间信仰与宗教信仰的不同之处

①缪勒.宗教的起源和发展[M].金泽，译.陈观胜，校.上海：上海人民出版社，1989：6.

②杨庆堃.中国社会中的宗教[M].范丽珠，译.成都：四川人民出版社，2016：1.

在于面对的是非教徒民众，包含民众在一定生活中的解释、体验和反映。民间信仰作为一种具有宗教性质的文化，既可以作为普遍的价值法则影响社会成员，又可以以其善恶相关、庇护保佑的力量规范民众言行、维持社会秩序、整合社会力量。

表6－1将儒、释、道全部归为“中国本土宗教”。通常华人所说宗教是指佛教和道教，民间信仰似乎不包含在华人宗教的内涵中。佛道二教中，又以佛教影响为大。道教中的“道士”最初是由方士演化而来的，道教的神灵很多也适用于民间信仰系统，道教是与民间信仰最为接近的宗教。因为道教将一些民间信仰中的神明纳入它的文化体系中，它想通过对天地君亲师的敬畏情愫达到“警戒”的目的。

**表6－1　1849年和1911年新加坡信教人口情况①**　　单位：人

| 年份 | 中国本土宗教（儒、释、道） | 伊斯兰教 | 基督教 | 印度教 | 锡克教 | 犹太教 | 其他 |
|---|---|---|---|---|---|---|---|
| 1849年 | 27526 | 22007 | 1861 | 1452 | — | 22 | 23 |
| 1911年 | 216501 | 53595 | 16349 | 15580 | 146 | 707 | 14 |

20世纪开始，新加坡道教已经从“中国宗教”中分离出来成为与“佛教”并列的宗教类型。

清末政局混乱，在庙产兴学等一连串政策的打击下，宗教信仰遭受打压，僧人地位相对低下。相形之下，在移民人数与寺庙数量逐渐增加的新马地区，社会更加稳定，加上民众对佛事仪式的需求，新马等东南亚华人聚集地，成为僧侣南下弘法传教的理想场域。1898年，刘金榜邀请贤慧法师创建莲山双林寺，开启佛教在新加坡传播之先河。

佛僧蕙庭在《闽南佛化新气象》中谈到1928年闽南佛寺和僧人情况：“厦门寺庙不下十余所，僧人甚稀，且多散居南洋各处。泉州寺庙较厦漳二地为多，僧侣亦甚寥落，且多散居南洋各地。”②

关于僧侣抵达的方式，恒山亭的石碑《恒山亭重议规约》中记道：

> 第三条：凡值清明普渡二次出榜者，和尚当自办便以待。至于本冢山之坟墓，宜早晚照顾巡查，免得禽兽败坏，如是不遵者，或体罚，或革出，皆从公议，绝不宽情。

①柯木林．新加坡华人通史［M］．福州：福建人民出版社，2017：424．

②蕙庭．闽南佛化新气象［J］．现代僧伽，1928（2）：5．

第四条：不许亭内和尚设卖鸦片烟，并不许在亭边左右设卖鸦片馆。如有妄行不遵者，被众查扣，将和尚革出，对烟馆折毁，绝不宽恕。

第五条：恒山亭之香资，和尚于每月朔望日落坡捐化，而逐年唐暹船、安南船及外州郡之舢舨船，双层船等平安抵叻者，公议唐船凡属漳泉者，每只船捐香资宋银（即菲律宾吕宋银元）四大员……若遇其船中头目、伙计，或有身故者，公议不许附葬本冢山，着本亭和尚阻止①。

早期僧人走海路抵叻，任职于坟山义冢，以佛事经忏为生，需要早晚巡查，服从管理。僧侣南来，或为生活所迫，或为弘法，或为募捐，在清末民乱与官压的双重影响下，福建僧侣南渡募化，为原乡寺庙的建立修复奔波。如广东罗浮山的揆云寺创建于晋朝，需再修缮，经费不足，1905 年遣述莲和尚奉命来叻化缘②。罗浮山揆云寺的重建受到叻地绅商和政府的支持。驻坡总领事、华民政务司和社会贤达捐款，多则一封，少则一元，1905 年 4 月 11 日《天南新报》专门张榜《捐题重建罗浮山揆云寺芳名列表》。

在宗教仪式的呈现上，华人承袭中国传统："本坡居民每遇七月则必设祭施幽以飨无嗣孤鬼，其巨行大店以及坊人联祭者，固属华丽异常，一夕之费动至数千金，曾不为之略惜，甚即贫家小户亦皆必敬焚楮于门，此实为中国之风，沿至海外尚依然未改者也。"③

在宗教知识方面，报刊会借助自身便利宣讲佛教知识④，也会告知关于佛教的一些节日活动，如浴佛节、盂兰节。"所谓盂兰者，即目莲禅师当日救母饥渴之具——盂兰，盖天竺国释言：解救倒悬之器也。而后人乃置为盆铺食品于其中，毋乃误乎。"⑤"叻中每届流火之月即盛设盂兰，不论何属之人，俱签资设祭，其丰美之处，所费不赀，斗美夸多，极形闹热，且助以鼓乐彩棚高设，女乐充满其中。各院校书预其选者，以为荣幸。金吾弛禁彻夜，如斯游观者，彼往此来，麕至蚁集，海当设祭之处，密如堵墙，各处行人绕道而过。夫设祭所以飨鬼，乃生人如此，其众阳气蒸腾浮荡，孤魂讵能于人丛之中，而飨其酒食，有遥望而不敢前者矣。"⑥"七月十五日各处思源广设水陆道场，建醮唪经以为追荐亡魂之用，世有孝子、顺孙、义夫、贞妇多有大破怀囊延僧人广修法事，无非仰赖佛法之慈悲，得以超度阴灵之沉滞，名之曰盂兰会，又曰盂兰盆。"⑦

---

①陈荆和，陈育崧. 新加坡华文碑铭集录[M]. 香港：香港中文大学出版部，1970：225.

②《募化重修》发表于 1905 年 3 月 16 日《天南新报》。

③《观叻地七月祀鬼事感言》发表于 1909 年 9 月 14 日《叻报》。

④《三教源流说》发表于 1893 年 5 月 19 日《叻报》。

⑤《中元普渡说》发表于 1888 年 9 月 5 日《叻报》。

⑥《观叻地七月祀鬼事感言》发表于 1909 年 9 月 14 日《叻报》。

⑦《盂兰盆说》发表于 1890 年 8 月 30 日《叻报》。

但是报刊作为开启民智的理想代表，在宣讲教义时会带有自身的观点，也会和中国的情况进行对比："本日乃四月十八，俗传为展浴佛日，殊觉不经之甚。大抵为此说者以五月十五为展端午，九月十九为展重阳，遂以四月十八为展浴佛耳。不知端午重阳之节可得而展，而浴佛固不可得而展也。盖浴佛者相传四月八日为释迦牟尼生日，故称时日为浴佛，是取义于佛之生日，故浴之。即如人家洗儿之事，夫是日既为佛诞，则与之为三朝可耳为弥月可耳，乃从而展之，不亦谬乎？然中原内地每于浴佛之日则家家礼佛，诸寺院尤繁闹异常，而南洋亦为佛教传播之区，乃今释运衰微，竟无有能行是俗者，有心人于此不禁感慨系之。"①

早期僧侣多从中国闽粤两地因传教南渡而来，新加坡本地也有部分华人削发为僧，但是刚落地南洋的佛教清规戒律并不严苛，导致僧人群体鱼龙混杂，对部分不合规矩的僧人，《叻报》头版社论予以批评：

尝闻佛者弗人也，弗在人间也。僧者，曾人也，也曾为人，今不与人事也。至于和尚，释家自称和南，如彼修斋礼谶，生前功过，借佛礼扶持，消灾弭祸，化地狱为天堂，如人间和事丈人，谓之和尚……近世浮屠，无异罪人，渊薮从前作恶，一经逃禅削发，即王法所不能拘。既入空门，又思所以供其挥霍，由是肆其狂诞作为。浮言谓解衣散钱，可以超轮度劫。其在无知妇女，最是畏死又最是邀福，见其大言炎炎，附会偏工，遂信以为真，不复疑其作为，于是竭力布施，作赎罪之钱。岂知若果有罪获之于天，尚何所赎在乎？……污秽不堪，嗟嗟，名曰作功，果而乃淫情贪念令人难堪，佛如有知，宁不于彼先发其罪耶？可知佛固不足事而僧不足信矣②。

宗教信仰成为早期移民华人最重要的精神寄托。各帮群因势利导，借宗教活动或宗教场所强化原乡认同。1826 年，潮帮创建粤海清庙为总机构，1830 年以佘有进为首的潮州人商议集资创建义安公司。每年农历十一月，粤海清庙都会有迎神和送神回銮仪式，并邀请本地潮剧团上演酬神戏，信众也积极参与"游神"活动。1840 年，福建帮在陈笃生、薛佛记等人领导下，在直落亚逸建天福宫，福建帮议事会所附设于此，天福宫供奉福建帮共同的祖先和神明，包括大伯公、助生娘娘和城隍爷，使来自闽南的华人团结到一起。参照西式基督教婚礼的仪式，天福宫为来自福建的华人夫妇证婚。1878 年，海南籍华人在美芝路修建琼州天后宫作为海南人祭神和会务活动的场所。民间信仰为华人提供了一

①《浴佛说》发表于 1892 年 5 月 14 日《叻报》。

②《论事佛之妄》发表于 1889 年 4 月 19 日《叻报》。

种文化归属感与参与感。以帮群为核心建立的庙宇、宗祠,跨越社会阶层,为海外华人构建了一个实体的精神家园。

在民间信仰方面,在家庭、宗族这一层面,祖先和家族神灵作为神圣的权威与家长,教化、影响原乡成员。祭祖仪式是为了确立血缘、地缘关系,体现族群内部阶层分布,体现成员对族群的忠诚,展现一个从神灵权威到民众崇信的过程。如天福宫作为福建会馆,同时供奉妈祖,将宗族活动和祭祀活动整合,从而构成在新加坡域内相互依存的精神共同体。

民间信仰具有极强的地域性,不同的生态环境、地理环境造就不同样式的神灵崇拜认识。民间信仰也通过具体的空间意象积极唤回人们的文化记忆。在新加坡的民间信仰中,妈祖崇拜、大伯公信仰为最重,早期闽南人闯南洋者,胸前挂三包香火袋,一包关帝君,一包妈祖,一包保生大帝。这反映了社会地理的两个特征。其一是地理位置近海,人在海洋面前渺小和无力,闽地流传"行船跑马三分命",需要神祇保佑,民众普遍崇拜海洋保护神妈祖、保生大帝,祈其御灾除祸、保障生存。其二南洋作为新兴商业社会,民众出于对财富的追求和一方平安的向往信奉大伯公,因其有求必应,有时被视为偏财神。一般来说大伯公是华人家中正神,护佑家人乃至家族的平安。

民间信仰作为生活方式、习俗传统和崇拜体系,同时具有仪式化的特点,甚至可以参与世俗生活,如《天南新报》记载某生因与其嫂不伦之事,被拘至城隍庙,城隍庙掌事者借其威严性参与审案①。但是分散性、地域性和非制度化并且没有规范化的教义,被灵活地迁移到南洋这样的异质文化空间,并得以发展蔓延。

民间信仰在南洋具有缩小原乡之间差异、维系并凝聚群体认同的作用。在清末它更像是一种具有社会整合功能的精神资源,是族群之间的黏合剂。如钟敬文先生所言:"这种近乎神秘的民俗文化凝聚力,不但要使朝夕生活、呼吸在一起的成员,被那无形的纤绳捆束在一起,把现在活着的人跟已经逝去的祖宗前辈联结在一起。"②家庭和家族之所以能够维持一种稳定关系,不是法律和行政的强制,完全凭血亲关系。南洋华人重视家庭、宗族的祖先崇拜,活的时候有会馆祠堂,故去有坟山将同乡之人聚拢在一起,血缘如同一根纽带,紧紧地把家庭与家族联结在一起。建立在家族基础上的"国家"如同"父家长"领导下的一系列家庭成员组成的大家庭,这个家庭的各种职能都由宗室成员来履行,仪式则成为民间信仰观念表达以及记忆传承的主要媒介。

①《天南新报》,1905 年 4 月 15 日。

②钟敬文.民俗文化学:梗概与兴起[M].北京:中华书局,1996.

报刊在其中承担双向任务。

一方面，告知民众关于信仰的信息，承认宗教信仰存在的必要性。对待道教等民间信仰，报人惺噩生认为："圣人以神道设教，实有深意存焉，故阅数千载而不能少变其风，岂容易一旦尽行澌灭。即使民智大开之际，而祀神之举，亦足莫能废。不过知其无益，循俗为之，不至如昔者迷信之深，以为神道果能祸福于人，倾意媚之而已。且神道亦不宜于尽废也，若无是说，在于人心，则无知愚辈，将靡不可为，而其害也，实较于迷信神权，尤为酷烈。故余谓神道虽渺，然究有不能尽废之势，而亦有不宜尽废之理存焉也。"①报刊在宗教场域和民众间搭建信息桥梁，公布占卜信息以广而告之，如 1898 年"驻新加坡随员蓝翎五品衔浙江补用知县"余氏以朋友身份头版公告，称刘伯温后人刘君来新加坡游览，暂居于马交街上海裕源号，精通命理数术，愿意占卜的华人乡绅支付卦银二元，便可查终身大概②。新庙宇落成也会在报刊公告，以求广结善缘：

**玉皇殿落成**

启者方林巴虱顶所建之……玉皇上帝及诸天君之所，殿宇业已落成，曾经开光以备诸善信众拜，凡我坡中及中国各籍人等有诚信往祭，玉皇上帝及诸天君无论何时均可到殿参拜，俾得善缘，广结福地，同登有厚望焉。

大清光绪十三年丁亥八月十五日

章苑生谨启③

另一方面，报人以相对理性的态度审视宗教崇拜，旗帜鲜明地反对迷信，所谓"迷信"，"迷"而后"信"。针对祭祀大伯公时哄抢香灰以致混乱，"本坡有福神祠，俗称大伯公"，祭祀燃放烟花爆竹，"坡中人争拾，以扫相得之人是年必大为神佑"，众人哄抢导致斗殴，"习俗相沿，迷信之心牢不可破，神如有灵，不知以打抢之风俗为当禁止"④。针对乩童迷信妖言惑众则"从来服乩降童皆属妖言惑众，盛世所宜惩办不遑者，乃中国最信此道，往往求医问药以致误及人命。有时偶然触及一药而愈则夫妇卦诸齿极称道弗衰，不惜重资塑神建庙以报德焉"⑤。

在劝诫民众不要迷信时，报刊通常借助社论和文艺两个版块进行舆论宣传，文艺版块如"杂俎谐谈"多以戏谑的口吻进行调侃，如每年的阴历二月十九日观音诞辰之日，新

①《观叻地七月祀鬼事感言》发表于 1909 年 9 月 14 日《叻报》。

②《皇极神数天星地理》发表于 1898 年 12 月 28 日《天南新报》。

③《叻报》，1887 年 8 月 19 日。

④《本埠新闻：大伯公断包庇打抢之理》发表于 1905 年 3 月 10 日《天南新报》。

⑤《夫人敬神》发表于 1900 年 5 月 10 日《日新报》。

加坡都会有焚香祷祝或者酬神演戏等活动，类似活动参与者以女性为主，《天南新报》以唱词南音规劝女性，奉神不如自强：

二月十九，预备香油，睇见个的神权崇信实系堪优，习例相沿唔知系乜讲究，惹劝无知一众女流，话十九日系观音华寿诞，虔心恭祝贺千秋，一月荤腥唔敢入口，志诚食素冇点荤油，步入神坛朝拜木偶，但重喃喃细语似极话礼数唔周，手上执住个注清香熏得眉眼皱。谁怜菩萨终日眼水长流……菩萨两字不过成虚有，未审出在何朝是那州……闻报纸识得世界根由，等你识开通唔唸咁吽，免致衰颓女界似泥沟，切勿游山拜庙徒增丑，需要相夫教子实业管谋，自此女权振起传名后，巾帼英雄播九州①。

类似的还有报刊上发布的劝僧侣还俗的告示：

为权论事照得保种为富强基址，配偶乃造化原因，有室有家，则以十年生聚，即空即色，问谁八垢扫除，渤隆问佛，场中无非地狱，化入城内，不少天魔，牵未断之尘缘，作无情之烦恼，致使善男信女，误入奈何天，法性碍心，不登欢喜地，虽曰清规牢守，苦难脱离，若揆于佛教之大慈悲，岂尔等本来之真面目哉？计二十一行省，四百兆同胞，此中僧尼之数不下数十万，倘撮而合之，居然一部落，安可任其两不相偶，为天地无用之人虫乎②。

## 二、春节民俗与日常礼俗

民俗节日是每一个民族都有的重要民俗事象，民俗节日又是民族文化的一部分。中国有很多本土节日如春节、清明节、端午节、中秋节、重阳节等，对于华人而言，重要性不仅仅限定于节日本身，而关乎围绕这个特定时日的生活状态，以及状态后呈现出仪式性的规定动作，其中凝聚着华人的文化心理积淀。

对于华人而言，最重要的节日是春节，春节期间各报通常会休刊。春节前后，报刊会呈现出喜庆的版面，“按华俗之最重者乃在新年，以元旦为一岁之首，理宜庆闹，故或献椒花之颂，或浮柏叶之杯，家家闻爆竹之声，处处焕桃符之彩，屋舍则铺陈尽美，男女则衣服一新，其踵事增华者，则玉龙彩凤遣佳兴于良辰，火树银花极欢娱于元夜，各寻乐事共庆新年，于是彼往此来纷纷贺岁，其有道途相遇者，无论厚薄，无论亲疏，均拱揖言欢而致吉祥之语，其有新年未经晤面者，则上元以后相遇亦作吉利之言，其欢庆情形固非楮墨所能

①《观音诞(南音)》发表于 1905 年 3 月 16 日《天南新报》。

②《拟劝僧尼还俗告示》发表于 1905 年 3 月 31 日《天南新报》。

尽述者”①。

1900年2月9日，《日新报》在春节后复刊当日头版刊载以手持“恭贺新禧”的财神为背景开启新的一年，如图6－1所示。

日新報
第二千九百六十九號
光緒廿六年
庚子正月初十日

**图6－1　1900年2月9日《日新报》头版财神像**

伴随19世纪末华人人口的增加，民众对春节民俗也愈加重视：“盖叻地近来华人之到者日多，不惟佣工食力之流，即学士、文人、雄尚、巨贾亦多至。于叻地华人既众则华俗渐行，均甚重视新年。每当度岁之时，则盛铺陈美衣服、广储蓄、置酒肴相与尽欢，以庆新年佳景。”②

身处殖民地管辖，报刊审视华族春节礼俗会以西方为参照：“至于今日中外通商，而后诸西人见华俗之重新年如是，故其风气因亦稍有转移，而近来亦有彼此往还以相贺岁者，然其庆闹之事，终系所谓冬至者一筹也。而所谓冬至者，则为西国所最重之辰是日也。昼则旌旗五色，夜则灯火万家，由君王以至庶民，是日均停公不办，尽其欢乐，畅饮忘

①《中西年节庆贺不同说》发表于1890年12月25日《叻报》。

②《论叻中年市》发表于1888年2月23日《叻报》。

疲。即至小户家贫,亦必竭此日之欢,以为一年之至乐。而亲故馈遗之物,亦于是日举行。且其致送礼物,较于华俗,尤觉认真。夫华人送年之礼,要不过食物等而已。西俗则有不然,其馈送尊长以及平交者,则以用物为珍。而分赠小孩者,则以万物为贵。所馈之物,常有价值,不资然亦,视乎其人之为富为贫,量力而为,非可概诸一律也。……至于门店铺设亦有不同,中国之遇新年则类皆粘贴春联等物,千红万紫大抵皆作吉利之言,而西俗则不然,其为庆闹也,大率以生藤之树连枝带叶环挂门前,而宦家大户则用丛生树枝一株高五六尺置于庭事之中,晨起即将亲友所馈之金银器皿及各式玩物悬于树枝,并将原来礼帖粘贴于礼物之上,以备来往宾朋观看,而彰戚友之赐。大抵中国饰门之色则尚红,西国饰门之色则尚绿,盖始日为耶稣诞降,故将鲜枝饰其门户,取其青葱勃勃,以喻耶稣之生气长存而不凋谢也。"①

遵守殖民地规则的华人,会变通一些节日的礼俗。针对华人春节燃放烟花爆竹的行为,殖民地政府出台了相关政策,允许华人新年期间仅仅在规定的时间和地点燃放规定的鞭炮。1895 年,英人对华人施放鞭炮的规定为:燃放鞭炮的时间定于每年除夕夜 12 时至初一早 6 时,初八的夜 12 时至初九早 6 时,正月十五的早 7 时至夜 12 时;燃放类型是放串炮,禁放竹炮;禁放鞭炮地点包括大小东陵一带、抛球场路、士店不路和然申路等区域,这些区域主要是英人的聚居区②。

报刊对这一规定是认同的,并以影响安全为由发表评论:"至于本坡所以禁止燃放爆竹之故,则约有二端,一则以硝磺、火药等物乃为引火之媒,本坡屋宇栉比鳞排,楼高数层,人烟又复稠密异常,最易招祝融之患,加以燃放爆竹,满街火焰滔滔不断,常恐因而失事,且既燃放爆竹则不无兼放火箭等物,一经延着起于空际乃复堕下,其落于何处均不可知,设或堕于引火物中,或堕于蓬寮之上,余火未熄,则几何不至成灾,是以除新正数日外,平时禁之甚严,此其一也。本坡马车甚繁,用之以代肩舆之利,车马之迹不绝于途,然畜性难驯,每多惊畏,况本坡马匹平日未常闻爆竹之声,一旦遇之,见其响声震耳,火焰扑人,安得不致狂惊。马即受惊,则心无所主,势必绝驰乱跑,不能加以羁勒,是则不惟路人受其碰撞,致有性命之虞。甚即御者舆中人,且有不能安之虑,故亦为之示禁此,所以免意外之虞也。"③

在婚丧之事上,对于礼俗上的差异,介绍大于评价,中西礼俗差异只是"欧洲之殊俗"而已,不存在高低贵贱之分。这也显示了华人对中国礼俗的遵守与维护。如婚俗之差

①《中西年节庆贺不同说》1890 年 12 月 25 日《叻报》。

②《爆竹定期》发表于 1895 年 1 月 15 日《叻报》。

③《论上元夜施放爆竹事》发表于 1890 年 2 月 7 日《叻报》。

异，“中国男女婚嫁必先之以父母之命媒妁之言，六礼既备，然后能同牢合卺，否则拟之。以钻穴隙相窥、逾墙相从为父母、国人所不齿。西国则不然，男女相悦彼此同愿即可配合。闻英国男女或有愿与他国人结婚者，其父母不允，可以报官成婚；德俗则男女爱慕愿为夫妇，虽未成婚即可相携出游，其父母亦不之禁。且中国例禁同姓为婚，而泰西则除嫡姊妹中表姊妹、妻之姊妹外，即从夫姊妹亦可联姻，此殆欧洲之殊俗乎。”①“嫁娶则男女自择相悦者，男先问女或作书为媒，两家允诺遂成婚娶，父母不能禁，倘有父母相拒者例，准子女诉于总督亲诣其家劝谕，其父母如不听则自代主婚画押作证，或不诉总督而私约入教堂成礼亦可。盖洋俗以夫妻为重，择配必自操权，俾得终身无怨，故父母虽尊亦难主持其事。成婚之日，男女同诣天主堂，教士祝以吉语，忏以经咒，示以戒条，夫妻跪首，毕，回家大会亲朋，富者偕往别国，贫者同赴邻村，或客寓、或船上以行合卺之礼，或数日半月或一年半载，然后回家，谓之掩丑。陪嫁妆奁丰厚，衣服器用悉备，男家亲戚友亦代女添妆，鲜有为男子助婚费者。”②

以“中立”自称的《叻报》依然避免不了用中国眼光审视西方礼俗，在记录西式葬礼时，有如下记录：“至居丧之礼，铺陈皆用黑色呢绒灯色，画镜不能撤者，障以白布，棺箸中庭，两旁多点白烛，富者棺首开一小窗镶以玻璃，贫者暂不盖棺以备亲友观览，戚友均送讣，如中国例丧，主与吊客均穿黑服，相见握手致唁，无哭泣、无拜跪，送棺入土时以车运之，无至亲送葬，无子女上坟，至坟时其尸必经国家医士验看，无意外方准安葬，以重民明。富者移棺入庙，和尚诵以经咒，洒以符水，贫者停棺坟上，和尚亦喃以数语，洒已符水，后入土。上盖云石或建亭台，坟前刻死者名字、死期，亦有赁棺载尸，但以肉身安葬，以省葬费者。父母、子女、夫妻之丧，例一年服，兄弟、姐妹，六月服，然父母、夫妻服例虽一年，间有服至两年，或终身不易者，如夫死妻死，欲再嫁娶必须三百日后，方为合例，儿女十四岁以下无服。清明上坟插以香花、植以草木，以表孝思，无香烛拜跪也。”

## 三、娱乐与表演

清末新加坡的演出分为两大类，一类是关于酬神的演出，其功能既可娱神，又可娱人。另一类是单纯的表演性商业演出，仅娱人足矣。

民间信仰主导民众心理的同时，以信仰为核心开展的社会娱乐成为调剂生活的润滑剂。会馆、庙宇既是神圣的祭坛，也是表演的场所，各种酬神演唱会充实、丰富了人们的

①《与客论中西异礼》发表于1896年9月12日《叻报》。

②《纪西班牙吉凶礼俗》发表于1887年12月15日《叻报》。

生活，给人们带来欢愉。1893 年 12 月 27 日新加坡戏院请来北京的福祥升京剧班演出，持续到第二年的 1 月 8 日。《叻报》报道："所言之戏甚佳……园中几无所坐处概其表演之剧情景，较为真肖，而且甲仗鲜明，器具精美，而戏场之上复经藻饰一新，颇觉美观，故能令观者乐而忘倦也。本坡闽商于今晨卜定于十一月初六日在天福宫演戏以答神恩，并于是日排列仪仗、鼓乐、彩亭迎迓凤山寺恒山亭金兰庙三庙菩萨到天福宫观剧。至送神回宫亦已择定十二月廿一日矣①。

酬神演剧的活动源于中国本土，一直到南洋，演出结合祭祀活动，作为仪式的一部分而展开，并借助宗教增强对观众的吸附力，使来自故土的集体记忆得以传承。

酬神演出不仅持续时间较长，而且具有开放性，无论是否帮群所属，都可观看。酬神戏多可免费观看，会馆通过酬神演剧，一方面祈祷神灵佑护，生意亨通，另一方面加强同乡之间的交流，扩大帮群影响力。在民众的娱乐上，节日与庙会活动必不可少。周期性的节日与酬神活动调剂了华人重复性的单调生活。酬神演戏将宗教信仰、神祇崇拜、商贸往来、文化娱乐等活动集于一身，为华人民众提供了休闲娱乐的机会和社会交往的可能。

华人虽热情参与原乡的酬神戏，但却是马来族迎神赛会的旁观者："吉宁人素尊神道诵经，佛心极虔诚。顷闻其人定于今日共作迎神赛会之举，以为神人共乐，午间二点钟，则有庙中，而游于各马路……届时定有一番之庆闹，然观此可见其国人敬神信佛之殷也。"②很显然，华人与马来人的礼俗差别泾渭分明，而且用"其国人"相称，表现出极强的异国心态。

商业性质的演出则要多元化一些，因为有地理上的优势，新加坡经常有来自欧洲的演出，如 1887 年意大利的马戏演出，在《叻报》头版以消息的形式呈现：

**西戏超群**

> 车尼厘马戏现至本坡，在升旗山下开演，本报将其第一夜所演诸剧情形登于报，该西戏所演各出，无不巧妙绝伦，实能人所不能，无怪其称为第一班，洵无愧矣③。

当日第四版有对马戏团更为详细的配图（图 6－2）说明："敬启者，本班马戏及兽戏乃西优中之名班也，向来周游天下已有三十二年，均荷官绅士上垂青，称赏前主日本京城开

①《演戏酬神》发表于 1899 年 11 月 18 日《日新报》。
②《吉人赛会》发表于 1899 年 10 月 6 日《日新报》。
③《叻报》，1887 年 8 月 19 日。

演，时蒙日皇召至御园演剧，大加赞赏，因赐本班大熊一头，甚为雄伟，盖因本班所教演各马与异兽均极洵书，按部就班是以所到各埠无不鼓掌赞叹，诚西班中之巨擘也……”①

图 6－2　1887 年来新加坡演出的意大利马戏团的报刊广告

同样是马戏，新加坡还有来自中国本土的马戏演出。

天下第一虎班到叻

启者本班各项禽兽乃虎戏，乃是天下第一大班，新招名优四十名，所畜各种马、虎、豹、象、猴、狗皆能演戏，并有圆圈环走脚车之绝技，定于今夜起没夕九点十五分钟在小坡琼州会馆前开演，不过再演四五夕，今夜初换新剧，六月六好拜四夜，坡督戎制军携同幕僚来观，至拜六日，即西六月八号下午乃系开演，以便童子来坡，除办位外余各椅均收半价，兹将各椅位价列下：

官椅六位收十五元，官椅每位收银三元，一号椅每位收银二元，二号椅每位收银一元板位盖布每银五角，板位每收银三角②。

当然，演出场次最多的还是地方戏曲。19 世纪中叶就有粤剧剧团，目前文献可靠的是 1857 年梨园堂。不同的方言群产生不同的演出剧，“戏院有男班有女班，大坡共四五处，小坡一二处，皆演粤剧，间有演闽剧、潮剧者，唯彼乡人往观之，戏价最贱每人不过三四占合银二三分，并无两等价目③。戏曲演出还兼有筹募资金的作用，例如《叻报》发布演出募捐信息后还会将筹得金额在报上公示，如：1909 年 5 月 5 日至 7 日三夜，振武班在升平园演出募得 30000 元，1911 年 5 月 21、22 日夜，永寿年班与名优梁君垣三（即正蛇王

①《叻报》，1887 年 8 月 19 日。

②《叻报》，1907 年 6 月 1 日。

③李钟钰．新加坡风土记［M］．新加坡：南洋书局有限公司，1947：13．

苏)在梨春园合演,募得2639.58元。

## 四、被建构的南洋儒教

传教士时里雅各于1877年在上海召开传教士会议时认为,孔教是中国人的宗教,当时的社会并未认同这一提法。1893年在芝加哥召开的世界宗教大会上,驻美公使彭光誉指出在中国,“教”是指教化,而非宗教:“政、教皆从天子出。帝教、诗教皆礼教也。礼教之外,别无立一党会号召天下者。”①

晚清以降,作为中国数千年来的意识形态的儒学危机重重,保皇派代表人康有为等尊孔人士为挽救大厦将倾的帝制,发起孔教运动。但是由于“宗教”二字的性质、国内盘根错节的政治角力,错综复杂的思想意识,孔教并未发展到康有为等人所期望的结果。但是在新加坡,19世纪末却掀起一场声势浩大的儒教运动,这场运动从1897年持续至1910年末,将近十年。

### 1.19世纪末新加坡儒教的基本情况

新加坡自1819年开埠以来,伴随移民活动开展,儒家思想如影随形。19世纪初的移民以贫民为主,其时所谓的儒家思想更多的是基于农耕文化的伦理意识,被称为“生活儒学”。新加坡儒教运动发端于19世纪80年代以来左秉隆、黄遵宪等人在南洋开展的一系列文教活动。这一系列活动为中国传统文化的传播奠定了基础。此后,开设学校、文人南来,一切都为接下来的儒教运动做好了准备。直至19世纪末20世纪初,随着南来文人的涌入和本地华人富商的崛起,新加坡出现了儒学运动的第一次传播高潮。这一高潮在颜清湟看来,是一场“儒学复兴运动”。这场运动从儒学宣传开始,逐渐转向宗教化方向。

早期华人的儒学活动主要是通过编写华文传统读物和开设学堂开展的。文化研究实际是一个有关“同化”的问题,在19世纪末的华人群体中,土生华人汉语根基浅薄,劳工阶层文化素养更低,因此华人领袖邱菽园、周兴嗣、张克诚等人着手编撰教材读本,邱菽园古文根底深厚,受四书五经影响颇大,他编写了一些适合南洋华人学习的儒家读本。其中,较有影响的是其1899年编写的《千字文》。当时的华文报刊还为此刊载新闻:“邱菽园先生著幼学入门书第一种。此书上中下编订三本,最便南洋华人子弟幼学之用,家塾课诵,得此善本,不患不认字识解矣!”②张克诚和邱菽园一样,古文功底深厚,

①干春松.知识和信仰的分途:近代社会变革中儒学的宗教化和知识化的争论[J].中国人民大学学报,2010(6):12.

②《天南新报》,1900年11月21日。

1895 年中举，在广东地区导学，19 世纪末，客居吉隆坡，倡导在新加坡建立孔庙、设立儒家学堂，并编纂《孔教撮要篇》且连载于 1901 年 11 月 23 日至 1902 年 4 月 7 日的《天南新报》，在谈及孔教时，他认为："孔子之道，然后可以正人心，息邪说……孔子之教，简编浩瀚。"①

19 世纪末华人开设学堂以私塾性质为主，事实上，早在 1829 年新加坡就有设置私塾的现象，当时，粤人办私塾两所，位于甘光格南的有 12 名学生，位于北京街的有 8 名学生。此外，北京街还有闽人所办私塾，有 22 名学生。学校使用的课本与中国本土课本一样②。之后在左秉隆就任南洋总领事期间，在地文人先后又建立数家义塾，《叻报》对此记录有："叻中书塾，自请儒师以及自设讲账者外，其余如萃英书院，培兰书室，毓兰书室，养正书屋，乐英书室等义塾，多至不可胜言。"③足见当时之盛况，这批义塾中，影响较大的是崇文阁和萃英书院，崇文阁设置的目的在于通过儒家经典的研习，改变当地华人风俗，"从兹成人小子，读孔孟之书，究洛闽之奥，优柔德性培养天真，化固陋为文章，变鄙俗为风雅，则斯阁之建，其有裨于世道人心也者岂鲜浅哉。"④萃英书院以传承儒学为要务，讲授四书五经、格致之学以及儒家礼仪。为鼓励华人学习，萃英书院年底考试以儒教经典为指向，"或试以诗联，或试以书札，或诘以章句"⑤，成绩佼佼者的名字被刊于报并对其有奖励。萃英书院崇祀文昌帝君与朱熹。1899 年，萃英书院改崇祀文昌帝君活动为每年 8 月 27 日的孔子圣诞祭祀活动。

如果将舆论宣传、编写读本和开设学堂视为儒教的先行导入，那么孔庙的设置就实现了儒家思想的宗教化转向，孔庙即是宗教组织又是文化机构，在地华人期望将儒教建构成和其他主流宗教同等地位的宗教，成为华人的主要宗教。从目前华文报刊中查阅到的最早关于孔教设置的时间是 1897 年。关于此，丘逢甲在其《劝星洲闽粤乡人合建孔子庙及大学堂启》一书中记载："孔子庙及学堂事皆久议而未成，三年前与菽园孝廉书，曾以此事发议。"⑥此后两年，孔庙分别在日本的横滨、马来亚的巴罗、缅甸的仰光以及印尼的部分地区设置。而在新加坡，真正付诸实施的始于 1900 年之后。孔庙修建拖延的原因是多方面的，最为重要的原因是华人内部的矛盾，《天南新报》主笔沈心岫将矛头直指张

①《天南新报》，1900 年 8 月 7 日。
②梁元生. 新加坡华人社会史论[M]. 新加坡：八方文化创作室联合出版，2005：66.
③《叻报》1890 年 3 月 13 日。
④陈荆和，陈育崧. 新加坡华文碑铭集录[M]. 香港：香港中文大学出版部，1970：283.
⑤《叻报》，1889 年 1 月 17 日。
⑥《劝星洲闽粤乡人合建孔子庙及大学堂启》发表于 1900 年 3 月 27 日《天南新报》。

克诚，认为由其独断且能力不足导致。而清政府驻南洋总领事并不是非常热衷于此，殖民地政府对宗教事宜一般多顾忌。

与此同时，华人在报刊中刊载文章，专谈孔庙建设的合理性，如报人徐季钧著文《论泗水兴教事》，鼓励新加坡修建孔庙，他援引印尼泗水华人修建孔庙并建公会的历史，提倡新加坡修建孔庙“南洋群岛不下数十州府华人，流寓不下数百万人，即以本坡而论，文士之游驻舟楫之往来为南洋群岛之冠而乃巨绅硕商于圣庙……”①数日后，徐季钧再著文《再劝本坡及南洋诸华人捐建圣庙事》，文中指出新加坡华人占比 65%，在非华人族群的巫来由、印度马来人、阿拉伯人都有自己的宗教和教堂，华人占比巨大，有精神寄托极为重要。“孔子之兴，凡我出洋诸华人所当是效尤。”②其规定，每月初一，工会董事需进香拜孔圣，并且凡入庙者必须衣冠整肃，必诚必敬。至于孔庙的意义，他认为，孔庙作为宗教符号，可以保种、保教、保国。

1901 年，王恩翔和丘逢甲在《星洲宜建孔庙及开大学堂说》(《天南新报》，1901 年 3 月 26 日)和《劝星洲闽粤乡人合建孔子庙及大学堂启》(《天南新报》，1901 年 3 月 27 日)中正式提出孔庙的建设计划，之后邱菽园与林文庆等文人团体开始规划孔庙事宜。邱菽园等人在当地华文报刊上刊载消息，号召华人捐款，修建孔庙，“新加坡创建孔庙学堂，天字第一号缘部”的“题捐芳名列”，将捐款人、捐款机构的姓名和捐款数额公布，例如 1902 年 4 月 7 日《天南新报》头版所载林文庆捐银 5000 元整，和祥有限公司捐银 1000 元整，以及邱菽园奉前殳讳正中公遗命捐银 12000 元，代理驻扎新加坡总领事吴世奇敬捐银 6000 元……值得注意的是，19 世纪末的这场儒学运动的初衷并非是儒学的传播，而是儒学的宗教化，使之成为奠定海外华人认同的文化基础。他们将孔子塑造成教主，将儒家经典视为教义，将孔教活动视为以孔庙为空间的宗教祭祀活动，甚至将儒教视为与基督教、佛教等宗教一样，认为是一种教派。针对儒教的改革，华商领袖希望儒教可以参照其他宗教形式，进行系统化的改造，并设置专门的孔教章程：

(1)专设孔庙一座，务极冠冕堂皇。

(2)设师范学堂一所，专习宣传孔教。

(3)专习宣传孔教之士，必须考其品行学问，中选者方为合格，给照宣传③。

关于 19 世纪末新加坡的儒教大潮，丘逢甲在 1900 年访问新加坡时以旧体诗的形式予以记录：

①《论泗水兴教事》发表于 1899 年 1 月 18 日《天南新报》。

②《再劝本坡及南洋诸华人捐建圣庙事》发表于 1899 年 1 月 24 日《天南新报》。

③《天南新报》，1901 年 3 月 10 日。

**丘逢甲的《自题南溟行教图》①**

莽莽群山海气青，华风远被到南溟，万人围坐齐倾耳，椰子林中说圣经。

两千五百余年后，浮海居然道可行，独向斗南楼上望，春风回处紫澜生。

诗中的场景是丘逢甲在南洋讲述儒学的场景。南洋椰林，万人围坐聆听其讲述中国儒家典籍。儒家经典被类比为“圣经”，诗中流露出强烈的文化优越感。

南洋儒教，以儒家思想的三纲五常、孝亲忠君、人伦教化为归依，是儒家思想作为中华文化思想的核心在信仰方面的反映。最终 1914 年实得力孔教会创立，自此，关于孔教是否具有宗教化性质就成为极具争议的问题。

2.新加坡儒教的宗教化转向的历史背景

将宗教这个范畴，从社会政治经济领域中独立出来，不仅产生了宗教本身，更是建构了一个域外华人世界，儒家思想被赋予了宗教的含义。南洋知识分子的儒教活动，更大的意义是在于将这种宗教传播内化于与在地华人的互动中。余英时在谈到儒家思想时说：“儒学不只是一种单纯的哲学和宗教，而是全面安排人间秩序的思想系统，从一个人自生至死的整个历程，到家、国、天下的构成，都在儒学的范围之内。”②

19 世纪末新加坡的儒学出现了向民间化、宗教化的转向，这种转向的出现，既有其特殊的社会文化背景原因也有儒家思想以人伦教化为路线的原因。而且，这种儒家思想的宗教化必须解决两个问题，一是其本身的宗教化建设；二是有关研究者的态度。儒家思想之所以在这个时期、这个场域得以传播，并出现第一个高潮，是有一定的历史文化背景的。

首先，19 世纪末，面对各种宗教，如基督教、佛教、伊斯兰教等思想的冲击，华人需要有自己的文化认同，南洋知识分子因此产生强烈的危机意识，邱菽园、林文庆等人参照其他宗教样式，将希望寄托于中国传统文化的伦理和精神价值，通过一系列活动，试图将儒家思想宗教化。林文庆在《日新报》发表时评《论儒教》，阐释了儒、释、道等宗教形态，并指出儒教和其他宗教的区别在于没有固定的神祇，“天”是万物本原，“信儒教之人，但当信天”“奉最大之天而万物莫能外其于鬼神怪诞之说”③，指出南洋华人“悉弃其可信之天而求鬼神怪诞之说，此所以民智不开也”“为今日计而欲转移世变，必乎使人人知天命之理，于尽量而后孔教可兴乎”“惟孔子教为大中至正，亘千古而不可易”④。在林文庆看来，

①丘逢甲．自题南溟行教图[N]．天南新报，1900－5－22(2)．

②余英时．现代儒学的回顾与展望[M]．上海：生活·读书·新知三联书店，2004．

③林文庆．论儒教再续[N]．日新报，1899－12－15(1)．

④林文庆．论儒教再续[N]．日新报，1899－12－15(1)．

佛教、基督教和天主教教义基本相同，伊斯兰教即便没有出现其他宗教中的“三神三位”之说，但论其教则较易令人信也。

其次，儒家思想的宗教化并非是南洋的独创，而是在国内先有试探。康有为早年构建了一个与其他宗教地位平等的儒教，后来出于社会压力，通过“保教”、对儒家思想进行宗教化的改造。在康有为看来，儒教应具备和其他宗教同样的地位和性质：“今天下之教多矣：于中国有孔教，二帝、三皇所传之教也；于印度有佛教，自创之教也；于欧洲有耶稣，于回部有马哈麻。”①几年后，康有为上书鼓励海外传播儒教：“欲传孔子之道于外国者，明诏奖励，赏给国子监、翰林院官衔，助以经费，令所在使臣领事保护，予以凭照，令资游历。若在国外建有学堂者，聚徒千人，确有明效，给以世爵。”②由于康有为本人的社会影响力和时代的需要，清末以来的儒教运动按自上而下的线路进行，其时“新政”学部颁布的五项“教育宗旨”之一即是“尊孔”，并参照西式教育体系，将儒家经典的研读作为必修科目。此外，为了强调尊孔，孔子诞辰日需要示以崇教之礼。即便后期这种思潮被逐步消解，仍有部分旧式文人期望宣传孔教影响政治。戊戌变法失败后，维新党人借尊孔崇儒的外衣进行思想宣传，影响至海外，康有为游走南洋，受到邱菽园等华商的接待，康有为的思想在南洋拥趸者甚众。康有为对儒教的推崇极具影响力，加上在地华人的舆论配合，南洋本土好学会开展孔教演说，将儒家思想宗教化推向高潮。

再次，儒教在南洋华人中之所以被推崇，还有其自身所具有的儒家思想的影响。在中国历史上，儒家思想作为一套完整的人伦纲常与政治理念的法则，并不像其他宗教思想那样排外。这样的特征，契合了新加坡多元文化的样式。关于新加坡的儒教和中国本土儒教的差异，如王赓武所言：“到东南亚的华人大部分都来自同一个社会阶层，他们都不太可能接触到中国士人阶层的‘高层’儒家文化，而一般的‘低层’儒家文化其实融合了道教和佛教的教义和习俗。”这种儒教思想是具有兼容性的。19 世纪末的这场儒教运动，既是海外华人回应康有为的政治活动的行为，同时也是在地华人自发的具有文化认同意义上的社会运动。

儒教运动对后世有两方面的影响：一是儒家思想的宗教化，二是和其他宗教产生了纠葛。新加坡新闻及艺术部和《联合早报》联合出品的《新加坡年鉴 1999》中对儒家思想的描述是：“信奉中国圣人孔子、孟子和老子学说，以及尊崇祖先或是其他华族流派的宗教思想，统统归入道教的范畴。”而佛教与儒家思想也杂糅并生：“在新加坡，华人所信奉

①汤志钧.康有为政论集：上册[M].北京：中华书局，1981：12.

②汤志钧.康有为政论集：上册[M].北京：中华书局，1981：132.

的佛教，是与道教和儒家学说混成一体的，其范畴涉及信仰、习俗和机制。”①或者“佛教在传统上与道教和孔教混为一体，其范畴涉及信仰、习俗和体制。”②

3.19世纪新加坡儒教的社会功能

19世纪新加坡儒教的社会功能有以下几个方面。

第一，保种保教。19世纪末的新加坡，华人地位未稳，风雨飘摇。林文庆等人再次掀起的儒学宗教化活动，初衷在于稳定华人社会，保种、保教。在中国历史上，“父之党为宗族”。宗族作为由男系血缘关系的家庭组合，集合为族群，如人类学家安东尼·史密斯的定义，族群是“拥有名称、共同的神话和祖先的人类共同体，拥有共享记忆或更多的共享文化。”③华人族群的维系，不仅需要以血缘、地缘作为基础，更需要有类似伦理、礼仪等意识范畴的核心。儒家思想作为中华民族的精神图腾，是族群记忆的指征。儒教在本土之“教”意指“教化”，而非“宗教”，这个教化系统有关于人生。如《礼记》中的大同说：“大道之行也，天下为公，选贤与能，讲信修睦。故人不独亲其亲，不独子其子，使老有所终，壮有所用，幼有所长，矜寡孤独废疾者皆有所养，男有分，女有归。货恶其弃于地也，不必藏于己；力恶其不出于身也，不必为己。是故谋闭而不兴，盗窃乱贼而不作，故外户而不闭。是谓大同。”这种所谓“大同”是建立在推己及人的基础之上，是对人伦的强化。

在早期南洋华人看来，“盖知所以尊亲孔子，则知所以保教，知所以保教，则知所以保种，知所以保种则知可以保国，三者相连。”④教强则国强，而中国的问题是孔庙等空间是为士族所拥有的，不及小民。因此民间底层民众并不会视孔子为神。但是南洋社会，远离中国，文人和社会上层的资源既有者期望改造孔教，早期南洋知识分子所设计的儒家思想体系，是中国社会影响下的宗教性思想体系。这个体系贯穿了从华商、文人到普通华人的生活，这个体系庞大，使得各阶层共享一个宗教的体系。这样的设想较好地实现于印尼泗水，当地华人在文昌祠的基础上建立文庙，发展儒教，使之成为印尼的合法宗教，并渗透于各阶层信徒的生活层面。

第二，增强认同。人类历史上，佛教、基督教、道教、回教的宗教化过程都是一个精神被建构的过程，儒教对华人社会文化传播起到重要作用。

文化认同作为民族认同的重要组成部分，反映民族成员的精神皈依。对南洋在地华人而言，儒家文化无疑是构建文化认同的最佳选择。当然其背景有二：一是19世纪末到

①新加坡年鉴1999[M].新加坡：新闻及艺术部与《联合早报》联合出品，1999：38.

②新加坡年鉴2002[M].新加坡：新闻及艺术部与《联合早报》联合出品，2002：45.

③史密斯.民族主义：理论，意识形态，历史[M].叶江，译.上海：上海人民出版社，2006：14.

④《天南新报》，1899年1月18日。

20 世纪初，新加坡的华人人口一直持续增长，见表 6－2，而且 19 世纪 20 年代到 19 世纪 40 年代，华人的增长率又在 10%以上。到 1921 年前后，华人人口数量已经占据总人口数量 75.3%，而马来人人口数量占据总人口数量 12.8%，印度人人口数量占据总人口数量 7.7%，其他族群人口总计占据总人口数量 4.2%。人口激增后，越来越多的华人从出生到成长都在新加坡而非中国本土，这些华人需要强化中国传统价值观。林文庆、邱菽园等华人领袖有极大的文化认同自觉。二是 19 世纪末的新加坡还没有形成独立的身份认同，本书从今天可以查阅的报刊来看，早期华人的认同指涉依然是晚清政府，无论是在评论时局的立场方面，还是在文化信仰方面都表现出中国“海外子民”的倾向，而且这种认同绝非是只针对个体身份，而是针对文化身份，涉及血缘、地域、族群等多方面均与中国传统文化同归。与此同时，南洋社会的知识分子想保留自己的文化传统。“儒教”作为“华人宗教”保存族群与文化认同的组织形式而存在。因此，儒教成为维护社会建制的宗教，其优势，或者可能性就在于将孔子神明化，将崇拜与社会秩序结合，引导华人进行精神建构。

**表 6－2　19 世纪 80 年代到 20 世纪 20 年代新加坡各族群人口增长率　　单位：%**

| 时间 | 华人 | 马来人 | 印度人 |
|---|---|---|---|
| 1871—1881 | 4.8 | 2.4 | 0.2 |
| 1881—1891 | 3.5 | 0.1 | 2.9 |
| 1891—1901 | 3.0 | 0.0 | 0.6 |
| 1901—1911 | 3.0 | 1.5 | 5.0 |
| 1911—1921 | 3.7 | 2.5 | 1.5 |

从民间宗教的层面，佛道二教一直为主，儒教之称早已存在，但是在世俗社会上，话语权却不如其他宗教。在研究这一现象时，需要注意哲学、宗教这些学科在西方是独立存在的，因此不是人类文化的普遍特征。在中国更需要思考的是传承问题。但是，儒教在域外空间，更像表达华人情感的通道，如《史记》所言：“夫天者，人之始也；父母者，人之本也。人穷则返本，故劳苦倦极，未尝不呼天也；疾痛惨怛，未尝不呼父母也。”因此，对儒教的“宗教”属性的思考，既是关涉与回应佛、道、回、基督等宗教所代表的宗教观念，更是对本地文化进行比较与建设的需要。

国家权力对儒教体系整合之后，儒教体系在中国本土表现出“大同”“和谐”的民间信仰。但是基于国家层面的信仰所具备的强制性，犹如双刃剑，在权力更迭或者空间转移后，会出现认同的断裂。海外华人的文化认同之所以一直是学界热点，原因也正在于此。

第三，调节社会规范。19世纪末期，南洋社会的社会规范尚未成熟，无论是殖民地政府还是清政府驻南洋总领事，在处理华人之间的纠纷的时候，能力总是有限的。加之华人多来自琼、闽、粤，同乡会在处理纠纷、族群帮带、人际往来方面发挥的作用反而更强大一些，但是局限于各自族群的影响力以及华人在南洋社会的社会资源分配，在跨越帮会层面，整合规范的功能就远远弱于宗教，只有部分强势的帮会会禁止基督教信仰，甚至以民间宗教的形式清除基督教影响以维护帮会权威。

宗教与人类社会生活相伴始终，并产生与之相应的影响。学者杨庆堃在分析中国本土宗教时，将其分为两类，一是制度型，二是弥散型。后者多是源于对土地的祖先崇拜、社区神崇拜等。儒教作为宗教，却绝非佛教、道教或者基督教的"制度化宗教"，制度化宗教需要有严格的组织、教义和仪式。儒教表述的却是由家族、民族、国家等构架出的信仰。这种基于信仰的认同体系，包容了信仰者所隶属的精神范畴与彼此联系的方式。

在中国传统本土社会，儒家思想作为社会正统，长期以来影响中国政治文化的方向，儒家思想凭借天地君亲师等一系列儒家礼仪、仪式规范社会行为、实施社会教化。有关"天意"的命题，一直是一个被不断增加内涵的命题。"天"被看成是一个极其崇高的存在，是一种超自然的信仰对象。更为重要的是，这个"天"还与"命"有关系。杨庆堃在分析天命信仰的民间道德影响时，举了谭嗣同所著《仁学》一书中的一个例子：如果去问一个乡愚为什么不敢杀人放火？他会回答："这件事，我不能做，举头三尺有神明，若把人杀了，纵然没有国法，难道不怕死后的报应吗?"这句话体现了民间儒教在调节社会道德中所起的作用。在林文庆看来，南洋华人中"信儒教之人，但当信天"，因此"为今日计而欲转移世变，必乎使人人知天命之理，于尽量而后孔教可兴乎。"①

儒家的宗教化转向不仅回应了近百年来的政教关系调节策略的质疑，而且是规范未定的"化外之邦"，重建社会秩序的需要。在宗教选择上，儒家思想的伦常关系在华人群体中根深蒂固，因此在文化重塑和社会规范调节方面提供了制度上的可能。

4. 关于南洋"儒教"的争议

首先，关于儒教在境外的改造问题。中国历史上，首见"儒教"一词，是《史记·游侠列传》中写的"鲁人皆以儒教，而朱家用侠闻"，此处儒教之"教"，意为教化。汉末蔡邕在谈到儒教时有"太尉公承夙绪，世笃儒教，以《欧阳尚书》《京氏易》海受四方"之说，此后司

---

①林文庆. 论儒教再续[N]. 日新报，1899-12-15(1).

马懿、梁武帝等人也专门谈过“儒教”。但是在这些典籍论述中，“教”非宗教，教学不分。北周以后，开始有了儒教作为“教”的概念，对此，有学者解释“北周是少数民族进入中原后建立起来的，它的统治者是从他们民族的观念意识来认识儒学的，不易分清儒学和佛教、道教的不同，所以就视之为宗教。”①换言之，域外文化更多地将儒学视为宗教，而且和中国文化差异越大，儒家思想被宗教化的程度越高。从真正所谓宗教的角度看，中国本土没有原生宗教，需要对儒教的宗教性质进行重塑。

19 世纪新加坡中国本土那种规范国家权力的信仰方式很难在空间转换后发挥出整合华人社会秩序的功能，因为其所有的人际关联被规定为是基于父权的，因此要有作用，就必须对传统儒家体系进行宗教化调整。孔教设计正是基于康有为的思想。康有为撰文《新学伪经考》和《孔子改制考》，阐释关于孔教组织化的思想，例如设立孔教会、创讲堂，改淫祠为孔庙，在令善堂供奉孔子，尤其提出要设置排他性的祭祀空间。在此基础上，由于康有为本人的阅历，他特别提出在海外建立孔庙，并仿照传教士传教模式派专人在海外传教。但事实上，中国的儒教是缺乏传教士这样一个角色担当的。中国虽然有数量庞大的“儒士”群体，但是儒士多重于内省修为，而忽视“传”，即传播这样一个动态的过程。康有为的孔教设计非常类似于宗教改革前的天主教，他也将自己的设计付诸实践，安排其学生陈焕章创立孔教会。作为保皇党代表的康有为的做法是有其政治目的的，由于政党目标太大，孔教会则相对稳当许多：“议废孔之事，激导人心，应者必易，又不为政党所忌，推行尤易。”

以血缘为基础的民间社会，用习俗信仰、乡约道德来实现社会规范，只能适用于规模相对小的社会。留给学界得以延伸的问题是，中国的宗教功能从古至今，远渡重洋后发生了哪些变化？基督教与儒教在核心理念上有何差异。

其次，是关于社会化与精英化的儒教的讨论。儒教作为一个整体的信仰认同，从一定程度上而言，并不根源于宗教本身，而是根源于所谓成员个体的诉求，或者社会组织出于权力整合向整体认同的转化需要。儒教在南洋社会更体现出儒家思想的宗教性色彩。

学界关于儒教的争议在于儒家是否是“宗教”，是否具有“宗教性”。关于儒教是否具有宗教的性质，这个问题是伴随着现代化进程而产生的，在中西文化的交流过程中出现的。传教士利玛窦的“礼仪之争”，抛出儒教是否是宗教的问题，而需要回答这个问题的是西方人而非中国人，事实上，在当时的英语世界中，作为 confucianism 这个概念，实际上并未将儒教从儒学中独立出来。此后百年，这个问题并未得到重视，但是伴随中西方

①中国哲学史编辑部.关于“儒家与宗教”的讨论[J].中国哲学史，2002(2)：74.

文化的深入交流，1886 年康有为在《孔子改制考》中提出“孔教”概念，再次将这个问题摆在国人面前，康有为用今文经学方法，考证了儒教的历史和作用，并提出系列观点考证儒教“国教化”的可能性，这一看法遭到梁启超、章太炎和陈独秀等人的激烈反对，五四运动将儒教的讨论推向高潮。1979 年，任继愈先生再次提出这个问题，而延宕至 21 世纪，这个问题再次成为学术热点。

事实上，康有为提出的儒家思想宗教化将其设计为从属于朝廷的宗教事务机构，在中国境内并未获得成功。如果就这一点与西方宗教体系进行对比，一方面，西方的宗教体系，结合宪政理论表达出世俗秩序。另一方面，西方的宗教系统建立在其迥异于中国的文化传统和历史情境中，其发展演变有其特殊的内在语境。但是，在南洋的儒教传播过程中，研究的重点并非是其宗教意义，而是其信仰构成和表达方式。现实的问题是，儒教由于缺乏“主权在民”的设计，这使其远离部分受众。

同样出生于南洋的文人辜鸿铭，对于儒教的看法更具代表性，在他看来，“儒学在中国为整个民族所接受，它成了宗教或准宗教”①，儒学具有哲学和宗教的双重意义。儒学思想中的祖先信仰可以给信众带来安全感，家庭、教育机构的教育可以引导这种信仰，这种信仰建立的教化功能可以维持社会秩序。但辜鸿铭反对儒学的宗教化转向，尤其针对康有为的孔教运动，辜氏讽刺为“监生拜孔子，孔子吓一跳，孔会拜孔子，孔子要上吊”。这种被形式化的宗教儒学是和孔子本人的意图和儒学内在的精神相背离的。国内部分学者，如黄玉顺、方朝晖、李存山等人也认为儒家思想宗教化，不仅无法解决社会现实问题，也有损于儒家自身的思想传承。

再次，分析在地华人的信奉动机。社会中的个体要素，即个人，他们不需仰仗群体间的正式关系或者精神联系进行互动。这种互动关系自始至终制约着华人的社会角色，不仅影响着异质文化空间中华人的精神选择，也制约着海外华人社会的变迁方式。在南洋地区，一个非常值得关注的地区就是印尼，印尼华人对儒教已经完成了现代宗教形态的改造。有信仰，即儒学学说；有经义，即《四书五经》，有教徒，即以华人为主，它甚至有一套相对完整的宗教仪式体系。

儒教之所以能在海外流播，在于儒教的庞大体系上涉家国建构，下及宗族个人。这种庞大的扩散性，从民间到庙堂呈现出共谋同构的关系。在早期远离中国正统的域外社会，南洋儒教体系更接近民间，能实现明礼易俗。在这种情况下，儒教所承担的是如何完善社会秩序的任务。这种儒教更类似于“民间儒教”，由此政治伦理转化为民间信仰。

①辜鸿铭．辜鸿铭文集：下卷[M]．黄兴涛，等译．海口：海南出版社，1996：42.

对于华人知识分子，儒家学术体系的知识体系，有具体的内容。中国传统的基于血缘宗亲的家族模式，在华人内部一般是“非我族类，其心必异”。在新加坡民间社会层面，儒家思想则被整合为信仰。1900 年 9 月 18 日刊载于《日新报》的时评《恭祝圣诞末议》中，孔子已然被视为神祇，“孔子为生民所未有，集群圣之大成，德合乾坤，明昭日月，朝野上下，妇孺贤愚所同祝以馨香，仰如帝天者也”。作者梦云寄庐主人认为世界上所有自立不败的民族都是有信仰的民族，华族要自立，就必须有自己的信仰，即儒教。因此，儒家的正统伦理价值观，也是整个南洋社会的文化价值基础，成为儒教的民众基础。因此，就有了“果能如是则孔教之兴可立而俟矣，予所为日厚望于四百兆之华人也。”[①]的期望。

①《日新报》，1899 年 12 月 15 日。

# 第七章　清末新加坡华文报刊与文学

报刊与文学的联姻，表现为以事实为导向的新闻和以感性体验为价值判断的文学之间的弥合，其中既有华人群体对客观性的追求，又有报人自己主观性的理解。

当下所讨论的19世纪末20世纪初的新加坡华语文学，其文献基本来自报纸及其副刊。因为就当时的情况，真正有能力出品文集的是少数，正如邱菽园所言："《槟榔屿志略·艺文志》著录凡十数种，据称皆流寓诸子笔墨。余尝欲致之一室，皆有采录，以广其传。使人入市求之不得，始知皆未刊行本也。"①报纸及其副刊已然成为早期新华文学的集散地，如新华文学史专家方修所言：

> 近代以至现代的许多国家的文学作品，除了直接出成专书之外，大部分是靠着定期杂志来刊布的。譬如旧俄时代的《火星》《现代人》，中国五四时期的《新青年》《小说月报》《创造》等，都是很重要的文艺阵地。但是马华新文学却迥异其趣，特别是在战前，百分之九十以上的作品都是由报章副刊来容纳。原因是各华文报当时都有重视副刊、发展副刊的风气，而当地的印刷条件、出版条例等也不利于专书和杂志的出版业的发展，这就使报章副刊成了战前文坛的砥柱，绝大部分的新文学作品都散落在各报的副刊上面②。

宏观审视本书所涉时间范围内的各类报刊，虽然所关涉的政治立场和时代背景有差异，但是归纳起来，大抵由四大版块组成：一是社论，多由各报主笔根据中国或者南洋的时局阐发论述；二是新闻类，国际、中国、南洋本土均有涉及；三是文学类，由杂文、小说、词林、谐谈、谐文、粤讴、南音、诗界、杂录等组成；四是广告类。

本章主要研究报纸和新加坡文学之间关系的互动：一是从清末南洋的历史语境出发，审视副刊对南洋文艺产生的主导性作用；二是从南洋的特殊文化场域出发，研究凭借报刊创生的各类文化团体；三是从文学创生的机制出发，分析副刊各类文体的开放性价值所具有的标志性意义，及其推动南洋知识分子登上历史舞台的重要意义。

---

①邱炜萲，粤亘雕刻木版大字本《五百石洞天挥麈》，1899年，卷二。

②方修. 马华新文学大系一：理论批评　集[M]. 新加坡：星洲世界书局有限公司，1972：14－15.

## 一、华文报纸及其副刊

受华文出版行业和大众阅读能力的限制，战前（第一次世界大战前）缺乏专书和期刊的出版，文学作品传播的载体主要是报纸副刊。如方修所言："目前要来研究马华新文学史，尤其是战前的一段，就不能避重就轻，以现有的书籍作为对象，而是要从阅读旧报章上的原始资料着手，要到旧报纸堆里去从事耐心挖掘的工作。"①20 世纪上半叶，新马文学作品主要刊登在报纸副刊，当时文学类单行本由于社会条件限制，鲜有呈现。"新马是在没有选择的情况下，只好依据报纸的文学副刊和杂志来整理和书写早期的文学历史。"②晚清至民国时期，华文报刊就成了华文文学在海外生成并传播的重要阵地。

笔者在专著《新加坡华文旧体诗研究》（科学出版社，2015 年）中提出，新加坡华文报刊副刊文学将新加坡华文文学创生的时间大大推前。东南亚华文新文学，是在中国本土五四运动的浪潮下诞生发展起来的。方修将 1925 年《叻报》的《星光》和《新国民日报》的《南风》这两种"纯粹的"文艺副刊视为马华新文学运动的起点。学界对新华文学的研究始于五四运动之后，而繁荣于晚清民国的报纸副刊和报刊文学促使新华文学研究应始于报刊文学诞生的 19 世纪下半叶，而非五四运动后。许多文学作品首先发表于报刊，其中只有极少一部分作品结集为单行本，更多的文学作品则大量散佚于报刊，这也使新加坡华文文学研究者难以调查到大面积的文学实存。

报刊文学最初并非是纯文学的样式，早期报刊上的诗词、小说都还只是充当填充版面的角色，用来吸引读者的关注，在其逐渐发展后，报刊才开辟专栏副刊构建一个别样"舞台"。尤其在《叻报》的影响下，大量华文报刊纷纷创办，包括《天南新报》《新国民日报》《星洲日报》等华文报纸副刊，大都开辟出文艺专栏，如《天南新报》设有《杂著附刊》，刊登旧体诗、散文、小说等。

关于报纸副刊，附张这一概念源自中国本土，学界通常认为最早的副刊是上海《字林沪报》的副刊《消闲报》（1897 年 11 月 24 日创刊），参照这一形式，《叻报》自 1907 年 1 月 16 日设有《叻报附张》，1922 年 4 月 15 日出最后一期。此后，《叻刊》分化成"实业栏"和"文艺栏"两个部分。《天南新报》设《杂著附刊》（图 7 - 1）。《中兴日报》设副刊《非非》（图 7 - 2），内容与"鼓吹录"类似。《星洲日报》设副刊《警梦钟》。

①方修.马华文艺思潮的演变[M].新加坡：新加坡万里文化企业公司，1970：34.

②杨松年.《槟城新报》文艺副刊与早期马华文学[M].新加坡：新加坡青年书局出版，2010：1.

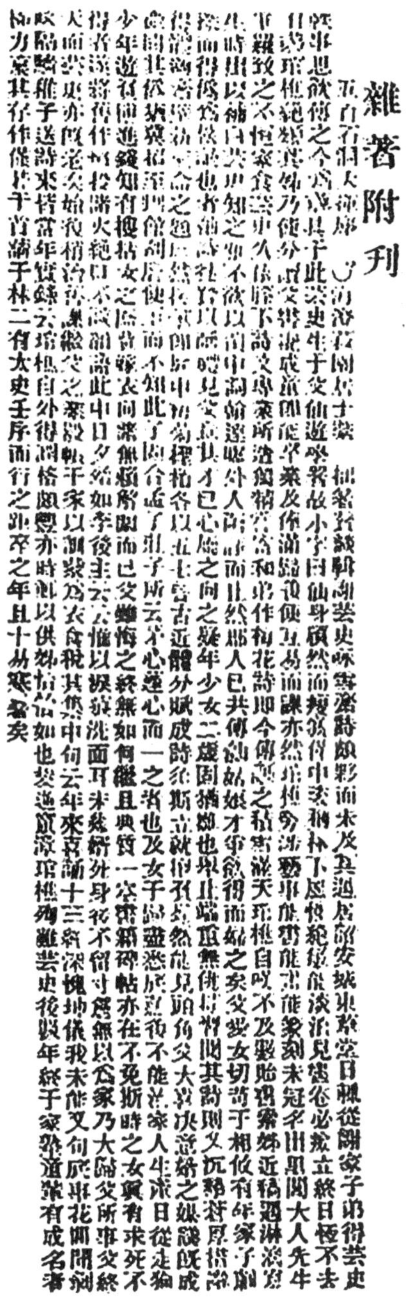
雜著附刊

图 7－1　《天南新报》的《杂著附刊》

图 7-2 《中兴日报》副刊《非非》

叶季允在《叻报附张》的发刊词中，阐释了报人的使命和报纸副刊的发展目标：

本报创刊之初，中国报风，尚居幼稚，国人囿于思想，局于见闻，粉饰太平，荒戏自乐，五洲要务，漠不关心，朝野新闻，但求悦目，是以各版体裁，庄谐并列，时而拔剑斫，时而把酒临风，时而卧薪尝胆，时而坐花醉月，坛坫之上，忽厕淳于，衣冠陡变，西旅携侧，东临责言，遍地干戈，漫天瘴雾，外患甫定，内忧旋生，变起宫廷，祸生肘腋，龙战未已，孤鸣顿张，八国东侵，两宫西狩，要闻大事，纷至沓来，电掣风驰，倏忽变化，薄海内外，引领关心，尺幅之中，应接弗给，尔时报牍，无暇更设附张。今则又殊于昔矣，局势纷纭，离奇莫测，安危续绝，皆未可知，谓其治，则四海咸切戒心，谓其盛，则弊政益复沸腾。治乱盛衰，争于毫发，于是热肠者建救时之策，冷眼者作避世之图，或则慷慨悲歌，或则佯狂晦迹，三间被放，则寄意于沅芷湘兰，信陵遭疑，则纵情于夫人醇酒。然则蒙庄怪诞，悉数箴言，曼倩诙谐，都为谲谏，言中有物，则嬉笑怒骂皆成文章，弦外留言，则月露风云，亦堪惊醒。

况夫欲正俗者先求于俗，毕竟村讴里唱，最易感人。善进言者，每婉其言，是知妙句清词，亦堪风世。噫！然则附张之设，诚属不容缓之图，此本报之附张所以特设于今日也①。

《叻报》设《叻报附张》(图 7－3)乃为刊登"怪诞""诙谐""嬉笑怒骂"之类文章，通过俚俗的作品去实现教化的功能，其中，"欲正俗先求于俗"的文学改良理念恰恰是庙堂文学所或缺的。

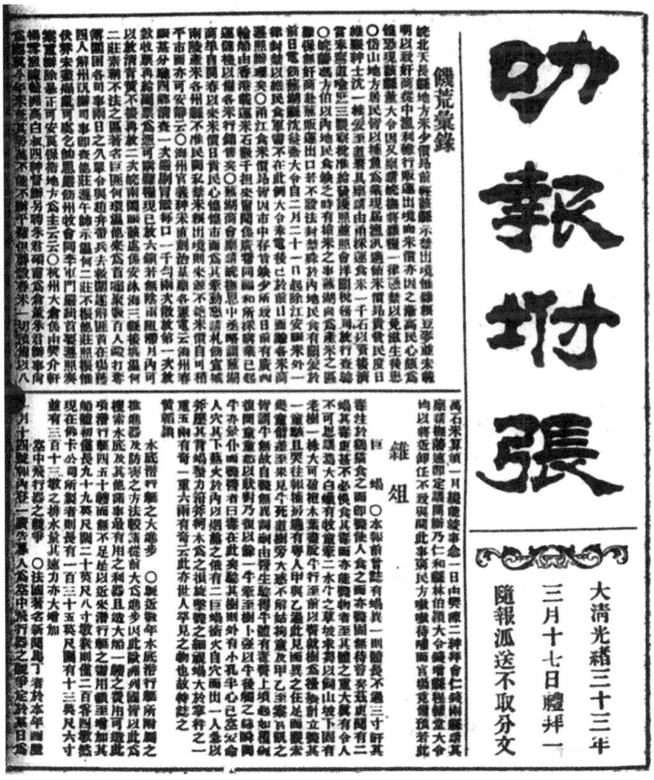
叻報附張

大清光緒三十三年
三月十七日禮拜一
隨報派送不取分文

饑荒彙錄

雜俎

图 7－3　《叻报》副刊《叻报附张》

叶季允本人不仅长于社论撰写，亦擅长古典诗词创作。1900 年 3 月丘逢甲从潮州出发，经香港、西贡、高棉，于同年 3 月 18 日抵达目的地新加坡，受到叶季允的热烈欢迎。叶季允在《叻报》赋诗《赠邱仙根工部兼东王晓沧广文》为其接风，抒发了新加坡华人移民

①《叻报》，1907 年 1 月 16 日。

的孤独心态和遇见故土文人的欣喜之情。

当涂月旦才人忌，叔世衣冠志士羞。

只有诗情抛不欲，愿随吟履细赓酬①。

丘逢甲以诗《答叶季允懋斌见赠》(四首)答谢：

平生风义柳堂门，雄直依然粤派存。谁料南荒柔佛国，听松庐更有诗孙。

万里飞腾志未乖，海山苍莽遣吟怀。他年岛国传流寓，诗屋人寻豆腐街。

廿载风尘粤客装，(魄)，公山远郁苍苍。自来海外称诗老，更望佗城作故乡。

劳赠才人绝妙词，天涯有客遍搜奇。独怜荒峤来相语，绝少韩陵一片碑②。

丘逢甲借对叶季允才情的赞赏，表达了自己对传统印象中荒蛮之地文人才子的喜爱，并叹息新加坡文人的好文章、好学风并不被中国人所了解，自己也是到了这样的处境才有机会领悟和拜读。他借助“独怜荒峤来相语，绝少韩陵一片碑”暗示流寓新加坡的文化名士正如南洋山上那些无人辨识的碑文一样，被埋没在荒草之中。面对丘逢甲作为文人的惺惺相惜，叶季允再以诗文《书感次邱仙根水部见赠元韵》唱和，“嫁衣金线年年压，输欲人间没字碑”，叶季允表明自己无意留名，甘愿帮他人作嫁衣裳。两日之内，他们以报纸为媒介诗作往来，见证了新加坡社会文化的早期状况。

《叻报》创刊次日，又有专文讨论副刊的意义，指出华文报纸增设附张，内容主体是“游戏文章”，文体包括诗词、谐文、粤讴等，而且和新闻要求一样，要有闻必录、警示社会，甚至将其视为“助文明之进步”的社会改良利器。

本报自开创以来，仅得正张一纸，所详正事而外无余地，以纪谐文，未尽谲谏之意，记者憾焉，是以附张添设，汇登游戏之文章，而我辈谐谈得以汇陈于报牍。诗词焉，谐文焉，杂志焉，粤讴焉，虽非词严义正，而有闻必录，未尝无补于刍荛，或设照妖之台，高悬秦镜；或醒睡狮之梦，时凿警钟；嘲笑为文，仿顾况之狂态；滑稽作辨，步曼倩之后尘；不为诽谤而止言，不为嫌疑而避讳，此记者当尽之责。

独是本报自开创以迄于今，屈指二十余年，附张未之前闻，得毋欲蓄理财之思想罴罴焉，以文章游戏动人耳鼓悦人眼帘，使报纸得以消流，利益频增囊橐乎？否不然，夫自西风东渐，人群日尚文风，而洲而埠而岛，靡不以报馆少为野蛮，报馆多为文明，无他，报纸者，所以广见闻开智慧，言有补乎民俗，举笔直陈；事有败乎民风，当头棒喝；孰邪孰正，历历详言。故近来多有视报馆为依归，而

①《叻报》，1900年3月21日。

②丘逢甲．岭云海日楼诗钞[M]．丘铸昌，校点．上海：上海古籍出版社，2009：166.

本报不得不尽其义务，添设附张，以助文明之进步焉①。

新加坡的华文报刊文学多以副刊为阵地，展现出多元化的文学场域，副刊文学的成长壮大始终伴随着不同文体、思想、政治背景的碰撞与交锋，从而形成了早期新华文学的张力，推动了南洋文学的发展。而这种张力，正是在报纸副刊营造的公共空间中形成的。

在人类历史发展的进程中，地域文化作为一个地区特有的文化样式，与时代的发展始终是不可分割的，时代发展的印记必然深深地刻在地域文化的表现形式之中。南洋在各个族群的交流与融合中生成了其文化特色，多元文化样式反过来也造就了南洋特殊的文学生产样式。在南洋热带文化土壤和特定的历史条件下诞生的副刊，成为新华文学史上独特而又有意味的存在。副刊通过征集、组稿等形式建构公共空间，展现华人文化认同。副刊的大众传播媒介属性，决定它势必要考虑在地华人的消费需求，处于雅俗之间，处于以华商知识分子为代表的精英群与普通大众阅读需求之间，成为极具包容性的文学载体存在。

南洋文学的在地化进程与媒介的现代性进程紧密交织在一起。报刊，尤其是副刊，作为一种媒介它不仅改变了文学的生产和传播方式，成为文学现代性的外在载体和传播渠道，而且是体现南洋意识觉醒的重要载体，它不仅实现了文学信息的传递，还给予南洋文学以具体意义。

第一，副刊文学在创作内容和叙事结构上，多选择与南洋市民生活密切相关的场景，或者底层华人熟悉的故事。它以讲述完整故事、为大众提供娱乐和消遣为主要目的，故事情节趣味性强，具有吸引力。这是由于早期报刊的商业化带来的向读者口味靠拢的必然趋势。它通过引起读者的注意提高销量，继而维持报刊的经营。华文报刊是华人的报刊，其内容既有对两地政治经济大事的报道，又有对南洋椰风雨林、骑楼宅院里的逸闻琐事的叙述，而对于华族民众所关心的日常见闻和衣食住行，更是津津乐道。在有意与无意之间，华族以报刊为场域，交流对异质文化的生活体验。华文报刊也成为本地华人交流他乡生活经验的阵地。

但是，报刊文学不同于精英文学的大传统，它不以思维的深度和审美为创作目的。副刊文学作品由白话文的新文学到旧体诗，粤讴、文言小说不同种类构成，以一幅南洋新旧文学与生活方式交叠的多元化图像呈现在研究者的面前。因此，在报刊中难免钩沉出一些奇闻趣事。《天南新报》的谐趣小文，如《杂俎谐谈——特别联句》，“某甲家少康一妻一妾俨然齐人，妻若妾又皆粗知文墨兼备，灶下婢供指顾而虽南面。王不易矣，偶妻妾争夕，甲不能为左右袒，因呼妻妾至前，谓若等皆耽吟咏今兴，口各自占联句，兴贴切身份者

①兆吕．看看附张出世[N]．叻报，1907－1－17(1)．

得侍毋争也，遂先朗吟云：'一篙两艇实难撑。'妻随回之曰：'撑不匀时故。'起争，妾沉思良久，红涨于颊不能续，婢悉其情不觉低声叹气，妾忙问曰：'了头叹气缘？'是婢乃即应声曰：'野渡无人舟自横。'甲听闻婢言，翌晨寻媒人来薄其妆奁遣之嫁去。"①华文报刊为早期华人交际提供廉价的文字消费，它注重展露华族社会广阔的生活，反映更真实的社会，铺陈华人生活的多样性，摹写社会的方方面面，大事件如国内政权更替、军阀混战，小民情如邻里纠纷、市井艳遇，社会场景如妓院赌场、戏园作坊。华文报刊文学以生活实录的形式，勾勒出海外华人社会的场景。

文学文本的情感维度是通过阅读文本的读者的情感体验塑造而成的，从这个角度而言，早期新加坡华文文学史就是一部文学的记忆史。报纸副刊作为一个公共文学空间，容纳了最多样化的文学表达样式，各种文学创作显示了副刊审美、文体和创作主题选择的自由性与丰富性。它不仅是南洋文学的发端地，更是推动各种文学类型产生的舞台。一篇篇作品所展示的内容都具有以华人接受性情感体验为基础的文化记忆。与此同时，报纸副刊为文学培养无数的创作主体与接受主体。副刊文学反过来提高了整份报纸的文化品位。尤其一些贴近生活的市井小说兼具时效性，容易联络报刊和华人民众的情感。

第二，副刊文学受中国本土文学，尤其是传统文学样式影响颇深。根据李奎《新加坡〈叻报〉小说初探(1887—1919)》统计《叻报》上刊载的笔记小说《说鬼两则》《左道门术》就分别提及《搜神记》和《太平广记》，而 1907－1919 年《叻报》上刊登的 128 篇笔记小说中有 35 篇来自中国同时期报纸上刊登的小说。在作品的主题上，副刊文学注重教化功能，以中国传统伦理规范为准。文学通常以天道轮回，善恶终有报为基本模式。好人近似完美，宽仁好施，乐善八方，坏人则几近奸邪，毫无伦理可言。

1909 年 12 月 15 日，《叻报》刊载历史小说《李十娘》，未注明转录，实际上是清人张潮编撰的文言短篇小说集《虞初新志》：

> 李十娘，名湘真，字雪衣。在母腹中闻琴歌声，则勃勃欲动。生而娉婷娟好，肌肤玉雪，既含睇兮又宜笑，殆《闲情赋》②，能鼓琴清歌，略涉文墨，爱文人才士。所居曲房秘室，帷帐尊彝，楚楚有致。中构长轩，轩左种老梅一树，花时香雪霏拂几榻。轩右种梧桐二株，巨竹十数竿。晨夕洗桐拭竹，翠色可餐，入其室者，疑非尘境。余每有同人诗文之会，必至其家。每客用一精婢，侍砚席、磨隃麋、爇都梁、供茗果。暮则合乐酒宴，尽欢而散。然宾主秩然，不及于乱。于时流寇讧江北，名士渡江侨金陵者甚众，莫不艳羡李十娘也。十娘愈自闭匿，称善

①《杂俎谐谈：特别联句》发表于 1905 年 4 月 29 日《天南新报》。

②原文此处有"所云'独旷世而秀群'者也。"一句，报纸转载时删去此句。

病，不妆饰，谢宾客。阿母怜惜之，顺适其意，婉语辞逊，概勿与通。惟二三知己，则欢情自接，嬉怡忘倦矣。后易名贞美，刻一印章，曰"李十贞美之印"。余戏之曰："美则有之，贞则未也。"十娘泣曰："君知儿者，何出此言？儿虽风尘贱质，然非好淫荡者，如夏姬、河间妇也。苛儿心之所好，虽相庄如宾，情与之洽也；非儿心之所好，恐勉同枕席，不与之合也。儿之不贞，命也如何？"言已，涕下沾襟。余敛容谢之曰："吾失言，吾过矣！"十娘有兄女曰媚姐，十三才有余，白皙，发覆额，眉目如画。余心爱之，媚亦知余爱，娇啼婉转，作掌中舞。十娘曰："吾当为汝媒。"岁壬午，入棘闱。媚日以金钱投琼，卜余中否。及榜发落第，余乃愤郁成疾，避栖霞山寺，经年不相闻矣。鼎革后，秦州刺史陈澹仙，寓丛桂园，拥一姬，曰姓李。余披帏见之，媚也。各黯然掩袂。问十娘，曰："从良矣。"问其居，曰："在秦淮水阁。"问其家，曰："已废为菜圃。"问其"老梅与梧竹无恙乎？"曰："已摧为薪矣。"问："阿母尚存乎？"曰："死矣。"因赠以诗曰："流落江湖已十年，云鬟犹卜旧金钱。雪衣飞去仙哥老，休抱琵琶过别船。"①

影响深远的华文报刊，大都聘用具有文学素养的文人压阵。华文报刊执笔人中代表性的有邱菽园、叶季允、黄乃裳、林文庆等。再如 1938 年 12 月，郁达夫受胡兆祥之邀，担任《星洲日报》编辑。这些早期华人创办或者刊行的报刊，不可避免地积淀了许多中国的要素与印迹。这些执笔人的生活历程、文化背景，以及各自的政治倾向决定了华文报刊的编撰风格和审美倾向。这些执笔人，大都有很好的教育背景，或者深受西学的影响，如林文庆；或者浸淫中国古典文化，有很好的经文词赋功底，如邱菽园等。中国传统知识分子与生俱来的忧患意识，呈现于报刊文学，形成一种强势的群体性传播主体，其审美旨趣、文化观念和政治理想等都在潜移默化地影响着本地社会。

邱菽园为早期流寓新加坡的华族代表，他既接受传统中国文学教养又受西学的熏陶，广结南来文人政客，并有雄厚家产作为支撑。在新加坡期间，他开展大量文教活动。报刊既是了解国内政局的窗口，又是在地文人唱和的阵地。《天南新报》长期开设专门的旧体诗专栏，如"词章杂钞""来诗照刊""词人妙翰""来诗类刊"等。邱菽园有许多未录入诗集的诗词作品都刊载在其上。值得一提的是，邱菽园本人在报刊上投注的热情，并非为了迎合一般民众的审美，更多是出于自身旧文人热衷风雅的情趣。

第三，顺应潮流的办刊主旨符合时代需求。对于往来新加坡的华人而言，晚清以降，故国遭遇的内忧外患一直是海外知识分子关注的中心。例如《叻报》主编叶季允办报初衷即服务社会："本报发行近 30 年，本人自创刊之日起便出任主笔，而在我的报人生涯

① 张潮. 虞初新志[M]. 郑州：河北人民出版社，1985.

中，我始终坚持报纸乃社会之公器。"①1921 年叶季允去世后，《叻报》衰落，并于 1932 年停刊。叶季允曾在《叻报》上指出，中国"抚二万里膏腴之地，有四百兆灵秀之民"，民众应该"既当创深痛巨之余，同作卧薪尝胆之想"，使国家"弭患于无形"②。副刊文学并非远离政治现场的乌托邦，亦如革命派报纸《中兴日报》副刊更多的是为革命制造舆论，如杂论《水浒传为制造革命之书》③，谐文《戏拟邱瑾女士由断头台致枉死》④。

清末民初的华文报刊创刊时期是新旧文学交替、雅俗文学共赏的时期。清末南洋华文报刊为照顾南洋士人阶层，常常刊载旧文学样式，这种文学样式对于底层华人而言，生艰晦涩，往往从题目上看不知所云，只有具有一定文史基础的读者，才能通晓题目与内文。这是作为文人的自我欣赏之处。清末民初的南洋华文报刊还迎合南洋上层华人和士绅的文化喜好。在当时的新加坡，能够读到华文报刊的，大都是具有一定文化素养的官商或士绅。他们阅读报刊，不单单是为了解境内外新闻，还借此获得文化带来的美感体验。处于同一社会阶层的报人和主笔们，深知读者的需求与口味。加之报刊初创时，急需稿件，于是有征集各类文体的告示出现，例如 1910 年 7 月 28 日，《星洲晨报》第 6 版刊载的征集楹联的告示，上联是"心死莫如求立宪"，请读者将对联邮寄至报馆。事实上，此类的文字征集活动在早期的新加坡华文报刊中非常常见。

与此同时，海外华文报刊发轫于西方传教士的办刊活动。以普通民众为主要争取对象的传教士报刊确立了以中下层阅读者为主要受众的目标。副刊文学中白话文的使用，更是吸引了华人新兴知识分子参与。新加坡华文报纸副刊在创立的前数十年里，对南洋文学的生成与建构发挥了重要的作用。文学文本一经作者写出，必须经由一个物质载体发表，变成文字文本，才能被读者读到，以《叻报》为代表的副刊文学登载了大量的文学作品，白话文的语言和表达方式逐渐被大众接受。新加坡的华文报刊虽然刊载旧体诗词、文言小说，但是更以白话文进行新闻传播的方式在大众中得到广泛认可。姑且不谈副刊刊载文学的质量高低，至少副刊能使作品迅速转化成社会共享的资源。报刊工业化的生产方式促进了文学创作迅速普及，有利于提高华人的文学欣赏水平。

副刊在华文报业发展史上具有独特地位，其重要性源于在提供新闻之外的文化传播意义，代表着文化认同，亦是体现文化价值的重要平台。从大众媒介的功能角度而言，它必须满足普通华人群体的文化诉求；但是作为早期新华文学的主阵地，副刊文学毋庸置

①陈蒙鹤．早期新加坡华文报章与华人社会(1881—1912)[M]．胡兴荣，译．广州：广东科技出版社，2008：41．

②陈育崧．南洋第一报人[M]．新加坡：星洲世界书局有限公司，1958：397－410．

③《中兴日报》，1907 年 12 月 7 日。

④《中兴日报》，1907 年 12 月 13 日。

疑地属于知识分子的精英文化，是创作者和报人个人文学理想和文艺品位的呈现。“报馆之笔，其义类是苟能按部就班，尽其在我笔墨之功，拙不必视他人之为毁誉而自沮自高。”①因此后来副刊的文学品位介于大众文化与精英文化之间，这也使得副刊具有“从属”于不同报纸和得以“自主”创作的双重性质。

随之带来的问题是，报刊文学作品数量多，但是质量不稳定，缺乏创作深度。文学关注社会人生是推动社会进步的利器，但作为作用于人的情感意志的独特的精神创作，更需要创作的自由性和文学主题的深刻性。清末民初社会动荡或许不允许报人们做过多的自我精神的反思，所以报刊上的文学缺乏经典传世之作。一个非常有代表性的由雅至俗转变的报刊是《天南新报》，早期《杂著附刊》多是古典诗词，多介绍邱菽园个人作品，后期则开设“杂俎谐谈”版块，体式杂糅，表 7－1 是《天南新报》运行最后三个月的杂俎谐谈部分内容。

**表 7－1 1905 年 2 月—4 月《天南新报》杂俎谐谈部分内容及提要**

| 时间 | 杂俎谐谈部分内容及提要 |
|---|---|
| 1905 年 4 月 29 日 | 妻妾故事 |
| 1905 年 4 月 28 日 | 题大舞台业报 |
| 1905 年 4 月 26 日 | 让妻为妾、富商养咸鱼 |
| 1905 年 4 月 25 日 | 谜语、诗词（八股、东三省、留声机器、钱） |
| 1905 年 4 月 24 日 | 谜语、特别演说（山东大学堂开学演说）、教者戏言 |
| 1905 年 4 月 22 日 | 伦敦报记俄人之口头禅 |
| 1905 年 4 月 19 日 | 蝙蝠 |
| 1905 年 4 月 18 日 | 将本求利（买官）、特别批词（讥讽无能官员） |
| 1905 年 4 月 17 日 | 谜语、刑官守法（英吉利官员） |
| 1905 年 4 月 15 日 | 谜语、难逃神谴（城隍审案） |
| 1905 年 4 月 14 日 | 粤讴、仿甲秋喜调、“有闻必录” |
| 1905 年 4 月 13 日 | 说忍（下） |
| 1905 年 4 月 12 日 | 说忍（上） |
| 1905 年 4 月 11 日 | 贻笑外人 |
| 1905 年 4 月 8 日 | 开口便借 |
| 1905 年 4 月 7 日 | 谜语 |
| 1905 年 4 月 4 日 | 必附豪宗 |

①《论报馆体裁》发表于 1890 年 2 月 18 日《星报》。

**续表**

| 时间 | 杂俎谐谈部分内容及提要 |
|---|---|
| 1905 年 4 月 3 日 | 酬胜灯(解心)、高阳女史 |
| 1905 年 4 月 1 日 | 新学家(关于维新学家)、貂褂 |
| 1905 年 3 月 31 日 | 观音诞(南音)、高阳女史 |
| 1905 年 3 月 30 日 | 义鳄(关于鳄鱼救人) |
| 1905 年 3 月 29 日 | 奉茶 |
| 1905 年 3 月 28 日 | 人格而有龟性质 |
| 1905 年 3 月 27 日 | 打虎头、烟有五德 |
| 1905 年 3 月 25 日 | 难为训蒙师、须知读书味 |
| 1905 年 3 月 24 日 | 杂俎谐谈:西国笑谈 |
| 1905 年 3 月 23 日 | 杂俎谐谈:变戏法 |
| 1905 年 3 月 22 日 | 杂俎谐谈:仍沿旧例 |
| 1905 年 3 月 21 日 | 李文忠祠匾联照录 |
| 1905 年 3 月 20 日 | 疑女权会录启 |
| 1905 年 3 月 18 日 | 孟子新讲义 |
| 1905 年 3 月 17 日 | 烟枪铭(四字歌谣)、睡癖 |
| 1905 年 3 月 16 日 | 拟劝僧尼还俗告示 |
| 1905 年 3 月 15 日 | 寓言(大鹏鸟) |
| 1905 年 3 月 14 日 | 说镜(小故事) |
| 1905 年 3 月 13 日 | 拟妓女增价告示 |
| 1905 年 3 月 11 日 | 饶舌尊者为烟客受戒作偈 |
| 1905 年 3 月 10 日 | 小故事 |
| 1905 年 3 月 9 日 | 两重奴隶 |
| 1905 年 3 月 8 日 | 不中抬举 |
| 1905 年 3 月 7 日 | 故事 |
| 1905 年 3 月 6 日 | 幕僚受无量之苦、优伶的无妄之灾(广东都督) |
| 1905 年 3 月 4 日 | 目中无人(故事) |
| 1905 年 3 月 3 日 | 知县糊涂、此妇力大 |
| 1905 年 3 月 2 日 | 闻蝇、水火(五行) |
| 1905 年 3 月 1 日 | 岁寒三友传(旧小说) |

续表

| 时间 | 杂俎谐谈部分内容及提要 |
|---|---|
| 1905 年 2 月 28 日 | 山西晋明小学课作 |
| 1905 年 2 月 27 日 | 续国债歌 |
| 1905 年 2 月 25 日 | 国债歌 |
| 1905 年 2 月 24 日 | 以耳为目 |
| 1905 年 2 月 23 日 | 小说 |
| 1905 年 2 月 22 日 | 战拟守局外中立者断结新旧学党互争案判词 |
| 1905 年 2 月 20 日 | 谜语 |
| 1905 年 2 月 18 日 | 谜语 |
| 1905 年 2 月 17 日 | 铁狼捕羊记(小说) |
| 1905 年 2 月 16 日 | 灯谜琐谈 |
| 1905 年 2 月 15 日 | 嫖大王本纪 |

华文报刊为以休闲娱乐为价值导向的市民文学提供了物质载体。这种满足不同阶层华人精神文化需求的快餐文学与报刊新闻每日更新的属性天然契合。而报刊的商品属性使得它以商业市场为导向,并形成文化市场的生产机制。在这一机制中,文学更类似一种商品,在以报刊为物质载体和传播渠道的基础上,形成文化生产的市场,进而引导作者以市场为导向写作,出现写作的商业化。报刊对华人作者和读者的影响很大。大众报刊的读者不仅仅有华人知识分子,还有普通民众,甚至有不识字的需要通过"倾听"读报获取信息的底层华人。普通华人读者的文化需求与传统的精英读者的文化需求不同,追求的是文化消费过程中的刺激和愉悦。因此,作家在创作时就不得不降低对文学艺术价值的追求,以通俗易懂的创作来满足读者的娱乐需求。

## 二、以报刊为媒介的文学社团

清末下南洋的人数剧增,早期华人移民在海外聚族而居,保持华人的文字习惯、文化传统而形成相对独立的华人社区。这种相对的独立性使得他们在与当地其他族群进行社会交往时,避免被同化。而能保持这种相对独立性的保证就是因为有华文报刊、华文教育和华文社团。此处具体谈谈华文社团,它能促进华人民族意识觉醒。华文社团具有华语教育、传播,文化传承与认同,精神存在与归依的多元功能。在进行报刊外围研究时,不难查阅到以华文报刊为媒介的在地社团,较有代表性的如会贤社、图南社与丽泽社等。其中,官办性质的是 1881 年由左秉隆创办的会贤社、由黄遵宪改建的图南社,它们都会按期拟定诗文课题，召集新加坡文人应答，对于优胜者还有奖金鼓励，还会将每期的优秀诗文登载于报刊。其中，私人性质的社团，如邱菽园于 1896 年创立的丽泽社，从创办之初就是一个纯文学团体，有时创办人邱菽园会亲自点评文学作品，给予物质奖励。

1.《叻报》与会贤社

新加坡作为东西方交通枢纽，被清政府称为“南洋第一埠头”①，是清朝设领交涉的重要地方。1877 年中国首个领事馆在新加坡落户，这是清政府取夷之长的结果，更是保护华侨、华商利益的必然结果。推动南洋设领的另一件事是王韬应香港英华书院院长理雅各的邀请，于 1867 年至 1870 年赴欧洲旅行，途经新加坡时，他希望清政府能在此驻扎，既保护侨民又可以传播中华盛名：

> 新加坡古名“息力”，华人之贸易往来者，不下十余万。多有自明代来此购田园、长子孙者。虽居处已二百余年，而仍服我衣冠，守我正朔，岁时祭祀，仍用汉腊，亦足见我中朝帝德之长涵、皇威之远播矣。闻前时斌京卿椿持节过此，曾有顶帽补服前来谒见者，其念念下忘名器之尊、故土之乐，有可知已。使我朝能以一介之使式临其地，宣扬恩惠，凭借声灵，俾其心悦诚服，归而向我，乐为我用，岂非于海外树一屏藩哉②！

最终付诸实践时，经不同政治势力博弈，中国领事由当地华侨领袖、商人胡璇泽（又名胡亚基）担任。但是由于他不是清政府直接派出的领事，而且清政府并不给予其经费和俸禄，因此，他还算不上是新加坡的第一位领事。真正意义上的新加坡领事是左秉隆。1881 年，清政府委派原驻英使馆三等翻译官左秉隆任领事。

左秉隆（1850—1924）字子兴，紫馨，号炎洲冷宦。祖籍辽宁，正黄旗人，清代隶属广州汉军忠山佐领。他前后两次担任新加坡领事，第一次从 1881 年到 1890 年，后被调去香港。1907 年 9 月，他再度担任新加坡总领事，直到 1910 年 9 月任满，辞官后流寓新加坡，到 1916 年迁居香港，同年 9 月回广州，1924 年卒于广州，被葬于广州北郊狮带岗。左秉隆在职期间，维护华侨利益，大兴文教，设义塾、开文会，可以从另外一个意义上说他开启了南洋文教的新局面。

左秉隆在新加坡大力推广中华文化，到任当年以受华文教育的侨民为对象创立会贤社，这是新加坡第一个纯文学性的社团。他招当地文人填词附文，并且定期拟定诗文题目，称之为“月课”，并且按照课题评判名次发放奖金，甚至将自己的一部分薪水捐作奖学金，颇有“启蒙运动”之势。在他的推动下，当地侨民先后创办书塾书室。因此，左秉隆在首任新加坡领事三年后，自我评判：“欲授诸生换骨丹，夜深常对一灯寒。笑余九载新洲住，不似他官似教官。”其中，

①柯木林. 石叻史记[M]. 新加坡：新加坡青年书局，2007：18.

②王韬. 弢园文录外编[M]. 北京：中华书局，1959：43.

"不似他官似教官"一句说明左秉隆在新加坡推广文教方面所做出的重大贡献。

在左秉隆创办会贤社的同年，新加坡华侨薛有礼创办了东南亚第一份报纸《叻报》。会贤社每月初在《叻报》上公布课题并限定初十截卷，由报馆收卷再转呈南洋领事署。左秉隆根据课卷的优劣分等级评选，并于次月公布课题的同时将上一期的课榜登于《叻报》。"孰意领事左公，特创会贤社，头家薛氏独为《叻报》之东，课题则佳作偏多。讵仅北人能好学，主笔则出言有识，莫轻南地，总无才甚"。这句话来自会贤社第一名罗翼唐所撰《与友人论新加坡情形书》。此外，左秉隆本人的诗作也有部分刊载在《叻报》和1890年开始创办的《星报》上。通常，月课题目是围绕中国儒学经义进行的，现在可查的38次课题中，涉及《论语》的就有20次，其余也多围绕《孟子》《尚书》《礼记》开展，如"人皆可以为尧舜论"①，"政贵于民同好恶论"②，"人之行莫大于孝论"③等。自光绪十三年(1887)六月至光绪十七年(1891)六月，除停课两期，缺漏七期之外，《叻报》共保留了四十期的社课。1890年，伴随左秉隆第一次卸任，会贤社结束历史使命。此外，1882年至1890年，左秉隆还创办英文雄辩会，让在地华人就社会问题展开辩论。

2.《叻报》《星报》与图南社

1890年12月，左秉隆的继任者黄遵宪延续左秉隆的文教事业创立图南社。执行方式基本同于会贤社。1890年12月2日，《星报》《叻报》同日刊载黄遵宪的《图南社序》：

> 天道地气皆自北向南，南洋诸岛自海道已通。华民流寓者甚众，远者百数十年，颇有置田园长子孙者，大都言华言，服华服，守华俗，豪富子弟兼能通象寄之书，识佉卢之字，文质彬彬可谓盛矣。夫新加坡一地附近赤道，自中国视之正当南离，吾意必有蓄道德能文章者应运而出，而寂寂犹未之闻者，则以董率之乏人而渐备之日尚浅也领事左子兴观察，究心文事，创立社课，社中文辞，多斐然可观。遵宪不才，承乏此间，尤愿与诸君子讲道论德，兼及中西之治法，古今之学术。窃冀数年之后，人才蔚起，有以应天文之象，储国家之用，此则区区之心，朝夕引领而企者矣。抑庄生有云：鹏之徙于南溟也，风之积也不厚，则其负大翼也无力，而后乃今将图南。今取以名吾社，二三君子其共勉之。

一方面，黄遵宪在新加坡期间，为会吟社和仰光文社评选文社课题。《星报》记载黄遵宪评价左秉隆对课题的评判标准：

> 犹忆前任领事官左子兴都转，每当吟课批发多有应题拟示数联，为多士矜式，士林至今颂之。今读黄观察批评元卷，示人以规矩准绳，更觉精切，不易其

①《叻报》，1887年8月20日。
②《叻报》，1887年9月17日。
③《叻报》，1888年12月5日。

循循善诱之心，可想见矣①。

此外，在课题的考察内容上，黄遵宪的课题更多是围绕华侨社会的具体事务展开的。黄遵宪对当期的获奖者进行点评时，所采用的准则就是“力避恒蹊，务求新颖”，“但求有书有笔，能以己意融化故实者，虽务去陈言，仍以不失自然者为贵”②。这和他自己提倡的“我手写我口，古岂能拘牵”的新派诗歌创作手法是一致的。表 7 - 2 是黄遵宪任职时期会吟社的评选课题和第一名的联句及黄遵宪给予的评语。

**表 7 - 2　黄遵宪时期会吟社的评选课题和第一名的联句及黄遵宪给予的评语**

| 期数 | 吟题 | 第一名的联句 | 黄遵宪评语 |
|---|---|---|---|
| 一 | 潮〇〇〇〇〇〇，〇〇〇〇〇〇来 | 潮似知时朝复暮，春来有脚去还来 | 顾视清高气沉稳，对句不即不离，益见心灵手妙 |
| 二 | 〇问〇〇〇〇〇，〇〇〇〇〇〇多 | 学问驹阴人惜少，功名鸡肋我尝多 | 隽永有味，含毫邈然 |
| 三 | 鱼〇〇〇〇〇〇，〇〇〇〇〇〇人 | 鱼不易求虚负我，马犹难识况知人 | 自然浑雅而思表纤旨，弥然有趣 |
| 四 | 老木声酣认雨来，〇〇〇〇〇〇〇 | 老木声酣认雨来，空山影缺呼云补 | 思入环中意超象外，可谓大雅不群 |
| 五 | 南〇〇〇〇〇〇，〇〇〇〇〇〇声 | 南国衣冠崇雅望，北门销鑰夺先声 | 冠冕堂皇、气宇不凡 |
| 六 | 新〇〇〇〇〇〇，〇〇〇〇〇〇书 | 新军大漠橐弓返，太史明廷弭笔书 | 典重高华如读高岑，应制诗 |
| 七 | 书〇〇〇〇〇〇，〇〇〇〇〇〇生 | 书到误处添多少，节到全时置死生 | 目空一切、胸有千秋 |
| 八 | 秋〇〇〇〇〇〇，〇〇〇〇〇〇声 | 秋水光芒刀出鞘，骕骦遗赠马留声 | 气韵沉雄、余味曲包 |
| 九 | 闲〇〇〇〇〇〇，〇〇〇〇〇〇来 | 闲来一事栽花去，时有谋生问字来 | 俯拾即是妙造自然，何蝯叟有一联云：坐到二更合眼即睡，心无一事敲门不惊 |
| 十 | 寿〇〇〇〇〇〇，〇〇〇〇〇〇龙 | 寿世大文高五凤，藏山古籍护双龙 | 高华沈实典丽裔皇，有涵一切气概 |

①会吟课题榜发表于 1892 年 12 月 26 日《星报》。

②会吟课题榜发表于 1892 年 12 月 26 日《星报》。

另一方面，改组会贤社创立图南社。黄遵宪上任后为在当地积极倡导中华文化，促进国家认同、提高民族效忠意识，将会贤社易名图南社，取自《庄子》："鹏之徙于南冥也……风之积也不厚，则其负大翼也无力。故九万里，则风斯在下矣，而后乃今培风；背负青天而莫之夭阏者，而后乃今将图南。"他依照前任左秉隆的做法，亲任图南社督学，按月出题比赛，并且捐出俸银，以资奖励。同时，黄遵宪还经常亲自批阅文稿，决定等级。"月课题目，皆南洋时务，实欲借知风土民情。"根据现存二十五期课榜名录估算，黄遵宪在职期间，呈交课卷的文人应该有千余人，而参与月课的人数更是多于左秉隆时期的会贤社人数。"每课收卷至百余本，多有从麻六甲①、槟榔屿等埠寄来者"，"其拔选前茅者，粤之中西报、上海之沪报，辗转钞刻，互相传诵"②。每次比赛的咏题、获奖作品和名单都刊登在《星报》，这对当时的新加坡及其邻近地域产生巨大影响。

黄遵宪主持图南社期间，所出的课题包括论文和诗歌都对时境有所关注。但是从内容上看，图南社的课题主要是以政论文为主，而政论文主要是以华侨事务和新加坡社会文化为主，兼顾中国问题。根据叶钟铃在《黄遵宪与南洋文学》中的数据统计，图南社的课题涉及南洋方面的有政治类1卷、经济类1卷、礼俗类8卷、医药类3卷、教育类2卷、新闻类2卷、语言类1卷、科技类2卷，涉及中国方面的，有治类1卷、经济类5卷、军事类3卷、侨务类7卷。在此，列举一些图南社的月课论文：《拟请派海军保护出洋华民论》《劝华人多阅新闻纸以扩闻见说》《问：领事官应办之事，诸生各举所知以对》《南洋各商宜效西法设立商会议》《巫来由文字考》《重商论》《新加坡风俗优劣论》《美国限制华人新例论》《出洋华民日多，有倡议禁止出口者，试详论其利弊》《拟华人公立施密总督德政碑记》《问：各国管理地方均于街道设立巡捕，而中国独立，今欲增设，其利弊若何》《暹法交涉拟请派战船保护华人论》《问：华人以夫为妻纲，于律妇人有罪，罪坐夫男。而西律男女同权，各得自主，离婚之案。不可胜数。我华人等既居西地，宜遵西律，而于华人政俗，大相乖异。宜有何法，可以挽各救，举所知以对》《泰西诸国均禁娼禁赌，而西人于属地或禁或不禁；又有许娼领牌，令商人充赌饷者。其异同得失何如？试详陈之》《南方草木赞》《中国于暹罗事宜，宜如何处置，以保华人而收实宜》《丁军门统率战舰南巡记》《论南洋生长华人宜如何教养以期利益》《外国之富在讲求技艺，日新月异，所以制造多，商务盛，藉养穷民无算，未悉泰西技艺书院分几门，学几年，艺乃可成。我中国何以尚未设技艺书院，各省所设西学馆、制造局、多且久矣，未悉有精通技艺机器之华人，能独出心裁，自造一新奇之物否，必如何振兴其事，斯不借材异域，请剖析论之》《南洋妇女流品淆杂，风俗浇薄，

①麻六甲，即马六甲。

②叶钟玲.黄遵宪与南洋文学[M].新加坡：新加坡亚洲研究学会，2002：1.

今欲清流品而挽俗。一是凡良家妇女欲来南洋者，拟由各帮绅董查明良善，取具保结，呈请领事发给护照，寄回内地，以利端行。其无护照者，必严查细察，是否诱拐，以分良贱。二是南洋各处有节烈妇女，拟由各绅董茶坊具报，禀由总领事奏请旌表，以昭激劝。三是凡妇女呈请离异者，拟由绅董联衔，禀请地方官体察华俗，变通英例，务得确情，以杜背叛。以上三策，是否可行，有无利弊，诸生其祥陈之》《世俗通行风水、卦卜、相面、择日各说，有何裨益？何者较为可信？试详陈之》。亚细亚洲当力战以图强，古典诗词的课题大都以风景、山水为主，却有意突出南洋色彩，如《新加坡海堤望月感怀》《新加坡竹枝词》《每逢佳节倍思亲》《新加坡草木诗》《南方草木赞》《万顷光波上下》《铜鼓赛江神》《骂死边草拳毛动》《东征歌》《与客携壶上翠微》等。

图南社征选的政论文和诗歌大都刊载在新加坡华文报刊《星报》和《叻报》上。这些文稿，从不同角度记载了当时南洋华人的社会活动。这些都是研究新加坡华人社会的宝贵资料。这些以华人的语言、文字、文学、艺术、历史、文化等社会意识形态为研究对象的论文和诗歌，对中华文化的推广与普及起到重大作用。正如《星报》所言：

> 自海禁开而遐陬僻垠之区，莫不有骚人墨客托迹其间，或屡兴善社，或创建吟坛。文运虽由天开，文衡实赖人群，故自我中国派设领事来驻是邦，风俗民心虽有渐次转移，而与振兴文教，又去彰明著者也。
>
> 即如本坡会吟社诸同人，较以吐风之奇才，作雕虫之末技，抽黄对白，遣兴陶情，迭蒙黄公度观察评阅，奖励有加。本馆亦乐闻其事，凡有课作，悉录报章，借以表扬声教四讫之盛治，俾远近各风兴起也①。

黄遵宪改组会贤社为图南社的意图在于发扬南洋华人华侨的学术文化，更重要的是加强对中国的认同和效忠意识。正如他本人在《图南社序》中所言："遵宪不才，承乏此间，尤愿与诸君子讲道论德，兼及中西之治法，古今之学术，窃冀数年之后，人才蔚起，有以应天文之象，储国家之用，此则区区之心，朝夕引领而企者矣。"所以，对于图南社的成立，当时的新加坡报纸也指出其成立意义为"三善"，即尊王、重道和体恤寒畯。

黄遵宪自身兼具文人身份和政客身份，他提出将文章分为"文集之文"和"报馆之文"，这是更鲜明的辨体观，"变一文体为适用于今、通行于俗者"的观点也正是建立在对报刊文字的考量基础之上的。

如黄遵宪于 1894 年 5 月为图南社所出的文题为"论生长南洋华人宜如何教养以期利益"，首奖获得者黄启让在论及如何教养事宜时认为："吾闻用夏变夷者，未闻变于夷者也。南洋诸华人亦庶矣哉。然善教养之，则能用夏变夷；不善教养之，则反变于夷。"他建

①《吟社继兴》发表于 1893 年 4 月 21 日《星报》。

议借鉴西方和中国两方面的经验发展自身经济："一则有者宜使常保其有也。富厚之家，基业饶裕，务使训饬其子弟，使之勿耽于怠惰，勿狎于冶游，勿沉于饮博，惟永敦此克勤克俭之素，而家业日起，无忧中落矣。一则，无者勿始终窘于无也。方今失业者众，弊窦丛生，当速为之代图一饱之谋；或仿照西国多联建公司，使若辈有所执役；或仿照中邦，倡立各行工作，使彼得以计工而食，则饔飧有给，无忧失所矣。"①

3.《叻报》《星报》《天南新报》与丽泽社

1896 年 9 月，《天南新报》的创办人邱菽园创立丽泽社，除了在新加坡本埠，还在马六甲、槟城设访事员和收卷处，课题通常同时发布在《叻报》和《星报》："每期定朔日拟题，望日截收，廿五日放榜。"②邱菽园不仅自费奖赏获奖者，"每课谢教冠军各十二元，殿军各六元"③，更是投入极大的精力，"每至夜漏将残，东方欲曙，犹复披览吟哦，尚未少辍，盖不知煞费几许苦心"④，在物质奖励的刺激下，丽泽社产生很好的影响：

> 首期通收六百余卷，至次期则收至千百余卷之多，足见雕龙妙手吐凤奇才者，日盛一日，洵海外之美谈也。复荷邱菽园孝廉逐句评阅悉加点窜，其循循善诱之心跃然纸上，且复择优嘉奖至优极渥，诚开南洋各岛以来之所未有也⑤。

《天南新报》对于丽泽社的活动多有报道：

> 菽园老师现于叻地倡建诗社，不惜润笔之资，使一时文学兴丰，诚宏奖风流之至意也。自愧简陋无文，未能趋承雅教，共执吟鞭，怅何如也。爰不揣固陋，漫锡四字曰"海国儒宗"，并楹联曰："会设星洲果能敬业乐群伫见海滨成邹鲁，社开丽泽从兹熏陶鼓舞还期岛峨萃人文。"⑥

丽泽社以孔孟之学为主，"星洲丽泽社，丙申始创，不过诗联、诗唱等题，继而兼课制艺、帖括、词章、时务，前后钞存，将来汇刻，传诸其人。"⑦丽泽社早期课题以旧体诗为主，后来增加社论。1896 年 10 月至 1897 年 11 月基本上全部以旧体诗为课题，1897 年 10 月开始，又增加经义社论，如"但也是以寒然后知松柏后凋也，子曰智者不惑仁者不忧勇者不惧"（1897 年 10 月题目），"多闻择其善者而从之，多见而识之"（1897 年 11 月题目），

①叶钟铃. 黄遵宪与南洋文学[M]. 新加坡：新加坡亚洲研究学会，2002：166.
②《星报》1896 年 11 月 5 日。
③《星报》1896 年 10 月 13 日。
④《丽泽社二课谢教录》发表于 1896 年 10 月 31 日《星报》。
⑤《丽泽社继兴题目》发表于 1896 年 11 月 5 日《星报》；又见 1896 年 11 月 5 日《叻报》。
⑥芸香子. 海国儒宗[N]. 天南新报，1899 - 11 - 27(1).
⑦摘录于丘炜萲《五百石洞天挥麈》卷 11，1899 年，第 251 页。

“子曰君子病无能焉”(1898年1月题目)。1897年12月开始题目多样化,涉及文体、经题、古学等。摘录当期题目①:

文题:(子曰)道不行,乘桴于海,从我者,其由与。子路闻之喜。

试帖:赋得铜雀伎,得曹字五言八韵。

经题:言告师氏一章。

古学:鲁肃周瑜优劣论/楮先生传/青灯有味似儿时赋/七洲洋放歌(五七古不拘)。

咏史题不拘体格:贾谊、范滂、谢安、王猛、温峤、杜甫、张巡、韩偓、苏轼、陆游。

咏物题:帘、灯、屏、镜、落花、残照、归帆、旅馆(以上各作五律一首不拘韵)。

由于1901年之后查不到丽泽社的相关信息,我们可估计其消散时间即此。

## 三、华文报刊的常见文体

报刊是进步文人眼中的“治国之利器”,促进了文体格局的演变。报刊因传播新内容带来新的文体,如新闻评论、社论、通讯、翻译体、告白、广告、发刊词等诸多文体。引用1901年梁启超在《清议报》上所言:“自报章兴,吾国之文体,为之一变。”②作为新媒体的报刊,受众面广泛,为文体格局的演变提供条件。从文学的角度而言,常见的如小说、诗词、杂文、谐谈、南音、粤讴等。下文介绍几种具有代表性的报刊文体。

1. 小说

目前可见最早的报刊小说应是1817年《察世俗每月统记传》连载传教士中文小说《张远两友相论》,米怜用中国章回小说的形式来阐述基督教教义。此后,各类报刊或以专门的栏目,或以副刊的版面呈现南洋小说大观。从文体的角度而言,19世纪末以来的华文报刊对文学文体的影响,外在的直接表现是它改变了传统的文学体裁的格局,使旧的文学样式从中心走向边缘,小说这种文学体裁的数量明显高于其他文体。

阿英先生说过,印刷事业和新闻事业的发达,是晚清小说繁荣的重要原因。华文报刊的发展促进小说的繁荣,较中国古代小说的手抄和线装形式,机器印刷业的繁荣为小说发表和传播带来极大的方便,并对作家的创作心态、作品的产出形式以及广大受众的阅读心理产生了巨大的影响。

小说在中国传统文学视域中,是不登大雅之堂的俗文学。但清末以来,情况却发生

①《星报》,1897年12月9日。

②梁启超.中国各报存佚表[N].清议报,1901-12-21(1).

了根本性的改变，伴随人们对中国传统文化的重新认识，人们开始强调小说的社会功用价值。远离中国文学现场，小说的创作不用拘泥于教条的范式，反而更加挥洒自如。其创作的数量、体裁、叙述模式为日后华语文学的发展奠定了基础。就清末新加坡报刊小说而言，呈现出以下特点。

首先，创作语言以文言文为主，1887 年至 1912 年期间，报纸副刊文学多以旧文学为主，有时也有文白夹杂的情况。直至 1925 年，重要的报纸副刊如新国民日报的《新国民杂志》、叻报的《文艺栏》和《叻报俱乐部》，南洋商报的《商余》文体样式才更为丰富广泛，半文言半白话的语言更为明显。一方面，受中国写作传统的影响，早期创作者缺乏白话文创作的经验。加之清末中国依然处在文言、白话分离状态，文言仍是“正统”地位，这种情况影响了报刊小说的创作语言。另一方面，报刊小说，篇幅有限，文言文言简意丰的表达更容易适应版面安排，更似是一种受传播方式影响的“新闻文学”样式。如早期《叻报》语言多采用文言文，后伴随中国境内白话文运动的兴起而使用白话文和现代标点符号。

其次，创作文体是新闻体和小说体杂糅。“吾以为人类于重英雄、爱男女之外，尚有一附属性焉，曰畏鬼神。以此三者，可以赅尽中国之小说矣。”①梁启超根据题材将中国传统小说分为三类。华文报刊上的小说主要有神怪、纪实、世俗小说几类，由于部分小说作者本身具有社论报人的身份，所以叙事方式虚实结合，新闻体和小说体杂糅。新闻传播与文学联姻带来文学生产机制、传播机制和接受机制的变革。新闻和文学之间的区别在于，新闻强调的是真实性，而小说侧重虚构性。但随着文学在副刊上的呈现，两种文体样式联姻，形成同构关系。加之许多作家兼报人从事报刊编辑、书籍出版等工作，将其作品发布在报刊之上，促成很多小说作品在传播方式上发生转变。就其文体形态演进而言，报章体通过结构嵌入、情韵迁移和语言化用等多方式对小说文体的发展起到催化作用。如讽刺保皇派康有为的小说《癫圣人》等（《星洲晨报》，1909 年 12 月 8 日）。报刊要以营利维持，就必须迎合读者，贴近市民生活，就不免媚于风俗。一些之所以存在时间长的报刊，如《叻报》，除了保持自己的特色之外，还能在迎合南洋社会文化的前提下，力求雅俗共赏。

再次，连载小说频繁出现。在副刊上发表的作品篇幅一般都比较短小精悍，因此，除了一些新兴文体如杂文、小品等，副刊促使了原本的一些文学体裁的改变，如从宋朝的话本、拟话本，明清以来的章回小说脱胎而来的连载小说。文体格局的变化使中国现代小说理论资源吸收合法性的问题得到解决。篇幅所限，加之受到西方文学样式的影响，报刊中除了社论之外，也有了“长篇连载”这一样式。这一文学样式引起读者的阅读兴趣和

①梁启超．小说丛话[J]．新小说，1903(7)．

关注,在文本设计和情节设计的曲折性上更贴近生活,早期华语文学中的现实主义亦由此萌芽。报刊为了吸引读者阅读,连载小说情节一般跌宕起伏,形成不同于一般小说的叙述特点。如《中兴日报》的副刊《非非》连载笔名"沧桑旧生"的武侠小说《哀山崖》三十四回,笔名"大汉世民"的《金锁连环》四十七回。1909 年 12 月《星洲晨报》连载志怪小说《百足珠》,1910 年 3 月《星洲晨报》刊载秋人以清代李汝真的奇幻小说《镜花缘》为依托撰写的章回小说《镜花后缘》,占据多个版面。这些连载小说并非按照发刊时间每期都有,而是根据作者的写作效率不断被推出的。

最后,与社会之风气关系最大。报刊小说对社会现实表现出强烈关注,尤其展现对国家命运的关注、对时政时弊的抨击、对底层华人艰难生活的同情。与中国古代小说相比,南洋副刊小说的突出特点就是因为新闻事业的发展,报刊鲜明地体现了近代小说的时代特征,通过市场左右着小说发展的走向。报刊对小说尤其是章回小说的影响,表现在小说主题的时效性和语言的新闻性两个层面。例如报刊新闻的时效性特征影响小说去叙述新近发生的事情、发生在读者周遭的事情。这导致一般读者会模糊文学与新闻之间的界限,在文学创作上虚实杂糅。这带来一个突出的问题,这种商业模式对作家创作有时间要求,迫于刊载的即时性,如每日刊载,作者没有时间逐字打磨,因此,口语化的创作大量存在,导致优秀经典文学作品数量受限。

**吓坏留学生**

招牌高挂,门面堂皇,声势浩大,花草娇艳,某某报馆之表面也。西装者七八人,围坐其中,疾首蹙额,细语模糊。咨嗟声、愤恨声、忏悔声、一并而起。中有貌如水手者,哭失声。顿足长叹曰,早知今日吗,悔在当初。来者劝曰,毋徒哀,战务方急。

再欲有言,忽壁上时针,冬冬五打。小厮飞进入内。手持报纸一束。众者皆惊惶万状,貌似水手者,畯育(口旁)一声,众视之,已面无人色。中有大胆者,伸手接报纸一看,则上海各报也,急以告众,众皆赞曰:"幸得汝在!"

俄小厮又跑来,手持报纸一束,众曰,上海报耳,争欲先睹,忽报上露出一总字,众又欲先奔,厅上柜椅,皆被推倒,中又有一人拼命取来一看,则粤省之总商会报也,急以告众,众皆赞曰:"幸得汝在!"

小厮观此怪象,吃吃笑不可抑,似有意捉弄之。

候《总汇新报》到,以别报覆其上。双手送去,某某接到,再为批阅,则"总汇新报"四字忽现目前,倒退地上,视之已昏去,众急救之,仍有大胆者取来复看,则正章无别言,又急以告众,众又争看,至附张某页某段,小厮从旁高声朗诵。众闻言又魂飞魄散,拼命飞跑,至吉宁街十里外,始敢停步,私议曰今日之攻击如此之甚也。三千毛瑟，真可畏哉，语毕，众人审视，不见貌似水手者何在，诧曰，何彼此次如是之大胆耶。即遣人往看，则吓坏①。

上面这段文字以《总汇新报》和《中兴日报》的论战为时代背景，虽然从《总汇新报》的角度看，颇有虚张声势之嫌，但是小说和新闻、时政的关系也足以在此度量。

2.古典诗词

中国传统文人，尤其是唐宋时期文人通常利用日常的生活用具、寺庙的墙壁、摩崖石刻等或艺术手段，如吟唱、书法、绘画等传播文化。诗词创作和吟诵犹如中国人的文化记忆，深深地印刻在血液之中，成为生活中的一部分。晚清时期，伴随现代出版业的发展，报刊成为文学的载体，诗词创作观念和题材内容都与以往有所不同。清政府危机重重，内忧外患日益加剧。远离中国科举考试这样得以实现阶层跨越的场域就在南洋，南洋文人并不像传统中国知识分子一样读经义、考功名，大多是出于个人喜好而进行创作。起初，为吸引诗词作者，许多报刊采取了一些行之有效的措施，不仅免费刊登，而且对优异者进行奖赏。于是，古典诗词作者，尤其旧体诗的作者与报刊就很容易结合起来。在适应了报刊这一平台进行创作后，作者对社会现实的认识更加清醒，创作的题材、内容也在发生变化。

受经济所限，抄本、刻本作为诗词传播的重要方式确实存在于南洋，因为有财力出版诗集的终是少数。近代印刷技术无疑促进了古典诗词的传播。旧体诗词与报刊传播方式之间的调适，推动着新加坡华文旧体诗的发展。除了前面讨论的各类文社在报刊上征募课题，华文报刊还开辟旧体诗栏目，如“诗苑”“词林”“文苑”等，邱菽园在《天南新报》专门开设旧体诗的专栏，如“来诗照刊”“词章杂钞”“来诗类刊”“词人妙翰”等。当时报刊还刊载新加坡本地文人和中国本土文人的唱和诗歌。

在受传统教育的士人眼中，使用文言并非只为单纯传递信息，而是有凸显社会身份的象征意义。古典诗词强调联词对句，创作群体少，阅读者也极少。这种传统文人创作的形式，因曲高和寡而没有形成更大的影响力，因此也导致读者的流失，流播时间过短。

尽管五四运动之后，新文学一片繁荣，旧文学样式退出新马文学主战场，但是《槟城新报》副刊中的《诗词专号》依然从 1930 年 12 月 6 日持续出刊到 1936 年 5 月 30 日。1935 年之前，每周出版一次，从 1935 年 2 月开始，每两周出版一次。

在古典诗词中，还有大量的竹枝词，现存报刊中第一首竹枝词应是 1888 年刊载于《叻报》的林会同的《福州南台竹枝词》。此后，竹枝词的创作在南洋源源不断，根据新加坡李庆年先生的统计，现留存在各类报刊上的竹枝词约有四千余首。丘逢甲、王恩翔、叶

①《吓坏留学生》发表于 1908 年 7 月 7 日《总汇新报》。

季允、邱菽园、萧雅堂等人均以南洋风物为题，吟咏南洋风土。这些文人对南洋的感情很复杂，一方面对异域文化好奇震惊，另一方面又有对故土家乡的思念感怀。这种特殊的历史文化背景使不同文化在南洋这片土地上发生了强烈的冲突和交融，给南洋竹枝词带来了独特的“混血”色彩。如丘逢甲《槟榔屿杂诗》，既有对南洋风光的体验“谷绣林香万树花，青崖飞瀑落硌砑”，又有对于中华文化的描述“海外居然谱学通，衣冠休笑少唐风”①。对于南洋的到访者而言，创作竹枝词的内在情感往往与中国社会政治联系在一起，表达的更是一种政治情感。

南洋的民风民俗和社会景观比流动的文人过客或者历史事件更加具有稳固性，因此常常成为诗词描写的异质文化空间的首要层面。诗词中呈现出的是复杂多样的南洋社会。如邱菽园《十六夜即事竹枝词》中“莫道今宵惯浪游，最矜名节是星洲”②呈现的是南洋华商文娱生活的场面，如梅宋博《星坡竹枝词十五章》中“百货骈罗纷夺目，喧阗夜市闹人声”③反映了南洋社会的灯红酒绿以及不同种族文化的人欢聚的情景，又如郭璧君《南洋竹枝词》中“谁家少妇与顽童，口吃槟榔去食风”④则反映了各个种族的人们和宗教和谐共生的社会情境。事实上，这些家境尚好的文人，不同于下南洋做苦力的贫苦大众，他们笔下的南洋一片祥和，“天南名胜我曾游，第一繁华是此洲。寄语翩翩年少客，烟花除□莫淹留。”⑤不见窃贼暴力、坑蒙拐骗、横征暴敛，更不见时代的渣滓浮尘。竹枝词这一创作文体出乎意料地将南洋文人变成了文化的启蒙者，他们不但自己要在他乡苦中作乐，而且开始传播文学来拯救他人，这使得南洋竹枝词的叙事出现强烈的跨文化特质。

在新加坡文化广泛接受中华文化的大背景下，在新加坡华文旧体诗深受中国古典诗歌影响的前提下，其旧体诗与中国古典诗词所表现的内容题材自然存在一种仿效的关系，中国古典诗歌的内容题材对新加坡华文旧体诗的影响是极其深远而丰富的，篇幅所限，很难一一列出，下文举例说明。

首先，儒家思想是中国古典诗歌所表现的内容。儒家思想的“忠”“孝”“仁”“义”等思想也成为新加坡华文旧体诗所经常表现的内容。清政府派往新加坡的第一任领事左秉隆在其诗集《勤勉堂诗钞》中，总结自己在新加坡的事业时称：“欲授诸生换骨丹，夜深常对一灯寒。笑余九载新洲住，不似他官似教官。”这种提携后人，文教兴邦的思想跟左秉隆在中国本土所接受的教育有绝对的关系。

①《叻报》，1900 年 5 月 23 日。

②1909 年 2 月 8 日《总汇新报》，词苑版。

③1909 年 6 月 24 日《总汇新报》，词界版。

④1915 年 4 月 30 日《振南报》，文苑版。

⑤元元. 星洲即事[N]. 中兴日报，1908 - 8 - 6(1).

其次，佛教是中国传统文化中的重要组成部分，成为中国古典诗歌所表现的思想内容。例如，唐朝王维的《过香积寺》："不知香积寺，数里入云峰。古木无人径，深山何处钟。泉声咽危石，日色冷青松。薄暮空潭曲，安禅制毒龙。"而本书所涉及的新加坡华文旧体诗作者在本土受到佛教的影响同样一直延续至海外的创作，例如邱菽园在《戏赠陆夫人》中写道："知尔金经勤呗诵，谈禅吾亦病维摩。"正是诗人参禅礼佛的心理写照。

再次，道教作为中国本土影响最大的宗教，其仙游诗、步虚诗、青词等道教文体丰富了中国古代文学，影响了中国古典诗歌。在新加坡华文旧体诗中也体现出类似的道化民俗之气，例如邱菽园《香妃并序三首之二》："鸾凤深宫树树栖，瑶华更折大荒西。漫夸魏武酬铜雀，孰与杨妃昵温瓶。尺组忽衔青鸟使。长门永恨夜鸟啼。当时驼足知多少，一任香尘踏作泥。"这首诗作里的"鸾凤""瑶华""青鸟"处处凸显的都是道家自古流传的神话传说。

最后，中国古典诗歌中有不计其数的诗篇是咏吟山水田园的，而这一山水、田园等自然风光也是新加坡华文旧体诗所乐于表现的内容。新加坡的华文旧体诗作者在游览山水、隐居田园时，同样留下了大量描写南洋风光的佳作。例如黄遵宪在新加坡担任总领事期间所创作的《新加坡杂诗十二首 其八》："不着红蕖袜，先夸白足霜，平头拖宝靸，约指眩金钢。一扣能千万，单衫但裲裆，未须医带下，药在女儿箱。"描写的正是当时土著妇女的装束。

从社会发展的规律来看，一种文化对其他文化的吸收总是从自己的文化需要进行的，"一种文化对他种文化的接收也不大可能原封不动地移植。一种文化被引进后，往往不会按原来轨道发展，而是与当地文化相结合产生出新的，甚至更加辉煌的结果。"①新加坡文人根据自己的具体社会发展需要对旧体诗进行了有选择的吸收和变异。因此，发轫于中国本土的文学样式在新加坡也带有了浓郁的南洋色彩。这一点无疑是值得赞赏的，如叶维廉所说："理想的诗人应该担当起改造语言的责任，使它能适应新的感受面。"②

3. 戏曲和戏剧

1887 年，左秉隆邀请友人李钟钰访新加坡，李氏根据他在新加坡的见闻写下《新加坡风土记》一书，其中有关于伶官、戏班的记载：

牛车水一带，妓馆栉比，闻注籍于护卫司之妓女，共三千数百人，而此外之私娼女伶，尚不计其数，皆广州府人，或自幼被卖出洋，或在坡生长者……戏园

①北京大学比较文学与比较文化研究所. 多边文化研究：第一卷[M]. 北京：新世界出版社，2001：46.

②叶维廉. 中国诗学[M]. 北京：生活·读书·新知三联书店，1992：289.

有男班，有女班，大坡共四五处，小坡一二处，皆演粤剧，间有演闽剧、潮剧者，惟彼乡人往观之，戏价最贱，每人不过三四占，合银二三分，并无两等价格①。

戏曲是华人喜闻乐见的“乡音”，一般在戏院表演，或者在庙会演出。报刊创生之前，已有华语戏班在南洋谋生，其中粤剧最多，其次是闽剧和潮剧。某种戏曲的繁荣程度是和来自不同地区华人群体占比直接相关的。伴随着华人移民人数的增加，来自潮汕地区的潮剧、广东的粤剧、福州的闽剧、海南的琼剧，以及漳州、漳浦、厦门、龙海等地的歌仔戏，你方唱罢我方登场。

《叻报》1893 年 1 月 2 日有一则新闻报道《梨园争闹》，大抵能反映出当时戏曲演出的盛况：

本坡庆百年戏剧，向在牛车水景春园开演，名噪一时。近有庆丰年班亦在叻地阳春园演剧，与其竞长角胜数月于斯，刻闻两班因一新到伶人之事争端，频起几酿变端，现在结局如何，则犹未能得而，知悉也至其事缘起之由，闻有先是粤中名优名□□仔者为花旦，颇饶声色，顾名思义则其艳也可知该伶于前数日偕其行友名武生六者南来□□广生客栈……两班均欲招至本班演唱。

粤地来的名伶被在地两大剧团重金竞聘，后起争端：“深恐庆丰班内诸人有起衅寻仇之举，立即官差馆，派有差役多人到团。”

值得一提的是，中国新文化运动传播到东南亚之前，副刊文学以旧文学为主。19 世纪末的副刊文学主要受中国南来的作者所影响，之后随着时代的变迁和族群的重新定义，本土化与在地化意识逐步凸显。清末民初华文报刊使用白话文是从实用和知识启蒙的角度开始的，传统的文言文字过于复杂，会将读者局限在知识分子中。白话文是大众语言，便于扩大报刊读者。伴随华文创作并生的是方言文字的使用也随着原乡人口的增加而在增加，如粤讴创作②。

《问雷》

近日加笼雷殛孟加里人及其四牛，讴此诘之。如果要劈，点似误国奸臣，劈呢处人牛未必有因。天道果系无私我就唔使过问，无端乱劈就要问吓雷神。府几咁昏庸超等可恨，重有堂堂亲贵佢都负了君恩。收式诛恶你系有权就好跟到佢紧，做乜佢都唔劈去劈贱畜羁民。或者你揸住斧头因为眼䁓，唔得紧，斧跌将

①饶宗颐. 新加坡古事记[M]. 香港：香港中文大学出版社，1994：168.

②关于粤讴分类，有人将其放在民间文学类，视为讲唱文学，有人将之视为诗词类，但因为其属于粤地民间曲艺的范畴，笔者将之放在“戏曲和戏剧”类进行讨论。

佢震，若系咁唔中用重讲乜驾雾腾云[1]。

这是一篇非常有南洋地域特色的粤讴，首句“加笼”应是今天新加坡地区“kallang”音译，“孟加里”应该是“孟加拉”，印度裔人在牧牛时不幸遭雷劈死，作者认为雷神不辨忠奸。

戏曲在清末南洋基本上是分两个阶段，19世纪末戏曲多是中国本土戏曲的移植，20世纪初开始，反映社会现状的新型戏剧逐渐出现。

如笔名美魂女士创作的南音《亡国民自欤》：“西风残照晚凉天，斜倚栏干[2]死悄然。只见萧萧飞木叶，皆有摇落影无边。满目都是悲观无一处乐景，对住萧条秋色分外可人怜。亏我触景更加情凄切，无端恶感暗中产，近来时局何堪道……怨我不幸此身生乱世，备尝艰苦实在心酸，亡国之民何等下贱……”[3]，借景抒情，以“亡国民”自称的寥落之心可鉴。

再如1912年2月26日《总汇新报》发布以秋瑾为主角的新剧《娲皇魂》，鼓吹革命的戏曲《双烈殉路(京本)》等广告时，一并告知各出主要内容和桥段：

> 快看，快看皇家山脚中华影戏，汉满战争最新最确之电影戏。
>
> 中国大革命大事将成，全球风云均为色变。
>
> 第一出　大战江宁
>
> 一、民军攻城池　二、火车路上大战　三、民军占领车路
>
> 四、清军回抢车路
>
> 第二出　攻打南京
>
> 一、民军攻击清兵　二、清兵斜攻民军　三、民军追逐清兵
>
> 四、民军狮子山大战　五、民军分发枪械　六、反正军助战
>
> 七、民军攻清军大营　八、民军大获全胜[4]

一件具有符号性意义的事是1909年12月28日《星洲晨报》刊登一篇论说《本坡亦有改良新剧出现之可喜》：“乃此前并未闻有关从事改良戏剧者……而幸今日有民铎社出现，以兴□此之诸改良新剧。”下一版面刊载《宣布民铎社开幕及发起之原因》，并附有演职员角色分配，如图7-4所示。

---

①《叻报》，1908年3月13日。

②栏干，即栏杆。

③魂女士．亡国民自欤[N]．中兴日报，1907-12-5(1)．

④《总汇新报》，1912年2月26日。

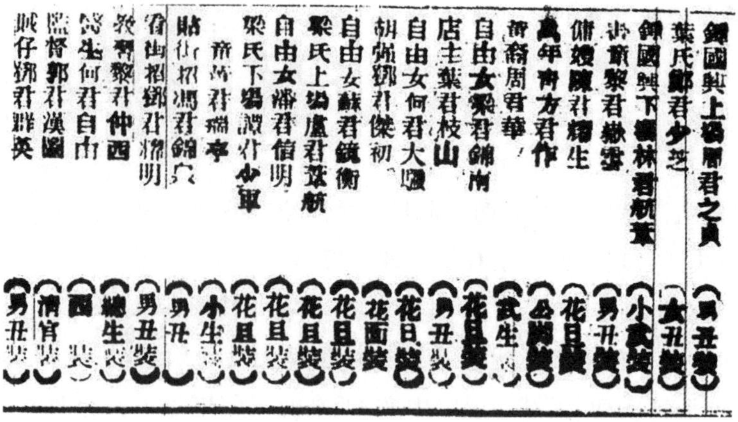
鍾國與上[illegible]君之貞（男丑裝）
葉氏鄭君少芝（女丑裝）
鍾國與下[illegible]林君航章（小武裝）
[illegible]黎君[illegible]（男丑裝）
傭婦陳君錦生（花旦裝）
少年[illegible]方君作（公脚裝）
[illegible]周君華（武生裝）
自由女黎君錦南（花旦裝）
店主葉君枝山（男丑裝）
自由女何君大[illegible]（花旦裝）
胡[illegible]鄒君傑初（花面裝）
自由女蘇君鏡衡（花旦裝）
黎氏上[illegible]盧君蕊航（花旦裝）
自由女[illegible]君信明（花旦裝）
黎氏下[illegible]譚君少軍（花旦裝）
[illegible]君瑞亭（小生裝）
賭仔[illegible]馮君錦[illegible]（男丑）
[illegible]鄒君炳明（男丑裝）
教習黎君仲西（總生裝）
醫生何君自由（西裝）
監督郭君漢圖（清官裝）
賊仔鄒君群英（男丑裝）

图 7－4 《星洲晨报》所载民铎社戏剧演员表

阿斯特莉特·埃尔在《文化记忆理论读本》中谈及文学作品与文化记忆的关系时写道："文学作为集体记忆的媒介有两个本质特征：第一，对于处在社会文化背景下的个人记忆而言，它是一种重要的媒介框架。第二，只要是有关团体和社会群体的记忆，文学作为一个储存（文化文本）和传播（集体文本）信息的媒介，也将是在文化背景下被回忆。"①从这个角度而言，文学家、诗人个体的文学创作往往成为第一种意义上的文化记忆，如报纸上的古典诗词。而戏曲和戏剧则可视为第二种意义上的文化记忆。但对这二者的划分并非是绝对的，如果作家个人更多关注的是群体或者社会发展，那么也是第二种文化记忆的留存方式，所谓以诗证史，以戏证史就是这个意味。

## 四、报刊文学影响之延宕

晚清已降，中国文学伴随着南来文人和两地报刊媒介的交流和跨界传播影响到南洋，中国传统文学的生产场域从本土延伸到海外，进一步拓展了文学的活动疆域和文化内涵，对华人群体的文化认知产生重大影响。

第一，促进华人知识分子的转型。清末之南洋，殖民地政府进行政治干预、文学市场缺失、中国的官本位思想严重，处于这一特定文化场域中的人的或激进、或中庸、或游离的生活方式和心理方式都对这个时期的报业活动有重要影响。

无论在何种环境，文人皆有展现其身份意义的企图，报刊之于民，恰好构成其联结社会的中间环节。清末民初是华人知识分子追求政治认同和身份认同的转型时期，也是一个知识分子身份急遽转化的时期。报刊在此间的繁荣，正体现了华人对新的社会角色与

①埃尔，冯亚琳. 文化记忆理论读本[M]. 北京：北京大学出版社，2012：227.

身份的寻求。传统的以士大夫为中心的四民社会在南洋社会被消解，远离科举考试的人才选拔制度，做官这条出路可有可无，读书人逐渐向现代知识分子转变，被迫进行社会职业选择。文人的多重身份，需要结合文社与报刊的关联展现。报刊成为许多知识分子参与政治活动、重回社会中心的重要工具。

在本书所讨论的时间范围内，报人几乎都是接受过“旧学”教育的传统文人。出于文人为往圣继绝学的文化使命，他们的主要工作，就是文化传承与传播。知识分子是中国社会中有担当的群体。这源自传统士大夫的治平观和弘道意识，所谓“天下兴亡，匹夫有责”。而且作为当时南洋社会中的知识分子乃至华人侨领，身处权力纠葛的异域和封建末世、备受欺凌的故国，必然会思考民族文化的命运。这种思考以文字的形式见诸报纸，体现一种特殊历史场域下的“文化传播”行为。

南洋知识分子推动报刊的创办向高潮发展，报刊反过来又促使知识分子阶层不断取得进步。中国境内传统文人以科举获取功名为诉求，而在境外没有这一导向，文人能更早地接触到现代化的知识，继而对社会产生深远的影响。虽然创办初期的报刊多以传教为宗旨，但随时势的变迁，宗教的成分逐渐减少，自然知识和社会政治的内容逐渐增多。早期宗教报刊的创办者们在向中国输出宗教观念的同时，也输出了近代报刊的知识与模式，华人中的“士”阶层逐步形成，并有参政意识、民主意识。

第二，华人观念之重塑。19 世纪末 20 世纪初，中国境内社会动荡，旧的伦理规范已然千疮百孔，并妨碍了中国社会的现代转型。毋庸置疑，愈是社会转型期，旧的伦理观念愈容易为世人摒弃，对于报人而言，却是一个建立新伦理、新秩序的时机，以醒世为旨归的报章文体应运而生。

清末华文报刊构建起了关于华人社会生活的想象空间，促进华人对本地文化的认同。这种认同又反映在文学创作中，通过文学作品反映这种价值取向。在这个过程中，南洋本土的文学观念一步步被构建。一方面，报刊虽然被动反映华人读者的日常生活，但又参与了华人关于南洋世俗生活及文化想象空间的建构。如侨领李清辉（1830—1896），生于马六甲，是土生土长的峇峇，原本是商人，多次捐赠萃英书院，并任书院考官，以诗词、楹联或文章评定生源等级。李清辉在光绪十四年（1888 年）四月初三至六月十七日前往中国和日本游览，返回新加坡后将沿途所见写成《东游纪略》，并转交叶季允刊载于 1889 年 2 月 12 日至 3 月 5 日的《叻报》。这个过程亦是一个知识从私有向公共空间转换的过程。另一方面，报刊又影响了华人社会的日常生活方式、价值观念，具有一种社会重塑功能。如 1910 年 6 月 29 日，《星洲晨报》发行一周年时开展征联活动，上联是“心死莫如求立宪”。征联时间维持了四个月，报刊通过对各埠“为数几近十万”[①]的稿件的评选，筛选出100个优秀作品在当年的10月27日和28日发布，民众由被动阅报向主动参与转化。

第三，具有南洋意味的华语文学出现。虽然被隔离于“故国”的精神空间之外，结合与自身生存密切相关的文化语境，以副刊为基础的文学构思与实践呈现出早期知识分子的复杂思考。各个国家内部的语言变革反映出文化现代化的复杂性和差异性。华族在一步步在地化的过程中，借助汉语，尤其是文言文这样一个最能完整传达华族思想的工具，除了实现语言习得、传承华族文化的基本功能之外，还在异域空间的历史转换中展现出多维意蕴。

随着近代以来各国家的发展，华族在语言文字方面的自我建构成为一种自觉的追求。知识分子在大变革的背景下，不得不破坏他们在传统文化上一以贯之的雅俗格局与等级制度，转而注意到普通华人的存在，考虑他们的识字多少和文化素养问题。而清末民初白话报刊在新名词的社会化普及方面发挥了不可或缺的历史作用，文言、新名词和外国语法对白话书写产生了影响。辛亥革命时期，报刊中华文文学写作为南洋文艺兴起做了必要的人才储备和语言文学变革的准备，也为新加坡华语文学语言发展奠定了基本面貌与大致走向。近代化的报章文体产生，使得整个语言体系向着实用、浅白的方向发展，同时受英殖民地语言环境的影响，也促进了新名词、欧化句式的使用。这种语言变革一般都是由便于沟通的口语影响相对生硬的书面语，或者书面语主动吸收日常用语产生的。在南洋，与之并行的还有来自西方的新语词和马来语杂糅入华语的现象。经过磨合、变异和运用，深刻地影响了当地语言的面貌，逐渐形成具有南洋意味的华语语系。

①《征联展期揭晓》发表于1910年10月21日《星洲晨报》。

# 第八章　清末新加坡华文报刊与革命、政治参与

中日甲午战争后，面对内忧外患，清末逐渐呈现出国家与社会分离之势，以康、梁为代表的资产阶级维新派活跃在政治舞台。在英殖民地政府管辖下的新加坡，以先天之便顺利地接触到来自西方的政治思想和哲学思潮，清末民初的报刊内容，从德国宗教改革到日本明治维新，从维多利亚女皇、彼得大帝到马克思，从共和制度到君主立宪，从空想社会主义、无政府主义到联邦主义，各种名人、思想流派、典章制度都有涉及。华人一经打开眼界，就必然会用更先进的文明反思、改变故土和在地的社会体制，甚至产生变革现状的诉求。“宪政”“议会”等概念冲击着华人知识分子的思想，主权国家和人权观念潜移默化的影响，让“国民”意识覆盖了传统的民族意识。政治参与促使民权观念被广泛传播，华人社会民众政治责任感、参与感和作为个体的独立意识逐渐被激发，这与早期知识分子所受的思想启蒙是分不开的。

## 一、从“臣民”到“国民”

古代中国没有十分清晰的国家边界意识，所谓“中国”，作为文化共同体的意义远高于政治架构的意义。与之相应的“天下”作为一个完整的文化理论体系，不仅仅是地域空间概念，还是一种以中华文化为中心的政治秩序，这个体系以朝贡制度和差序格局维系稳定。

在此，需要厘清的一个概念是“中国”，“中国”一词按照目前可考文献，最早出现在1963年出土的一件西周时期的文物上，青铜器“何尊”的铭文：“唯武王既克大邑商，则廷告于天，曰：余其宅兹中国，自兹乂民。”我国古代“国”字的含义作“域”或“帮”解。“中国”就是“中央之域”或“中央之帮”。

《诗经·大雅·生民之什·民劳》中也提到了“中国”：“民亦劳止，汔可小康。惠此中国，以绥四方。”这里的“中国”与“四方”相对。当时周人认为自己位于大地的中央，四周的民族被他们称为蛮、夷、戎、狄。在当时，“华”“夏”也和“中国”一词一样，用于区别四方部落。《左传》中记载孔子曰：“裔不谋夏，夷不乱华”。因此，“中国”一词原指中原。随着中原所指范围的扩大，“中国”所表示的范围也就随之扩大，其意义几同天下。在《汉书·陆贾传》中记载陆贾对刘邦建汉的评价：“统天下，理中国。”自秦汉开始，“中国”逐渐变成

正统朝代的指称。如南北朝和宋代，对峙的双方国家都自称“中国”，但各朝代并不把“中国”作为国名使用。直到1912年中华民国成立，“中国”才作为“中华民国”简称被正式使用，才成为具有近代国家概念的正式名称。

因此，在中国历史上的“中国”不是一个专有名词。古代各个王朝都没有把“中国”作为正式国名。如汉朝的国号是汉，唐朝的国号是唐，以后建立的王朝国号有宋、辽、金、元、明等，清政府与外国签订的条约上签署的国名是“大清”。所以史籍上出现的“中国”字样，并不等于我们今天所说所指的中国。

梁启超在《中国史叙论》一文中，将中国民族的形成分为三个时代：“第一上世史。自黄帝以迄秦之一统，是为中国之中国，即中国民族自发达、自竞争、自团结之时代也。第二中世史。自秦一统后至清代乾隆之末年，是为亚洲之中国，即中国民族与亚洲各民族交涉繁赜、竞争最烈之时代也。第三近世史。自乾隆末年以至于今日，是为世界之中国，即中国民族合同全亚洲民族与西人交涉竞争之时代也。”①

中国自古以来的“天下”观念以“中国”为中心，由内向外形成差序格局。最核心的是郡县制度所辖，向外一层则是以册封、羁縻、土司等制度进行统治的边疆区域，第三层朝贡国，如朝鲜、越南等。最外一层就是尚未开化的蛮夷之地。这种同心圆结构中，距离同心圆越远的区域，越野蛮。所谓“内华夏而外夷狄”，如葛兆光所言，古代中国的“华夷”观念，至少在战国时代就已经形成，那个时代，也许更早些时候，中国人就在自己的经验与想象中建构了“天下”，他们想象，自己所在的地方是世界的中心，也是文明的中心②。那么文明是什么，处于核心地带的文明是以什么为标准的，在中国历史上，衡量的标准是儒家的纲常伦理。第六章阐释的南洋儒教不仅仅是要建设一个宗教体系，而是要在化外之地，重塑文明体系和价值体系。而更进一步的意义在于，如何化解海峡殖民地的影响，华人族群以儒学为文化依据，期望以“儒教”统筹“天下”。所谓“凡有国者先令民皆乐业”，治国必须将儒家思想和当下政教结合：“富民策之有益国政民生，尽人而知之矣。其最妙者将孔孟之遗言与今日西国之政教互相对照，得失利害，令人了如指掌，盖古者中国教化方兴，日并益工，传至今日，此教已灭，所留遗者全在孔孟之书，故处今日，而欲挽回中国必先恢复古之意。”③

中国传统的政治观念是在以天人关系为基础的家庭—社会—国家之间规范的理解与认识之上形成的。从这个意义上，家国同构是中国本土历代王朝不可动摇的基石，被

①梁启超. 饮冰室合集：第3册[M]. 北京：中华书局，2015：471－472.

②葛兆光. 宋代“中国”意识的凸显：关于近世民族主义思想的一个远源[J]. 文史哲，2004(1).

③《叻报》1891年8月3日。

视为儒家经典的《大学》言:“古之欲明明德于天下者,先治其国。欲治其国者,先齐其家”,“身修而后家齐,家齐而后国治,国治而后天下平”。家与国的伦理与政治是融为一体的。这种家国同构的社会结构组织类型,在文化话语核心建构中,是通过社会事务治理完成国家治理的。这个体系以皇帝为中心,社会公共权力具有“家天下”的性质。国事即皇帝的家事,皇帝的家事自然也成了国事,因此华文报刊通过对立嗣问题的讨论参与国事。而皇权、父权都需要通过血缘关系传承,皇权成为家长权的延伸,“臣民”关系要求尽忠尽孝,整个社会形成一种对君权的向心力。这也导致基于家族观念而产生的帮群意识、族群观念较强。家国同构下的“国家”是一个文化意义上的概念,其在社会管理和社会整合上表现的能力不足,间接导致中国在外侮面前缺乏自下而上的反抗动力,如孙中山所言:“中国人最崇拜的是家族主义和宗族主义,所以中国只有家族主义和宗族主义,而没有国族主义。中国人对于家族和宗族的团结力非常强大,往往因为保护宗族起见,宁肯牺牲身家性命。至于说到对于国家,从没有一次具极大精神去牺牲的。所以中国人的团结力,只能及于宗族而止,还没有扩张到国族。”①

清末南洋华人更多地接触到来自殖民地政府的管理理念和现代国家的思潮,反思中国之内忧外患,国家意识增强。政治意义上的现代国家意识被逐渐凸显。主权、民主、民生的思想逐渐被接受。在清末宪政改革的浪潮中,“家国”体制有所动摇。辛亥革命推翻帝制,建立中华民国。从传统之“臣民”到现代意义上的“国民”,更多地强调现代国家观念,“国民”不仅是国家的成员,而且是国家的政治主体和权力主体,有政治参与的愿望和意识。“国民”关系隐喻下的不仅仅是现代国家观念,更是颠覆传统社会规范的伦理范式。臣民对政治秩序与政治体制绝对服从,而国民能够认识到自己在社会和国家中的主体地位,且积极行使权利与义务。

言及本书讨论的话题,此处涉及两个问题,一是华人如何看待现代概念上的国家,二是如何看待原籍国和迁徙后的宗主国。

第一个问题需要讨论华人的族群意识是如何逐步过渡到国家意识的,现代国家的建构是在怎样的跌宕起伏中逐步实现的。此处的核心在于华人根深蒂固的“正统观”。

华人的正统观早期可追溯至夏商周朝,宗周时期之“中国”系王都与诸夏,而商、东夷及原来宗周的盟国则被视为“四方”。自《春秋公羊传》中提出“大一统”的正统思想至董仲舒提出“天不变,道亦不变”,国家秩序的维系均以“正统”思想为根本。这一思想绵延千年而不绝,满清入关后,吸纳儒家文化进行王朝治理。“华夷之辨”与华人“天下观”相辅相成,而现代民族国家观念的提出,从一定程度上消解了传统的“华夷之辨”;但华人中

①孙中山.孙中山全集:第9卷[M].北京:中华书局,1986:185.

的保守一派清遗民却恪守以君臣为基础的“正朔”，仍是以传统的儒家文化为核心。所谓“礼别华夷”，只不过是给自己的政权赋予礼法上的正统性质，但是满汉的隔膜却未被就此消解。所谓“正统”的第一要义是君臣关系，这种认识基于儒家文化的千年积淀。早期华人多有在中国境内生活的经验，在这种生活背后的情感和伦理的影响下，他们初期对清政府有极高的认可。尤其在保皇派看来，只有清朝具有的这种“正统”性质的合法性，才是民心所向。华文报章和文献中，使用的多为“清国”，但反清的华人则自称是中国人。

清政府作为高度集权的政治体，从天命、民族两个角度设计政治合法性。清帝退位对于革命者而言，是走向共和的现代文明的转型。但是对于相距甚远的南洋社会，却是要解构长期遵循的“正朔”。1911 年的辛亥革命标志着中国从传统社会转向现代社会。华人不可避免地面对社会的“身份解构”，“天下”的“臣民观念”在时代的推动下融入现代国家的体制和制度。“当今共和政体，凡有国民一份子，皆当效力。非如往日家天下者”①，政治文化作为国家上层建筑的组成部分，是特定时空中群体政治意识的集合。昔日的“正统”被逐渐消解，新的正统所构建的国家政治权威使国家机器得以运行，文化得以传承。因此，在处理国家与世界的关系问题上，南洋报人一面倡导国家主权，一面提倡学习他国之文明，注重从民族和世界平衡的角度把握国家意识。在早期报人看来，在族群的认同上，自我判断和他者界定同样重要。南洋华人的族群认同，在与异质文化族群的互动中，具有清晰的边界，但是出于政治需要和社会需要，这种边界也常常被不断构建、修正。1902 年梁启超在其小说《新中国未来记》中，将新的政权国家称为“大中华民主国”。此后邹容谓之“中华共和国”。1907 年，主张排满的章太炎在《民报》上发文，提出清政府灭亡后建立的新国家，应命名为“中华民国”。

第二个问题是关于对“中国”和“英国”的看法，即“国家”的双重向度。华人的族群认同注重的是自我(we group)与他者(they group)之间关系的评价和互动，国家认同的核心则是基于所在政治共同体内部政治结构以及公共权力分配的接纳程度。各族群需要借助国家认可的合法边界争取本族群的合法利益。

就“国家”这个概念，纵向是从天下国家过渡为现代国家。横向而言，这个概念于南洋是有着双重含义的，根据实际情况，报刊上的“国家”有时是指中国，有时是指新加坡。下文是叶季允 1906 年发表于《叻报》的新年寄语，对于中国仍然充满赞赏之情，文末“君知爱国”中的“国”指向中国：

> 我中国抚二十一行省之地，辟三十五互市之场，通商则六十余年，立约则一十八国。境无熊卧，阴山之胡马扬尘；势类狮眠，沧海之长鲸跋浪。失权衡于樽

①《总汇新报》，1912 年 1 月 5 日。

俎，秦竟无人；倚草泽为腹心，虞几不腊。幸和戎之有策，终返驳以无虞。既当创深痛巨之余，同作卧薪尝胆之想，十四万虎贲久训，克壮军容，卅二年凤历遥颁，益坚民志。既图强之有道，自弭患于无形，此足为诸君贺者一。自来御侮不外育才，苟学校之未兴，致文野之迥别，翘觇东海，则属前车。今则内设文部以总其成，外遣重臣以考其政，极旌节轺车之盛。采风定六国为衡，储菁莪棫朴之材，留学符万钱之选，处腊尽回春之会，兆转弱为强之机，此足为诸君称贺者二。抚二万里膏腴之地，有四百兆灵秀之民，具廿六万物产之多，为五大洲富饶之冠，苟使农工路矿，有利皆兴，何难南朔东西，无家不给。矧夫经商之道，尤为致富之基，上则设商部以重商数，富能裕国；下则兴商会以联商志，众可成城。母本出而子利归，公司成而私橐满，不求垄断，鄙孳孳龌龊之徒；顶决众丰，享嬉嬉妇子之乐。此足为诸君称贺者三。猗欤休哉！君知爱国，特陈一得之愚，仆慕封人，隐寓三多之祝。

维系“中国”这个概念的因素有三：一是经济，通过长期的经济往来形成相互依赖的经济体。二是社会精英阶层，统治阶级中的文官，都是凭借知识进入精英阶层，而此类精英是不能世袭的。三是以视觉符号为基础的文字系统超越方言的区隔，使得文化得以延续，让“中国人”有了归属感。其中，文化尤其重要，要强化“中国”这个概念，需要以儒家思想治国。

## 二、革命阵营的报道

19 世纪以来，新加坡一方面参照西式报刊创办的经验，另一方面，面对社会大变革时期的激烈动荡，最先觉醒的文人阶层开始讨论时政，参与变革。各种思潮涌动，报刊为言论发布提供了超越阶层和职业束缚的便利条件。不同派别利用报刊或抨击朝政，或鼓动人心，或宣传革命，开民智，行公理力。但报刊的创办者大多是华商和侨领，这也导致公众的参与、使用渠道受限。传者角色和受者角色的绝对差异化，导致话语权掌握在报人手中。

中国方面，1894 年以来有三种涉及政体层面的关于国家的认识：一是传统的天下观，如保皇派以清政府为依归；二是维新派倡导的君主立宪制，以日本为标杆；三是革命派主张的民主共和制，以英法为参照。三股政治势力从各自的政治理想出发，以报刊为平台发表各自有关国家思想的主张。

### 1. 保皇派的报道

1898 年 9 月 21 日，慈禧太后发动戊戌政变，幽禁光绪帝于中南海的瀛台，并假光绪帝之名，发布吁请太后训政的诏书，下令捕杀谭嗣同、林旭、杨锐、杨深秀、刘光第、康广仁等“戊戌六君子”并通缉康有为、梁启超，百日维新宣告失败。得到消息的康有为连夜离京，在英使馆的帮助下，转赴香港，继而避难日本。其间，他一直受到清政府所派刺客的追杀。他流亡海外性命堪忧的经历以及其为救国救君奔波的辛劳感动了爱国华侨邱菽园。邱菽园组织成立保皇会新加坡分会，并自任会长，宣传“保皇救中国”的思想。受邱菽园之邀，1900 年 2 月 2 日，康有为抵达新加坡，旅居邱菽园的客云庐，邱菽园敬仰康有为的政治作为，对其热情款待，随后安排其移居至自己拥资的南华楼。初到新加坡，康有为依然避免不了西方报纸记者的骚扰和清政府的追踪，几易其居，后又去恒春园、林文庆宅、茂林园。内心的紧张、政治理想的挫败和远离故土的忧思，使得他心绪不宁。1900 年 8 月，随着清政府追捕力度的加大，康有为不得不离开新加坡前往马来西亚。

之后十年，康有为辗转印度、意大利、英国、加拿大、美国等地。直至 1910 年 3 月，辛亥革命前夕，五十三岁的康有为再次来到新加坡、马来西亚静观局势变动。

康有为第一次在新加坡住三个月后，受孙中山的邀请，支持中国革命的日本友人宫崎寅藏也前往新加坡，企图说服这个保皇党领袖放弃保皇立场，和孙中山一起推翻清朝专制。但是康有为不愿和孙中山合作，并密报新加坡殖民当局，说宫崎寅藏是清政府派来暗杀他的杀手。于是，宫崎寅藏被永久驱逐出境，而孙中山也被勒令五年内不得进入新加坡。与此同时，国内政局混乱，原维新运动的要员唐才常决定起兵保护光绪，推翻慈禧太后的专制统治。而起义所需的经费（康有为在海外负责筹资购买军火的经费）却一直没有汇到唐长才那里。被时局所迫，唐才常 1901 年 8 月 20 日不得不匆忙发动大通起义，后失败，被湖广总督张之洞镇压。唐才常等 30 余人被捕后在武昌被处决。这件事让邱菽园十分不满，因为由他本人筹措的 25 万两白银早已交付康有为。

这两件事引发两个结果：一是邱菽园和康有为绝交；二是新加坡专门查询康有为拥资自肥的事情，康有为无奈之下出走马来西亚。

1910 年 8 月，康有为第二次来到新加坡，目的是号召门人开办商业，企图实业救国。此时的中国，一方面，清政府在做垂死的挣扎，另一方面，辛亥革命的大潮即将席卷中华大地。面对两股力量的激烈对抗，海外游历十年，足迹遍布数十个国家的康有为却依然坚持保皇主张。

保皇思想影响至南洋，《天南新报》发表《答伪临朝辨》，有关慈禧的内容：“曾亦思为此言者之所由来，盖皆当道无耻之小人贪恋权势图保禄位特为此言，以掩盖其丑行，以解其罪名。因天下者列祖列宗之天下，非那拉氏之天下，那拉氏于穆宗为生母，母以子贵，例封为皇太后，并非文宗之正皇后，非文宗之正皇后则非皇上之嗣嫡母，天子无庶母之服，安得有嗣妾母之皇太后，此固四千年来中国礼经之明文而亦本朝会典之正义。”①

再如《论中国今日为人群发达之期》一文，则认为：“中国其文明之古国哉，开辟之早，文物之备，教化制度之美盛，吾邦人士恒自夸耀，而外人轻我者固未尝稍有异言中国其文明之古国哉！”②。

2. 维新派的报道

在维新派看来，办报是为开风气、开民智、开言路、通情况、助变法、监督政府及向导舆论。因此很多创办人希望多向华人读者进行资产阶级思想启蒙和救亡图存的宣传教育，以使更多的华人获得思想上的解放，多议论时政，参与变革。邱菽园于 1898 年在新加坡创办了《天南新报》宣传中国的维新变法。邱菽园自己也撰写多篇社论宣传维新思想，如《学校报纸议院三大要说》(1898 年 5 月 28 日)、《致江南道监察御史曾》(1898 年 6 月 2 日)、《周礼精意为西学导具先路说》(1898 年 6 月 10 日)、《论华地开设公司宜开除官办名目》(1898 年 6 月 15 日)、《中西医学说》(1898 年 6 月 23 日)、《致故人书》(1898 年 6 月 29 日)、《阅力轩举孝廉邱仲阏主政来函书后》(1898 年 7 月 30 日)、《正统博议》(1898 年 8 月 5 日)、《二录正统博议》(1898 年 8 月 8 日)、《粤友闻谈录》(1898 年 9 月 5 日)、《好辩辩》(1898 年 9 月 7 日)、《答人问不缠足会事》(1898 年 9 月 14 日)、《乐群堂杂记》(1898 年 10 月 8 日)。

政治上，邱菽园支持变法维新，社论《学校报纸议院三大要说》③认为开设议院是政治维新的重要目标，并以日本为参照：“维新之始，事事改从西人，不止创立议院一端，然议院初立时，盖通国人民意气守旧，上下议院人员亦染习气，及至马关订约，守旧改变。”但邱菽园并不否定皇权，只是希望在不动“国本”的情况下实现政治改良。

商业上，他重视向西方学习经营方式，其社论《中国商务说》④认为中国政府应该成立专门的“商务衙门”，“夫今之天下，非兵战之天下，乃商战之天下，战胜于海战，胜于陆战，胜于朝，究不如战胜于市之为益之大，外国质慕日本，非以其兵，以其商也。”“官为之助，商务愈兴，官为之保，商情愈悦，何难媲美欧西，而再见唐汉三代之治乎，愿育国家者，具念之。”邱菽园期望借助商战以强中国。

文化方面，他更是以中国传统文化作为精神力量，推崇儒学，前文已涉及，不再赘述。邱菽园的维新思想更多从实践出发，重视商业，立足于：“通国之学校，上下之议院，政刑之得失，男女之平权，穷困之位置，君民之情愫也，所谓争其本，不争其末，有治

①《天南新报》，1900 年 2 月 19 日。

②《论中国今日为人群发达之期》发表于 1900 年 6 月 7 日《日新报》。

③《天南新报》，1898 年 5 月 28 日。

④《大南新报》，1898 年 6 月 1 日。

人而后有治法也。”①邱菽园也是自己维新理念的践行者，如办报纸、兴学校、撰读本及办好学会。

3. 革命派的报道

20世纪初，尤其是辛亥革命前后，革命派创办鼓吹民族、民主的报刊，关心国事，对民主宪政侃侃而谈以赢得声誉。他们一面抨击清政府，一面以报刊为阵地开展革命宣传。

革命派首要批评的对象就是清政府，评价光绪：“上不能善体亲心，致召宫廷之内乱，戊戌变政几致废立；下不能保存国土，致负乃祖之艰辛；外不能协和万邦，致肇列强之边衅，无一德之可纪，有万缺之难书，乃如之人，目之为败家子可也，目之为卖国贼，亦无不可也。如必欲为之纪念，吾恐虽有祝鮀之佞，亦不能代辩其过也。”②《国民与牺牲》则揭示时人之艰难处境：“吾人今日伏处朝廷之下，内受淫威，外被互近，见鞭杖则为马牛，遇刀俎则为鱼肉，迹犹太之亡，临波兰之裂，而尚翩翩然以国民自命者，不亦可耻乎？”需要“光复民族恢复政权”③。

1896年，孙中山认为报纸对国家政策的舆论作用巨大。他在新加坡创办报纸来扩大革命思想宣传。1906年4月6日，孙中山抵达新加坡，受到陈楚楠、张永福、林义顺等在地华人的欢迎。诸人商议在新加坡成立同盟会分会。首次加入同盟会的成员是陈楚楠、张永福、林义顺、李竹痴、尤列、黄耀廷、林镜秋、许子麟、萧百川、留鸿石、蒋玉田、吴业琛、何心田、林航苇等14人，会议选举陈楚楠为会长，张永福为副会长，许子麟为会计，林义顺为交际④。此后，丘焕文、何德如、沈联芳、黄乃裳、许雪秋等400余人也陆续加入。新加坡逐渐成为整个南洋革命的中心。

陈楚楠(1884—1971)，福建厦门人，世居新加坡，经营橡胶木材及罐果业。他受新学书报的熏陶，对政治颇有兴趣，起初思想倾向维新改良，后明白革命、保皇之异旨，逐渐萌生革命思想。张永福(1872—1959)，广东潮汕人，其父早年到新加坡谋生，经营绸缎布匹。张永福青少年时期十分爱好中国历史，思想活跃，常聚集三五好友，纵古论今，关注时局，为一有志之士⑤。陈楚楠与张永福有着共同的志向，私交甚好，曾结成小桃园俱乐部，“风雨如晦，鸡鸣不已，常以国家大事民族政治相探讨”⑥。华商陈楚楠、张永福在

①《致江南道监察御史曾》发表于1898年6月2日《天南新报》。

②《论北京学界纪念光绪之非》发表于1909年9月23日《星洲晨报》。

③《国民与牺牲》发表于1908年2月7日《中兴日报》。

④颜清湟. 星、马华人与辛亥革命[M]. 李恩涵，译. 台北：联经出版事业公司，1982：111.

⑤冯自由. 革命逸史：初集[M]. 北京：中华书局，1981：171.

⑥张永福. 南洋与创立民国[M]. 上海：中华书局，1933.

1903年《苏报》案发生时，用“小桃园俱乐部”名义声援章炳麟①。张永福忆述当时的思想状况主要是“感于清政之腐败，外侮日急”，对于华侨而言，“不愿有皇帝，都要进一步以选举总统为适当”，对于民族、民权思想“已有些模糊的影子”，“对康（有为）氏虚君立宪主张认为不彻底”，而“很同意（孙）先生的革命主张”②。

陈楚楠、张永福、林义顺等人于1904年春天创办《图南日报》。孙中山通过报纸与他们建立联系。孙中山见报后，联系尤列“嘱介绍《图南日报》诸同志相见”，相见后，“对楚楠等赞扬备至，并以振兴南洋党务相嘱托”③。《图南日报》的宣传是为华侨社会内的全体华侨立言的。据张永福《南洋与创立民国》一书中保留的两份报纸原件，报头年号有西历和光绪年号两种纪年方式，报刊版块中的“独立”“光复先声”“自由”“国民”等字样，是革命要旨的宣传阐发。《图南日报》作为南洋第一份革命报纸，当时革命风气未开，被部分华商视为大逆不道，“严禁子弟伙友购阅”，“长期订报者仅得三十余份”④。《图南日报》因此发行受挫，并于次年因资金周转不开被迫停刊。停刊后，陈楚楠与张永福复谋募集资金，另创《南洋总汇报》，接续《图南日报》的政治主张。

1907年春，陈楚楠向各殖民地会员招股重组党报《中兴日报》，作为分会的机关报。同年，革命党人在广东饶平黄冈发动起义，新加坡同盟会会员先后捐款达3万元。《中兴日报》发行量增加，于在地华人中扩大了影响。同盟会、书报社快速发展。一些华人报人也有了观念上的转变，《天南新报》的黄世仲、黄伯耀、康荫田等报人转为《中国日报》《图南日报》撰稿。1907年至1908年，《中兴日报》销售量达400多份，至1909年，该报由于资金问题难以为继，最终停刊。

1908年秋，英属、荷属各殖民地陆续成立同盟会分会及通信处。孙中山设立南洋支部统辖各地分会以及通信处，胡汉民为支部长，制定支部章程十六条以及通信办法三条。胡汉民制定“中国同盟会新加坡分会章程”和“新洲同志分帮原因及办法”，将新加坡同盟会会员按地域分成潮、广、福、客四帮（琼籍华人入潮帮，肇籍华人入广帮），各帮会员可参加其他帮会议。

1909年，新加坡同盟会会员周之贞、谢心准等人创办了《星洲晨报》，与《中兴日报》并驾齐驱，宣传革命。同年南洋支部从新加坡迁往槟城，这意味着海外政治中心从新加坡往马来西亚的转移。1910年10月，黄兴、赵声、胡汉民在槟榔屿与孙中山见面，商讨募集资金在广州起义之事，各埠华侨踊跃捐款。胡汉民、邓泽如到新加坡召集党员开会，参加

---

①冯自由. 革命逸史：第三集[M]. 北京：中华书局，1981：179－180.
②段云章. 放眼世界的孙中山[M]. 修订版. 广州：中山大学出版社，2017：347.
③冯自由. 革命逸史：初集[M]. 北京：中华书局，1981：172.
④冯自由. 革命逸史：初集[M]. 北京：中华书局，1981：173.

会议的有沈联芳、卢礼明、李孝章、陆秋露、周之贞等百余人，总共捐款 3000 多万元。

1911 年，同盟会会员黄吉宸、卢耀堂又筹资刊行《南侨日报》，宣传革命，“出版后数月，武昌义师勃起，侨胞多根据是报所传播之消息为趋向云。”①

新加坡同盟会还发展书报社以宣传革命活动。如 1908 年，何心田等人设立开明演说书报社。1911 年春，赵钧溪等人又成立了同德书报社，此外还有星洲书报社、同文书报社及公益书报社等。

武昌起义之后，广东、福建先后响应。新加坡同盟会会员发起筹办广东救济保安捐，推举罗卓甫为总理，廖正兴为副总理，沈联芳、陈楚楠、张永福等为干事，总计筹款 20 多万元。之后福建救济募捐，推举陈嘉庚为总理，陈顺善为副总理，陈先进、张永福、陈楚楠等为干事，筹款 20 多万元②。

革命派在南洋风起云涌，影响深远。陈嘉庚深受影响：“余年三十七岁，即民国光复前一年春，剪去辫发，与满清脱离关系。”③其他华人也深受鼓舞，剪发后必然换服装，“总之，我同侨欲作新民国之人民，即有新民国之预备，颁正朔，易服色，此等重大之事，应大局定，国会立，有明宣布然后行，此为正当办法。”④“平章乡绅商议定年内全体侨胞一律剪除满辫……恢复汉族威仪，而无复如前之奴根”，千余人剪辫，被称为“识时务”⑤。

4. 政治论战的报道

1906 年后，革命派和保皇派的骨干逐渐向南洋转移。保皇派欧榘甲、袁寿民以《南洋总汇报》为阵地对抗革命派。孙中山、胡汉民则以《中兴日报》为平台和保皇派论战。孙中山也通过演说、撰写文章揭露“举凡满虏的举措，无为民害”，“满清不倒，中国势必自亡”，清政府“以假立宪相号召，而其则以宪法巩固君权，美其名为君主立宪，以瞒天下之耳目，则凡种种专制恶，都可以假手于宪法以行之”⑥。清政府政局混乱，适逢乱世，烽烟四起。党派林立，针对各自的政治立场发表评论。中国境内的政党分为顽固党、倾险党、科第党、贼满党、联俄党、无君党等。

1907 年至 1909 年之间，《中兴日报》与《总汇新报》发生激烈笔战，1909 年，《叻报》和《总汇新报》《中兴日报》发生笔战。两轮笔战的话题集中于宪政和革命两个问题，尤其《中兴日报》与《总汇新报》之间的笔战是新马地区革命党与保皇党人最长的一次论战，对

①冯自由. 革命逸史：第四集[M]. 北京：中华书局，1981：148.

②冯自由. 中华民国开国前革命史[M]. 桂林：广西师范大学出版社，2011：3.

③陈嘉庚. 南侨回忆录[M]. 南京：南洋印刷官厂，1944：4.

④《叻报》，1911 年 11 月 14 日。

⑤《叻报》，1911 年 11 月 14 日。

⑥孙中山. 国父全集补编[M]. 台北：中央文物供应社股份有限公司，1985：117 - 121.

新马华人的思想具有深远影响。“笔枪墨炮，此来彼往，杀声四起，把南洋昏聩的同胞，从梦中惊醒，不论反对革命的赞成革命的，多要争读《中兴日报》。”①在《总汇新报》与《中兴日报》的政治大论战中，《叻报》依然坚持保持中立，这一态度被《总汇新报》斥为“废民”。事实上，《叻报》的政治立场会根据时局有所变化，1900 年以前，它站在满清政府慈禧一派。这种摇摆不定的政治转向，被《日新报》描述为“恐其父母妻子为中国官吏所捕”②行为。

《星洲晨报》从 1909 年 12 月 15 日至 1910 年 1 月 5 日，连发七篇《保皇党回朝热又大发之可怜》的社论，对保皇党极力策划的复辟“回朝”之举进行攻击。《星洲晨报》认为保皇党为升官发财，犯有三大罪行：“蒙蔽清廷，伪言攻击革党，启牖华侨，而其实则革党之党势既日增，而保皇党又方且日以愚惑华侨为唯一之善策。此其欺君误国之大罪一也。”“各埠华侨，其智识开通，反对保皇邪说者，触目皆是。乃该党人不过欲以便利其一党之私，竟敢妄自假冒数十万华侨之名，以作此丧尽廉耻之语。其冒名行事之大罪二也。”“该党人□热衷于功名，虽百计以谋赦免，固无足怪，然□必语语诋毁革命，且以解散革命为要求赦免之不二法门。此其借革命以图利己，及反对革命，即所以系堕中国于沦亡，使他日该党人□竟万一出人意外，一朝得志，则汉族国耻，将不至终为奴隶马牛，以至身亡种灭不止，此其大罪三也。”③

《星洲晨报》此举也是回应了世界范围内各地保皇派和革命派的舆论之争：“香港《中国报》与《商报》交战以来，一直至今，《民报》则大败《新民丛报》于日本；《中兴报》则大败《总汇报》于星洲；《华暹新报》则大败《启南报》于暹罗，其历来之战史，彰彰犹可数也。其余则各地小战，尤屈指难尽。然其结果，则民族报之战胜者，十居九九，而该党报不获其一二焉。”④

革命派别在新加坡的角逐，给在地华人带来了多方面的冲击。政治层面，涉及政治参与，在远离中国政治现场的域外空间，革命党人和保皇党人在南洋地区的竞争和争斗⑤，使得新加坡华人更清楚地了解到两党的主张、区别以及有关中国社会的实质和改造方法。在文化层面，党派斗争开启民智，促进思想交流。

①蒋永敬.华侨开国革命史料[M].台北：正中书局，1977：341.

②《日新报》，1900 年 4 月 11 日，第 7 版。

③《保皇党回朝热又大发之可怜(六续)》发表于 1910 年 1 月 5 日《星洲晨报》。

④《保皇党回朝热又大发之可怜(四续)》发表于 1909 年 12 月 30 日《星洲晨报》。

⑤赵颖.新加坡华文报刊研究：华人身份的建构与演变[M].新加坡：新加坡世界科技出版社，2021.

## 三、报刊与政治参与

报刊潜移默化地进入市民生活，尤其是报刊对政治的关注，让华人民众感知到国家存在的现实。华人在殖民地的权利和诉求得以实现的重要方式是政治参与。政治参与需要权利与义务的持有者具有理性的认知能力和政治常识，能够收集鉴别政治信息并做出合理的政治选择。在殖民地政府与华人个体之间的华人社会中，“社会”这个领域扮演了重要的角色。华人对于南洋社会的责任和义务是在关心私人的领域之外积极地参与这个“社会”的事务，在自我利益观念之上，华人逐渐萌发公共精神观念。报刊、学校、社团等领域成为华人政治实践的正当领域。

华人的政治参与，从族群层面，是表达自身文化背景下的政治诉求；从社会层面，则是通过政治参与，表达作为社会成员的权利和义务。社会管理的职责应当由在地政府承担，但是因人员复杂，帮会协助殖民地政府在社会管理方面承担起重要职责。清末南洋的政治参与是与商业化社会的经济发展和华人教育水平的提高相关的。亨廷顿认为：“就社会——经济发展对政治参与的长期影响而言，社会经济发展促进政治参与的扩大，造成参与基础的多样化，并导致自动参与代替动员参与。”①华人对自身经济发展考虑得越多，政治参与的积极性越高。亦是基于此，代表华人利益的侨领有机会在社会管理中崭露头角，参与并承担起社会管理的多种职责。华商在经济领域、公共领域广泛参与，地方社会文化和社会生活相互影响、相互促进，南洋华人社会呈现出从传统向现代转型的趋势。

报刊这一媒介一出现，就不仅参与惊天动地的社会变革，也俯下身子，潜移默化地渗入社会各个层面。南洋报刊的兴盛成为一道耀眼的社会盛景。在此背景下，阅读行为的影响从知识分子向普罗大众扩散，这种影响力的扩散，共筑了社会变革的舆论推力。和中国历史上的传统官办报刊不同，海外报人以报刊为阵地，发出自己的声音，表达自己对时局的看法。面对 19 世纪末中国境内的全面动荡，不同派别论争四起，革命派认为传统的纲常伦理已经千疮百孔，甚至严重阻碍中国的现代化转型。“今日舍革命之外，真别无救国之道乎？抑尚有立宪可以救国乎？试以立宪救国与以革命救国相比较，果孰难而孰易，孰美孰恶乎，谓朝廷不肯重视立宪，则朝论既自专制而改立宪，自无能收回之理矣？立宪有极微妙之精义，所谓代负责任者，能明之则可以不必革命，今有能发明之乎？(《香

---

①亨廷顿，纳尔逊．难以抉择：发展中国家的政治参与[M]．汪晓寿，吴志华，项继权，译．北京：华夏出版社，1989：43.

港商报》征文)”①。保守派则意味深长地提出越是社会变革,越不能轻易摒弃已有伦理价值观,如《日新报》的报人期望从儒家思想中寻找救国的策略,连续刊载《论儒教》,高度赞赏华人捐赠孔庙之事,日常新闻也有对传统礼义廉耻的宣扬。

报刊对政治参与呈现出一些微妙的特点。首先,政治参与的对象指涉的是中国。南洋之于中国,位于疆土以南,南方在中国历史上鲜被视为政治中心,长期以来从政治上并未受到重视,加之南洋与中国海域相隔,历代王朝并没有对这片区域做战略上的设计。这导致清末以来的新加坡华文报刊对南洋政局和战略并不关心,报刊上报道的关于政治经济的国家是多以中国为主,报道南洋的,多是家长里短、柴米油盐之事。政治参与的方式包括政治投票、政治选举、政治结社、政治表达、政治接触等。清末南洋参与政治的方式更加多元,从参与的广度而言,华人社会各阶层在所难免地被裹挟其中,华商通过募捐、舆论、结社等方式表达态度,底层民众也通过教育、剪辫、易服等方式亦步亦趋。但从参与的深度而言,远离中国政治现场,其政治参与活动影响政治系统的程度是有限的。

其次,政治参与和族群观念互联。梁启超认为中国人只知有朝廷,而不知有国家;孙中山认为中国人民只有宗族意识,没有国家意识。中国传统的国家观,以传统的身份伦理为基础,现代国家观则以管理者与被管理者之间的“契约”为基础,但是在清末这个转型时期,从 18 世纪下半叶开始,国家的变革与政权的兴替,多从民族主义出发获得主要支持。19 世纪的报刊,即便是革命派报纸也鲜有针对民族、民权、民生进行专门讨论或理性分析的文章,偶有论及也多是感性上的领悟甚至讥讽,排满问题上狭隘的民族主义恰恰是革命思想局限性的表现。民族意识对于一个国家而言,犹如一把双刃剑,可以推进国家的认同和统一,也可以是阻碍统一甚至分裂国家的因素。

再次,对制度、民生、主权的关注。如在外交领域,民众更清楚地认识到国家主权在外交事务上的意义。与此同时,华人也更多关注自身在英国的权利,例如清政府驻新加坡总领事于 1906 年设置“新加坡反鸦片社”,任命华人陈武烈全权负责,在商人的资助下,陈武烈在领事馆内设置戒毒中心。

阿尔蒙德和维巴在著作《公民文化:五个国家的政治态度和民主制》中,将政治文化分为三种类型:地域型,即个人对政治体系的存在察觉不到或只朦胧意识到一个中央权威的存在;参与型,即成员对政治体系有积极参与的趋向,确信自己能够影响政府决策或领导者的行为;依附型,即成员对政治体系施加的影响持积极或消极的评价,在行为上受政府影响,但不愿积极影响政府。清末南洋的政治文化处于地域型和参与型之间。就一

①《总汇新报》,1911 年 8 月 23 日。

般华人民众而言地域型程度较高，而对于华商或侨领而言，则多属于参与型政治文化，对这个群体而言，政治参与更类似一种自我价值的体现。当然，政治参与也绝非华商或侨领的主要目标或唯一目标，除了故国情怀，还需要借此强化自身在南洋的话语权和影响力。

清末华人对政治参与的理解，更多的是仰赖西方自由民主政治体制来实践民权的，同时这种政治事件又被赋予挽救危亡的名义。现代国家意识的出现促进政治现代化。改造旧体制、建立现代性民族国家对重塑新国民的近代价值、启蒙南洋社会思想意识、创办实业及参政行为都产生了深远的影响。

# 第九章　清末新加坡华文报刊与文化适应、族群认同

清末南洋尚未完全从与中国响答影随中脱离出来，又需要对海峡殖民地的管理奉命唯谨。关于国家认同，在华人眼中，清政府与英国在南洋的角逐微妙而紧迫。其时的新加坡还有原住民马来族，他们被华族视为“蛮夷”，在族群认同上，文化中心主义占据主流。19 世纪末至 20 世纪初，清政府抱残守缺，满汉问题被再次提出来讨论，在民族认同问题上，人们的观念经历了从对立到共和的过程。

## 一、从“吾国”到“祖国”

早期华人基于“吾国”的“中国意识”和国家观念，发展到华人落地生根后，心系两地的价值观发生转变，构建基于“祖国”的故国精神家园。通过梳理以报刊为阵地的族群认同观念，可以审视报刊如何形成海外华人社会流动复合的身份概念。清末民初的南洋，时局和清政府行为都是无可回避的“他者”，这个“他者”的形象是由形象本身和审视者的自身理念构成的。对国家的整体认知和想象，是新加坡本土报刊的重要表述内容，清末华文报刊中呈现出的不同族群之间的认知，恰恰是百年前的文化镜像。本节所涉的认同转向，不仅针对作为“王朝”的清政府，更针对作为“国家”的清国。

如前所述，19 世纪 80 年代以来，新加坡华文报刊上刊载的告示，亦被称为榜文、告谕、布告等，华文报刊对这些信息的转载兼有法律传播和教化的双重功能，也可以被视为清政府和南洋联结的重要方式。即便是在中国境内，百姓与政府直接沟通的机会也是有限的，而新加坡各种华文报刊都常设有栏目反映国内状况，例如《星洲日报》的“译电”“内国”“广东”“福建”“本坡”等栏目，《中兴日报》的“电报”“外国”“各省”“福建”“广东”等栏目，《天南新报》的“京报录要”“闽粤述文”“本埠新闻”等栏目。南洋读者可以通过文字的感受建构国家和政府的存在，而且能把个人之事与遥远的国家政局变动联系起来。报刊中的社论，通常是重要的版块，放在头版，并且所占篇幅较大，内容较长时还会以连载的形式出现。如保皇派报纸，《日新报》在清政府有重要谕令公布时，还会出让版面以示对中国政事的重视。慈禧六十寿辰，《叻报》则停刊一天：

洪维我慈福端佑康颐昭豫庄诚寿恭钦献崇熙皇太后……忆昔垂帘之始，正当沸鼎之艰，外侮则骚扰三山，内讧则摧残半壁，更值朝多废举野之遗藏，而我

皇太后以至圣之天才定至神之大计，以至德而膺至位推至诚而秉至公卒，使至矩之端而化作至治至隆之会得，非我皇太后之道高德重，亦何可至有今日耶？迩者环海镜清，山河砥定……今者恭逢我皇太后六旬万寿之辰，庆花甲之刚周仰松龄之常健……本馆虽远居在海外，亦曾是食毛践土之俦，当此国有大庆之辰，正人尽承欢之日，……给假一天，十日之新闻暂停派送，至十一日仍复照常送阅①。

对慈禧的称谓也是“我中国皇太后”“我皇太后”：

本月初十恭值我中国皇太后六旬大庆之辰，京外臣民英不同伸芹曝之诚，共献冈陵之祝，叻地虽居海外，然我华人于此林林总总犹是食毛践土之寿，当此大典庆辰安可以寂然罔觉前日经本坡总领事府黄公布出示晓谕一切本报已照登……各绅商于月朔日共至同济医院中，集商此事，到者甚为济济，庭中竟无隙地，与议者不下数百余人，咸称我皇太后启功德之盛，亘古无逾②。

一直以来，新加坡的华文报刊在评述国内情况时，常常是有特定立场的。例如中日甲午战争期间，《星报》(1890—1899)遵从清政府的报道，对中国军队歌功颂德，对日本的战况嗤之以鼻。

《叻报》的政治倾向一直是跟随政治主流的，康、梁变法前，《叻报》转载二人政论以支持新政，变法失败后则转向支持慈禧。至于对当时清政府的态度，如 1906 年报人叶季允的“新年吉语”中所言：“君知爱国，特陈一得之愚，仆慕封人，隐寓三多之祝。”他们对当时的清政府充满信心。而在辛亥革命期间，针对动荡局势，《叻报》使用这样的文字：“鄂乱未起事时之情形”③，“鄂乱官电”，“张督以日来市面因鄂省乱事……”，“祖国乱耗电音”，“祖各省督抚以无常乱党以责成鄂督……”④等。当时新加坡报刊对武昌起义的报道就是用“乱”字概括，起义事件自然是“乱事”，革命党是“乱党”。《叻报》在面对新的时局时，又有不同态度，1911 年 11 月 6 日《叻报》版头纪年是“大清宣统三年”，但是两天之后的 1911 年 11 月 8 日就改成了“岁在辛亥”。

康、梁二人在南洋影响颇大，针对二人的争议在报章上持续数年。一方面，清末民初现代国家观念逐渐分离了朝廷与国家的一体性，忠于国家不代表忠于朝廷。即便在康、梁等人的国家想象中为皇权保留一定的地位，也不妨碍其他华人国家认同观念的形成。另一方面，清政府即便大厦将倾，也是九足之虫，南洋华人虽与之相隔千里，但在地文化

①《停工祝假启》发表于 1894 年 10 月 7 日《叻报》。

②《恭祝万寿》发表于 1894 年 10 月 8 日《叻报》。

③《叻报》，1911 年 10 月 23 日。

④《叻报》，1911 年 10 月 24 日。

认同尚未完全形成，因此一方面需要满足殖民地国家作为“制度国家”的要求，但另一方面仍是以文化符号与记忆组合构建的“中国意识”为归依。当时的报刊所呈现出的认同是直指中国的，即便国内政局如“一钻营之弊也摇尾乞怜，蝇营狗苟之术最工于吾国之官场”①，这样的不堪，当地华人也认为是“吾国”。

中国不仅是“吾国”，亦是“宗国”。1894 年，北洋水师提督丁汝昌率领北洋舰队访问新加坡，“自北洋定远铁舰等诸船抵叻以来，叻地诸华人无贵无贱、无老无少，莫不欣欣然，望宗国之旌旗为之幸。月初三日驻叻总领事黄公渡率叻地闽粤各籍绅商，在同济医院中陈设公醮延请丁禹廷尚书暨诸战船管驾及麾下诸将官等以申敬慕，并备鼓乐以接诸宾”，“皆若有大喜大庆，一时萃于其身者”②，“宗”在汉语世界里有源流之意，所谓“宗国”，是自己的国家。

但是在中日甲午海战爆发，1895 年北洋舰队全军覆没后，新加坡华人心理受巨大冲击。他们从战前慑于清政府而不言国事，到关心国内时政，甚至参与国家变革，民族观念逐渐增强。北伐战争时期，《叻报》更是大篇幅对战况进行全面报道，例如 1926 年 1 月 20 日，《叻报》第八版刊登数篇新闻如《闽南战云密布》《叶定国亦战亦和》《漳厦间之纷扰状态》等向新加坡民众介绍战况。因此，至 20 世纪 20 年代，中国在新加坡华人眼里已是遥远的“精神家园”，1929 年在刊文《徐锡麟烈士碑祠盛况》中，作者对中国的称呼已经是“祖国”了③。

报刊中描摹中国的语言，从“吾国”到“宗国”再到“祖国”，这是国家观念在转变的体现。

新加坡报刊在对中国政治观照和反省的同时，探究新加坡华人在西方文化面前如何保持文化认同，如何获得文化优越感，如何在与中国的接触中构建新加坡华人的主体性。报刊通过对新加坡当地华人族群的描述与记录，反映了海外华人对族群的态度、感情和认知模式。

## 二、蛮夷之辨

族群的概念在人类学研究范畴中用来指称具有同一文化的，具有共同语言的，属于同一社会的群体。而巴特在 1969 的著作《族群与边界》中对族群概念的界定，则更强调“边界”，即族群作为社会组织，并非是单纯的文化的承载体，强调与其关注族群的共享部

①《祛弊说》发表于 1908 年 1 月 11 日《叻报》。

②《寓叻闽粤绅商公宴丁禹廷尚书及诸战船管驾麾下诸将官纪事》发表于 1894 年 3 月 10 日《叻报》。

③《叻报》，1929 年 4 月 13 日。

分，不如关注族群差异的符号。持类似观点的还有詹金斯、可马洛夫和布鲁贝特等人，尤其是可马洛夫，他认为族群作为群体分类，重要的是对群体内外进行划分的过程，而非其“实质”的内容。

列文森提出，在古代中国，“早期的‘国’是一个权力体，与此相比较，天下则是一个价值体。”①而所谓“天下”，是以秦以来的郡县制为核心，向外逐层推演至以朝贡制度为辐射边界的藩属国。而所谓的“化外之地”则是中华文明未有企及的蛮夷之地。引用许倬云的论述：“所谓‘天下’，并不是中国自以为‘世界只有如此大’，而是以为，光天化日之下，只有同一人文的伦理秩序。中国自以为是这一文明的首善之区，文明之所寄托。于是，‘天下’是一个无远弗届的同心圆，一层一层地开化，推向未开化，中国自诩为文明中心，遂建构了中国与四邻的朝贡制，以及与内部边区的赐封、羁縻、土司诸种制度。”②蛮夷和华夏的区别在于自我评定标准价值下文明的有无。

华、夷区别不在于地理或血缘，而在于文化，位于文化中心的是“华”，远离文化中心的则被视为“蛮夷”。如《孟子》称北方为中国，楚国则是南方的蛮夷。从这个角度上看，“华夏”与“蛮夷”是一组相对概念，二者之间是可以相互转化的，处于中华文化中心的“华”通过政治或军事手段，可以将周边逐渐纳入藩属，“蛮夷”可以通过文化习得进入正统，但是“华夏”也可以因为战争、社会动荡退于“蛮夷”。这种相对松散的划分，也从另一个侧面反映了中华文化波澜壮阔的包容性。如《荀子·儒效》所言：“居楚而楚，居越而越，居夏而夏，是非天性也，积靡使然也。”③作为多元社会的新加坡，华人作为被审视的对象，也作为观察者对异质文化拨草瞻风、沉机观变。

中国历史上以汉民族建立的中央王朝，视边域少数民族为蛮夷的观念一直存在。这一观念影响深远，在早期华人移民眼中，南洋无异于陌生的“异域”。“异域”这个概念，是近代以来才有的概念。传统中国社会认为自己是世界的中心，世界格局从这个中心出发以同心圆的层级向外辐射。从民族融合的角度看，所谓中华民族，是由各个民族之间交往互动形成的。由于华夏文明较早地摆脱了蒙昧状态，对周边社会产生了一定影响，而所谓华夏，一个充分条件是只要接受了华夏的文化即成为华夏的子民。中国传统社会的王朝习惯于根据文明的类型来划分民族，华夏以外，则被视为夷、狄、戎、蛮。所谓的蛮夷，是华夏以外的其他文明，从“蛮”“夷”二字就足以看到它们被视为边缘、隶属、非主流的地位，由于生物特征和生活方式有异于中华，就被视为“异端”。

---

①列文森.儒教中国及其现代命运[M].郑大华，任菁，译.北京：中国社会科学出版社，2000：84.

②许倬云.我者与他者：中国历史上的内外分际[M].北京：生活·读书·新知三联书店，2010：20.

③荀子.荀子[M].太原：山西古籍出版社，2003：96.

认同涉及的是人的自我认知、想象和判断，这种判断来源于作为群体进行自我归类的“同”，以及与其他群体间产生的“异”。研究早期南洋华人的认同，“同”是作为天下华人所共同具备的，但是在“异”方面的判断往往夹杂着一些偏见。

华夏与蛮、夷、戎、狄相对立。在这种中国中心观念下，华、夷不可能处于平等地位，而是有等次。只是华人定居南洋，传统意义的“夷”又有了新的指向，类似的歧义性称谓还有“番”，《说文解字》中“番，兽足谓之番。从釆，田，象其掌。”①在中国传统语境中，“番”所隐喻的是少数民族或外国，如宋代将入侵的辽金军队泛称“番兵”，清末将华人南下称为“过番”。

而“夷”则指向非华人的其他族群。这种华夏与蛮夷二元对立的思维方式影响到移民初期，南洋原住民族多被视为蛮、夷之流。这种明显的认同差异表现在报刊上刊载的旧体诗词中，也具有歧视意味，如“蛮风吹梦落天涯，漂泊年年不忆家”②，如描述民间娱乐舞蹈“最是狂奴相对舞，东施偏解效西颦”③，描述男女共舞则是“蛮方风俗由来鄙，落体犹能似宋朝”④，即便是描述风俗演进，亦写：“蛮俗也呈欧亚化，从今不再嚼槟榔。”⑤甚至水果也有了种族的差异：“红毛丹字也奇奇，其色居然赛荔枝。闻说原来是同种，将无南渡便于夷。”⑥华人对异族的排斥心理，最本能的表现恐怕就是对“蛮夷”生活习俗的排斥。在强烈的中华文化认同观下，无论是针对不同的生活元素，还是面对怀古的浩然情怀，华人均以轻慢之心看待“非我族”的族群，在移民初期这是他们难以消解的情绪。而报纸副刊则传递华人对“蛮夷”的认知、态度和想象。他们对“正朔”的维护，则表现出相当顽固的态度。虽然有一些看似荒唐的认知，但也体现出南洋华人在特殊历史时期中敏感的文化心态。

20 世纪初，新加坡淇漳山又出现猥亵妇女的事情。“所有料理巡查等事，则拣派巫差常驻供职……凌辱妇女者，亦时有所闻，风化攸关，岂容紊乱若此，前经告发有案，闻幸免究，然吾虑其色胆由此愈张也，鄙意以为当推选威望西员，在此统驭。”⑦陈仲尧的这篇社论，除了陈述淇漳山有伤风化的社会问题，还体现出一定的族群偏见，如“巫差”是马来的管理者，“西员”则是英殖民地的官员。在南洋，华人在经济上的主导地位和英殖民地政府采用的“分而治之”的策略，加剧了原有的族群矛盾。

①许慎. 说文解字[M]. 北京：中华书局，1963：28.
②黄吉云. 巴城元夜竹枝词[N]. 国民日报，1917－2－19：诗苑版.
③文大衡. 南洋竹枝词[N]. 叻报，1924－6－27：诗界版.
④胡少云. 星洲杂咏[N]. 槟城新报，1928－5－25：文苑版.
⑤孙斐然. 巫俗杂咏[N]. 新国民日报，1928－6－13(1).
⑥郭璧君. 南洋竹枝词[N]. 振南报，1915－4－30(1).
⑦陈仲尧. 论淇漳山宜加改良以恤新客[N]. 天南新报，1905－2－24(1).

中心文化与边缘文化的对立,各民族间产生的文化碰撞一直伴随着人类社会的发展。而在南洋这片土地上,文化冲突并不限于东西方文化的冲突,更多的是所谓的中心文化与边缘文化的冲突。清末以来,由中国本土入境南洋的人口激增,“新加坡本非国,乃斗入南海中一大峡,地方两千里,距澳门水程十更,向为闽广客民流寓,约两万人”①。1901 年,华人已经占据新加坡总人口的 72%,而马来人口仅占 15.8%②。新加坡华人借助自身的努力和新加坡交通便利的条件变得富裕起来,“叻中华人最多亦最富,有拥赀称千万者,有数百万者,若十万八万之户,但云小康,不足齿于富人也,但究其发迹,多在三四十年前,近则鲜有暴富者矣”③。许多人开始在此定居,甚至有华人男子纳娶当地女子为妻,繁衍后代,“中华海商来者既众,步头繁盛,遂为南洋第一。近世西南洋诸国,莫不知有新加坡而盛称之。闽粤人特重,谓之新州府。若不知其初为弹丸岛国,于中华甚无足重轻也者,盖姓家谱距闽粤都不过五千里,海船往来最便。闽粤人流寓岛中,纳巫来由土女为室者,不下数万人。”④总人口和经济上的优势让占据资源者往往成为中心文化的代表与既得利益者。日常非正式规则的风俗习惯也影响着族群的交往活动。华人的社会活动一方面促进南洋华人族群的身份认同与价值观的形成,增强族群意识;另一方面,华人的政治参与活动又加深了他们与其他族群的隔膜与对立。

一定地域空间内的国家观念源于人们基于特定文化系统的想象。因此,世界范围内多元的文化系统自然会出现大量差异化的国家观念。对于百余年前的南洋华人而言,传统文化系统已经强化了他们对国家的想象,因此短时间内让他们弃旧承新是非常困难的。

## 三、满汉之间

晚清至民初,报刊传媒的登场,给南洋社会带来了西方的文化思想、科学技术、现代传媒等新鲜事物。在一系列的启蒙和变革中,华人知识分子、报人所掌握和利用的最得力的手段便是报刊,报刊传播、参与并引领了南洋社会族群关系转变的整个过程,加速了南洋社会的现代化进程。在一般历史叙述中,清末民初被视为重要的节点,此后数十年的中国开始由“天下”式的帝国向具有现代意义的国家转型,历史跌宕之中,一面抵御外侮,一面内省自强、保教保种。维新、保皇、革命各种政治势力此起彼伏,国家政治文化秩序变革,这种变革不仅是社会秩序的颠覆,更是政治观念的重构。海外华人通过报刊完

①魏源.海国图志:卷六[M].郑州:中州古籍出版社,1997:16.

②苏瑞福.新加坡人口研究[M].薛学了,王艳,等译.厦门:厦门大学出版社,2008:30.

③李钟珏.新加坡风土记[M].新加坡:南洋书局有限公司,1947:15.

④余定邦,黄重言.中国古籍中有关新加坡马来西亚资料汇编[M].北京:中华书局,2002:247.

成自己身份的界定，从而在变动的秩序和文化撞击中融入在地社会，并在这个过程中衡量、判断如何确立与中国的关系。在这种意识影响下，南洋报刊活动推动了民主、科学教育的发展。清末以来，报人的写作目的除了满足基本的经济需求外，更多的则是意识形态层面关于"启蒙"与"民主"的诉求的表达。千百年来，因为华人受儒家"忠君"思想的影响太深，所以即便19世纪末华文报刊上刊载着国内维新派宣传"维新变法"的内容，革命派的思想也并没有如期而至地改变华人的思想认识，因此也就不难理解《总汇新报》和《中兴日报》的大论战。甲午一役，清政府之危不可避免，在亡国、亡种的危机刺激下，舆论一时四起，关注政治的华人知识分子和报人以报为媒、以笔为戈，有意识或无意识地承担起民族主义启蒙的重任。南洋华人在清末民初这个特殊时期内与民族主义结下不解之缘。

"民族"这个概念在中国历史上有着不一样的意蕴，历史上这一词最早出现于南朝时期，通常泛指以五服为基础的宗族。现代意义上的"民族"概念是由梁启超于1898年从日语中引入的，其对应的英文是nation。本章讨论的"民族"一词是现代意义上的内涵。

关于"民族"的概念，不同理论派别有不同的解释，余英时指出，百余年来中国历史发展最大的动力，非民族主义莫属①。民族主义源于近代欧洲，西方的民族主义理论主要分为原生论的民族主义观和建构论的民族主义观。在原生论的民族主义观看来，民族是"依据若干根基性的判准如血统、语言、共同祖先、宗教、习俗等体质与文化的'既定资赋'，认定'民族'乃是天然生成的人群区划方式，民族主义的感情与冲动也是与之俱来，绵延不绝的长期现象"②，而在建构论的民族主义看来，最经典的看法即本尼迪克特·安德森关于"想象的政治共同体"的判断，他认为民族是"想象的共同体"，即便种族、文化相似或者相同，但缺乏共同想象体的人群就不应该被视为一个民族。这两种看法的区别在于"民族"是先天性的还是后天性的，此后的学者安东尼·史密斯综合了这两种观点，认为现代民族主义不可能凭空出现主观"想象"，只能在原有族群传统的基础上"重新建构"③。无论是哪种学说，不可否认的是，民族共同的自我意识，所谓"想象的共同体"作为一种主观认同的文化自觉与政治自觉，是民族存在并延续的基础。

上古时代的四大部族炎帝族（姜姓）、黄帝族（姬姓）、东夷族和苗蛮族，经过数次战争，形成炎黄部落联盟，中华民族自此逐渐从多元走向一体。但是，自中国封建王朝建立以来，自居为文化中心的华夏，便以文化为依据区分其他民族的文化，"华夷之辨"亦就此持续数千年。华夷之辨的核心在于"礼"，持"礼"者处于统治中心，系正统。但是"中华"

①余英时．中国近代思想史中的激进与保守[J]．历史月刊，1990(29)：144．

②沈松侨．近代中国民族主义的发展：兼论民族主义的两个问题[J]．政治社会哲学评论，2002(3)．

③许纪霖．在现代性与民族性之间[M]//高瑞泉．中国近代社会思潮．上海：上海人民出版社，2007：320－321．

的概念是模糊的，没有清晰的边界，从19世纪东亚和东南亚国家，包括中国境内遗民的“反清复明”活动，甚至从中国历代史书的命名方式就可见一斑，如从《晋书·南蛮传》《梁书·诸夷列传》到元以后的《岛夷志略》，但凡南海诸国，就被戴上“蛮”“夷”的标签，这是古代中国特殊的民族评价和认同方式。费孝通说过：“中华民族作为一个自觉的民族实体，是近百年来中国和西方列强在对抗中出现的，但作为一个自在的民族实体，则是在几千年的历史过程中形成的。”①中华民族的形成并非自觉，而是一个渐进的过程，是近代社会与殖民者抗争过程中形成的带有民族自觉性质的实体，并且是在每一次面临外侮威胁时实现的自我强化。

最早把“中华”与“民族”连为“中华民族”一词的是梁启超，他在《论中国学术思想变迁之大势》中写道：“齐，海国也。上古时代，我中华民族之有海思想者厥惟齐。故于其间产出两种观念焉，一曰国家观，二曰世界观。”②以“中华”作为中国现代国家名号基本是各政治力量的共识。康有为在《海外亚美欧非澳五洲二百埠中华宪政会侨民公上请愿书》中提出“中华国”的构想，孙中山、章太炎也诠释了政治文化意义上的“中华民国”概念。“中华”这个概念统筹了汉民族和其他少数民族。

清末民初的南洋华人，面对西方现代国家观念的更替，对民族文化间的比较，有较清醒的认识，如革命派的《中兴日报》认为孔子夷夏之辨，有狭隘种族思想：“明日乃孔子生日，庆祝者大不乏人。然圣人不死，大盗不止，祝其死之之不暇，又何苦而庆其生虽然，吾有所感于所谓圣人，因略写其生日以为谈柄。孔子生日，讲学杏坛，弟子甚众。且曾为鲁司寇，摄行相事尝微服过宋，后以道不行，乘俘浮于海，从彼者其子路生平著作，有外夷之义，以严种族，通过可意会不可言传的方式分辨族群。”③但是针对满汉之间的关系，碍于政治变革、风谲云诡，面对民族主义勃兴，报人有针对性地对清政府进行评价。排他性的以汉族为中心的种族主义文化和以“天下”为统筹不同族群的文化形成矛盾。以康有为为代表的君主立宪派与排满的革命派之间报刊的论战，恰恰是两种思潮在海外的正面交锋。

康有为认为儒家思想作为特定的道德传统，是中国赖以生存的根基与命脉。这种文化观念是对中国文化传统和道德秩序的认同与守护。而革命党人的“排满”呼声则以血系作为民族主义第一要素，这似乎契合了原生论的民族主义观。

1905年7月30日，在中国同盟会筹备会议的演说中，孙中山提出“驱除鞑虏，恢复中

①费孝通. 中华民族多元一体格局[M]. 北京：中央民族大学出版社，1989：1.

②梁启超. 论中国学术思想变迁之大势[M]. 上海：上海古籍出版社，2001：29.

③《中兴日报》，1908年10月22日。

华，创立民国，平均地权”①，这个宗旨具有明显的“排满”性质。1910年8月孙中山在《在旧金山丽蝉戏院的演说》中谈到的建国理念是“故今日欲保身家性命，非实行革命，废除鞑虏清朝，光复我中华祖国，建立一汉人民族的国家不可也”。1912年中华民国成立后，孙中山提出“五族共和”的主张，提出在各民族平等、民族融合的基础上，创建新的统一民族，即中华民族。关于“民族”共同体，想象成为可能的先决条件，报刊成为一种提供想象的载体。在早期华文报刊的发展中，信息、语言与演说的结合，促使报刊产业繁荣。需要指出的是，以种族界限为边界的现代国家不同于狭隘的民族国家，如早期同盟会纲要中“驱逐鞑虏”的称谓，现代国家则要打破蛮、夷、戎、狄与汉民族之间的壁垒。1912年1月1日，孙中山就任中华民国临时大总统，他不同意以“五色旗”作为国旗，因为“五色上下排列亦不平等，仍有阶级”，民族平等之于国家政权的意义不言而喻。1912年1月1日，中华民国建立，孙中山在临时大总统宣言书中对民族统一做出了新的界定：“国家之本，在于人民。合汉、满、蒙、回、藏诸地为一国，即合汉、满、蒙、回、藏诸族为一人，是曰民族之统一。”②

但是在清代，清王朝地方最高政权的二元格局的制度化及其所达到的水平，促使中国古代的华夷观取得新的突破，华夷一体的华夷观由此形成。入关前，皇太极就提出了“满汉之人，均属一体”③。入关后，顺治皇帝提出“满汉官民，俱为一家”④，“方今天下一家，满汉官民皆朕臣子”⑤。但是满汉矛盾并未因此消解。这种满汉冲突延宕至南洋，从南洋华人在报刊中的论述可见一斑。

19世纪末，关于满汉关系的论述尚且温和，如《本朝薄满厚汉说》认为“清廷厚满薄汉未免父母之心有所偏爱。揆诸一视同仁”⑥。进入20世纪，社会矛盾尖锐，尤其《中兴日报》《星洲晨报》等革命派报刊言论尤其犀利。

1908年3月《中兴日报》集中阐述“排满”的对象：“排满者，排去满虏之全数，非排去满虏之君位也……吾汉人遭满虏如此之惨，即使取彼满虏五兆人全数而戮之，以为京观亦不为过，而何止于排之而已也。”革命派将整个满族作为排斥的对象。至于“排满”的原因，一方面是因为清政府的统治，《对满愤言》中指责清政府对内穷奢极侈：“颐和园之淫乐，万寿宫之奢靡，吾汉人血汗脑浆之所出，典身鬻子之所出也”，对外软弱无能：“矿产之

①孙中山．孙中山全集：第1卷[M]．北京：中华书局，2011：276－277．

②孙中山．孙中山全集：第2卷[M]．北京：中华书局，2011：2．

③《清太宗实录》卷1，天命十一年（1626年）九月丙子。

④《清世祖实录》卷15，顺治二年（1645年）四月辛巳。

⑤《清世祖实录》卷49，顺治五年（1648年）八月壬子。

⑥《天南新报》，1898年12月28日。

分割，路权之与人，吾汉族减种之先兆，中国瓜分之预证也”，导致“满虏之践吾上，食吾毛，敲吾膏，吸吾血，受吾豢养者，已二百六十余年矣。此二百六十余年之中，吾汉人之受戮而死、失业而死、漂流而死、饥饿而死者，总计已达满虏全数三倍之多矣”①。另一方面则是因为民族矛盾，报人认为清政府实为“窃国者”，“天下安有家贼为主人爱家产者乎”，“民族主义者，谓同一种族之民，共城而居……若为他族逼迫，异种称王，则非我族类，其心必异，同种性之民族起而逐之，务使其国成一个民族之国而后已，是谓民族主义。此主义虽未免狭隘，然而未大同，则此主义断不可忽也。”②将民族主义局限于一个种族之内，把满族作为异族予以排斥，表现出狭隘的民族主义倾向。

《对满愤言》将清政府江河日下的统治归因于“异族统治”，抨击清政府：“矿产之分割，路权之与人，吾汉族减种之先兆，中国瓜分之预证也”，“异种称王，则非我族类，其心必异，同种性之民族起而逐之，务使其国成一个民族之国而后已，是谓民族主义。此主义虽未免狭隘，然而未大同，则此主义断不可忽也。”③

将自身定位于“大明遗民”，“华侨之居海外者以南洋群岛为众，溯其先祖来此之原因，特以虎口余生为逋逃之渊薮。当国破家亡之日，九死一生之时，鹤唳风声，匆忙出走，惶惶然如丧家之狗，栗栗然如漏网之鱼，异地飘零，天涯沦落，实不得已而已。世居南洋之华侨，固大明之遗民也，其遇固属可哀，其情亦属可悯，而大清竟不见容，既逼其亡，复禁其返，竟有‘闽人入海归国者斩之’之令，此令一出，而华侨对于祖国之心淡矣。此令一行，而华侨欲归祖国之心绝矣，是则华侨归国之心，非华侨自绝之，满清政府自绝之也。”④《南洋华侨倚赖异族政府保护之无望》认为清政府派官员来南洋目的是“侦察侨民之举动，借此而劝捐，以敛吾同胞之钱财而已”⑤。清政府通过华侨募捐海军以换取功名，在当时部分华人看来只是为了蛊惑华侨钱财。“海军为强国之根基，使清政府果能早以信义待人，即不奖之以实官，而亦无有不举为之报效者。乃近以无人报效之故，而欲以实官饵之，且不用之以饵内地之人民，而独用之以饵外地之华侨，由此言益见清廷诸大老立心之不轨也。”⑥《爱国主义》认为爱国主义在于“今日中国人之爱祖国主义，即中国人所主张之民族主义”，“爱国主义”与“民族主义”是同一概念的两种表达，因此对于汉族而言，爱国即意味着革命，推翻清朝统治，而改革派“以被征服者之名义，而与征服者言改革”，对汉

①《我汉族不知爱国之大原因》发表于1907年9月19日《中兴日报》。

②《我汉族不知爱国之大原因》(续)发表于1907年9月20日《中兴日报》。

③《对满愤言》发表于1908年3月10日《中兴日报》。

④《清政府欲以速开国会招徕华侨(再续)》发表于1910年10月19日《星洲晨报》。

⑤《南洋华侨倚赖异族政府保护之无望》发表于1907年9月3日《中兴日报》。

⑥《论清政府以实官饵我华侨助海军捐之无理》发表于1909年10月18日《星洲晨报》。

族而言，“已亡其祖国，又何爱国之足云？”①

在华人眼中，“试观各地党人之揭竿起事者，则身为汉人之清兵以御之，谁死谁伤，谁败谁胜，可不问也。盖以二者均为汉人，使能同归于尽者，于彼尤有利也。至于一切军饷等费，亦无一非取自汉人者，虽剥骨炊脂，在所弗计。汉人既甘为自残同种以媚异族之奴隶，而源源以贡之，彼即可源源而拨为军饷，借以反攻汉人。”②他们认为清政府的统治是以汉族治理汉族，叹息“而不禁欤吾汉人无种族观念”③，认为清廷“融和汉满”只为空谈，实是幌子。“胡日言融和，而汉满之见愈深，汉满之界愈严。军机各部，则满员日多，汉员日少，而兵权财权政权，尤为满员之所专有，非汉员所能染指也……集一切政权兵权于中央，以保满人永久占优胜之地位……自满清入关以来，惟八旗世仆得称之，汉人则非编入旗籍，而士至将军都统者，虽内面军机尚侍，外面督抚提镇，均尚无称奴才之资格，是可知旗人为清廷之奴隶，而汉人则清廷奴隶之奴隶也。今清廷除去奴才字样，岂满人甘降与汉人为伍耶？抑汉人得升而与满人平等耶？一般求为奴才而不得者。”④汉人只是满人眼中的“奴才”而已。

“少数满人之所以能制服多数汉人者，以其全族据我政治也，而政治权重足以制全国死命者，一为兵权，一为财权。财政集权，久已实行，惟兵权则各省督抚尚稍有操之者。今则并此区区亦去之军政集权，可谓完满之极”⑤，满人通过掌握财权和军权排汉。自清以来，汉人的臣服只是权宜之计，“以自称奴隶于满人之前者，其尽力于保全满清国粹。”⑥最终还是要取而代之，“使四百兆汉民光复汉土做我大汉争气男儿。”⑦《愚民术之变迁》进一步揭露清政府的愚民政策：“狡猾满清，愚民之术，至假立宪，殆为进化之极点矣。假令满清能坚持此术，迨中央集权之势既厚，然后巧立名目，今日曰兴海军，明日曰筹学费，借供租税为民间应尽义务之名词，而多搜括。我汉族之膏血，尚堪此咨取乎？”⑧

在危机意识冲击下，建构起的族群认同是近代民族认同的核心环节。而民族意识的觉醒，通常体现在知识分子的阐释和呼吁中。即“我们是谁”，“这是谁的国家”，在清末民初的特殊情势下，这种有关民族和国家存续的问题尤为重要。革命之初，革命派针对满清政府专权，更加强调“华夷之辨”，以求为革命寻求依据和群众基础。“汉人纪念光绪之

①《爱国主义》发表于1909年2月6日《中兴日报》。

②《各省又须再认海军经费》发表于1909年9月15日《星洲晨报》。

③《晨报》，1910年7月3日。

④《融和汉满只去奴才二字》发表于1910年4月8日，第2版《星洲晨报》。

⑤《内国·清廷实行军政集权以排汉》发表于1910年10月31日《星洲晨报》。

⑥《告希望清政府实行剪发易服者》发表于1910年1月22日《星洲晨报》。

⑦《总汇新报》，1911年12月8日。

⑧《愚民术之变迁》发表于1907年10月21日《中兴日报》。

心,更盛于满人,何也?盖满人有争光绪之继大统之旧恨,汉人有假光绪衣带诏之新欢,新欢未已,旧恨难忘,即以倡保皇会之一事论,则倡之者,纯是汉人,未闻有满人继后倡之,即,可以类推其余……既工于排汉,而又怵于汉人之革命风潮"①。再如槟城《光华报》,康有为意图发布筹款,被光华报记者铁崖氏登报明斥:"革命,欲倾覆清廷者也。保皇,亦覆清廷者也。但革命则行之于著,保皇则行之于隐。革命则出于直,保皇则出之于枉。革命则光明磊落,保皇则狡诈阴沉……而其一心国事,欲除满洲政府之志,则其大同者也,然则两党之人,正宜相爱相亲,相扶相助,连成一气。"②在西方民族国家理论的影响下,民众讨论满族是否属于中华民族的问题。辛亥革命后,对于传统的民族认同方式既有批判、抗争,又有无可奈何的继承和延续。当然革命派的目的绝不是排满,而是建立以汉族为主体的民族国家。

《叻报》对满汉问题的看法到辛亥革命期间有所转变,报人惺噩生在 1911 年 11 月 25 日和 26 日发表社论《论民国成立不当称汉》,认为"今日之光复,系对满人言之,自不能不以汉字,代表吾族之人,将来事定之后,千万不宜再用此字以为定名"③。"汉"为中国专制之根源,应该以"中华"入字④。

中国传统社会是依靠血缘、地缘和业缘的纽带相连接的熟人社会,在这个系统中,人与人之间的接触模式是经验性的。但当现代性民族理念渗入后,被利益和欲望支配的个体,开始变得相互疏离,出现阶层分裂。然而报刊的产生,不仅把不同族群、阶层间的生活重新整合在一起,更消解了时空的限制。阶层间的信息通过报刊文字实现互联,弥合了阶层认知的裂痕。

## 四、自我认同

关于海外华人社会的研究,一定绕不开"认同"这个概念。但是学界对于"认同"二字的理解一直莫衷一是。不同的学科、不同的派别对这个概念的功能、结构有不同的理解。从词源本身的角度理解,identity 一词来源于拉丁文 idem,意为相同、同一。17 世纪 identity与哲学的认识主体问题相互关联,而在 20 世纪 50 年代社会急速变迁过程中,当人们面临个人身份的转换及其认同的问题时,identity 被社会科学强烈关注。在社会学领域中,认同包含两方面内容:一方面是作为群体的成员所应具备的同一性,即群体特性;另一方面是作为群体成员所应具备的共同群体意识。政治学视野下,学界对认同的

①《岁月之更新与满人排汉之进步》发表于 1910 年 2 月 16 日《晨报》。

②《叻报》,1911 年 11 月 16 日。

③《叻报》,1911 年 11 月 25 日。

④《叻报》,1911 年 11 月 26 日。

研究是将其视为特定政治行为的产物。由此必然性地产生一系列问题，认同这个属概念都包含哪些种概念，认同的意识从何而来，区分认同的边界是什么等。

关于民族认同与国家认同，代表性的观点如亨廷顿，他在著作《我们是谁？美国国家特性面临的挑战》中提出，次国家认同与跨国认同都是解构美国国家认同、威胁美国国家安全的主要因素。对此，国内也有学者持相同观点，例如许小青、陈志明、许纪霖等人都对此做过论述。

族群认同与国家认同作为个人多重认同中的重要组成，存在于个人的意识中。但是这种认同并非一成不变，而是会根据社会情境突出某种认同。两种不同群体的人，通常同异并存，如果双方有共同的诉求，其中“同”的部分便会扩大，认同的外延也随之扩容到一个可以涵盖两个群体的认同范围。如果双方出现纷争或者利益上的冲突，则会突出“异”的部分，总是将对方排斥在外，进而产生对抗，甚至敌对。

自我认同是对所属群体及其相应价值观的判断，这种认同会通过人的行动表现出来。群体的认同来源于共享的符号体系，具有相同的符号，群体成员便可借此找到共同的认知。当一个族群与其异质文化的群体相遇时，这种认同则显得极其迫切。换言之，特定族群的认同是相对于其他族群产生的。这种认同的目的在于确定族群的生存方式的延续性。这种认同涵盖文化、语言、国家等多层内容，笔者结合学界观点和本章节所指，尝试绘制图 9－1 身份认同金字塔结构。

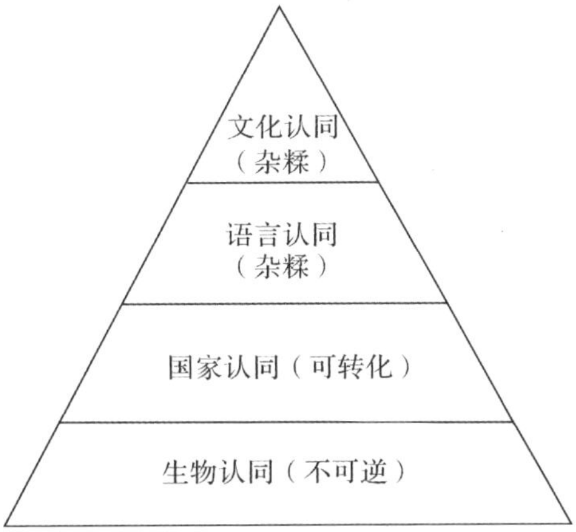


**图 9－1 身份认同金字塔结构**

在这个金字塔结构中，底端的生物认同由血缘决定，是与生俱来的。生为华人血统，则指向相应的生物认同。国家认同是一个国籍概念，尤其是现代国家，可以根据特定的条件，选择所在国家。语言认同则是杂糅的，例如新加坡的华人，在英语和华语的使用中进行切换，根据特殊场域选择语言。文化认同的复杂性恰恰在于其是可以被构建的。研究甚至反思文化认同的目的，是探索不断发生变化的人类社会生活的稳定部分。如果将人类社会视为一片海洋，认同就像特定海域内的灯塔，成为该族群安全本体的表征。而且文化认同往往被视为族群认同和国家认同的中介，清末民初的华人大多抱有“落叶归根”的心理，多以“侨民”自居。这批华人很少主动融入南洋社会，更倾向于在侨居地构建一个移民“社会”。这里的社会之所以打双引号，在于其并非是一个现代国家意义上的社会，而是一个规模相对小，组织相对松散的华人场域。海外华人的认同，与原生地和侨居地都有差异。新加坡的牛车水，马来西亚的槟城姓氏桥多以此形式搭建联系。华人的族群认同不仅可以巩固本体安全，还可以减轻置身海外因身份不确定而带来的焦虑。海外的华人族群在一个相对稳定的空间和交际网络中，维系着惯常的生活。而新加坡的国家观念被确立之后，心系两地的华人则在多元文化中游弋。当下的新加坡华人多以“新加坡人”自居，如此一来，族群身份上是华人的生物认同，国家认同中又具备居住地新加坡国家的认同。在海外华人社会的研究中，之所以出现各种层次的认同，是由于不仅华人内部在同一时期的自我认同有差异，甚至同一个华人，在人生的不同场域中的自我认知也会发生变化。

华人的族群认同，对清政府而言，出于经济压力和政治局势之思量，将华侨视为“化外之民”到“大清子民”，这一举措让华人极受鼓舞，形成海外阵地和效忠清政府的社交网络。

王韬评价清末新加坡华人“多有自明代来此购田园、长子孙者。虽居外已二百余年，而仍服我衣冠，守我正朔，岁时祭祀，仍用汉腊，亦足见我中朝帝德之长涵、皇威之远播矣”①。薛福成则记录：“南洋各岛华民不下百余万……虽居外洋已百余年，正朔服色，仍守华风，婚丧宾祭亦沿旧俗，近年各省筹赈筹防，多捐巨款，竞邀封衔翎顶以志荣幸，观其拳拳本国之心，知圣泽之浃洽者深矣”②。1907年，清政府委派赴南洋考察商务的杨士琦在奏折中禀报称新加坡华人是：“徒以悬隔海外，不睹中国礼乐衣冠之盛者，凡数百年，忠爱之忱，未由自达。此次蒙朝廷特派专使抚慰商民，以为奇荣。使车所至，衔市闻溢。家设香案，户悬国徽，结彩张灯，恭迎恩命。臣每抵一埠，即赴商会、学堂、公所等处演说，敬谨宣布皇太后、皇上德意，万众圆听，额手高呼，欢声雷动。外人旁睹，亦为改容。观民心爱戴之深，可知圣化涵濡之远。所到各学堂，均酌给奖赏，以资鼓励。总期为朝廷多布一

①王韬. 漫游随录[M]//钟叔河. 走向世界丛书. 长沙：岳麓书社，1985：71.

②薛福成. 薛福成选集[M]. 上海：上海人民出版社，1987：495.

分膏泽，即为侨民多添一分感情。”①华人根深蒂固的乡土意识注定让他们无法弃宗忘本，对中华民族的情感从未消散。

对于国家认同的研究，是从国家的层面上来讨论认同问题，其必要条件是对于国家这个概念的认知。而国家认同被视为研究对象，在于存在由多个民族群体组成的国家政治共同体，这个共同体的合法性需要以一定程度的国家认同为基础。但是之所以在国家认同的观念上有差异，恰恰是因为对概念的理解存在不同的认知导致。例如政治学领域的国家认同被视为政治文化的一部分，是“对政治共同体的支持问题”，“政治文化是一个民族在特定时期流行的一套政治态度、信仰和感情。”②国家权力在认同过程中发挥了巨大的作用，国家认同超过族群认同，如阿尔弗雷德·格罗塞的论述：“疆域、边界的界定往往能够产生身份认同。获得共同治理、接受共同教育、参与或应对相同的权力中心，单单这一事实便超越了共同归属的表象，产生并强化着一种共同身份的情感。还有什么比西方殖民者在非洲任意划分的、切断族群归属的边界更加人为呢？然而，当新独立国家依照此边界获得独立之后，无论其内在不稳定性如何，仍然都维持了下来。这不仅是因为这些国家的政府总有国土稳定完整萦绕于怀，还因为联合国也希望其成员国保持长期稳定，更因为一种国家归属情感也随着时间同样发展出来。”③当然这种认知会带来相应的政治问题，如派伊所言：“第一个也是最根本的一个危机是由认同感的获得引发的。一个新国家中的人民必须把他们的国家领土视为家园，他们必须认识到作为个人，他们的人格认同在某种程度上是被其按领土划界的国家的认同定义的。在大多数新国家中，传统的认同方式都是从部族或种姓集团转到族群和语言集团的，而这种方式是与更大的国家认同感相抵触的。”④

语言的杂糅又和政治选择、国家认同相关。

图 9－2《叻报》新闻文后的时间词分为三类：一是单用大清光绪纪年，二是大英西历纪年，三是中英纪年方式并用。凭借语言进行文化认同的言说方式，在言说的形态上，文化认同的时间性与空间性交织。在言说的内容上，文化认同往往是多重利益的集合。

---

①王彦威，王亮．清季外交史料[M]//沈云龙．近代中国史料丛刊三编．台北：台北文海出版社，1965：2248.

②阿尔蒙德，鲍威尔．比较政治学：体系、过程和政策[M]．曹沛霖，郑世平，公婷，等译．上海：上海译文出版社，1987：29.

③格罗塞．身份认同的困境[M]．王鲲，译．北京：社会科学文献出版社，2010：12.

④派伊．政治发展面面观[M]．任晓，王元，译．天津：天津人民出版社，2009：81.

大英特授新嘉坡輔政使司麥　為招承工役事照得本坡病瘋院及貧病醫院均欲少加修葺并將粉飾重新茲特招人承充此役為此示仰商民人等一體知悉爾等如有欲承斯役者可於西九月五號即華本月廿五日以前入票投交本署以憑選擇至其工程之詳細情形并設票格式現存於營造司署除禮拜外每日上午十點鐘起至下午四點鐘止均可到兩看閱并即領取格式填寫投交但其票面須寫明承充何項工程并書明投交本司字樣方能投遞至於業取之權係由國家主裁不得執價低者得之說相爭各宜踴躍慎無觀望切切特諭　大英一千八百九十三年八月廿九號　大清光緒十九年七月十八日　示

頂受聲明　○啟者新嘉坡馬交街門牌第三十八號廣信號什貨生意原係蒲有添創設目下志圖興業願將廣信號貨底什物全盤頂與義成堂承受準於本月念三日交易嗣後任從承頂人義成號永遠經營至於廣信有與本埠以及外埠各寶號往來交易等數項惟向經手是問與承頂人無涉先此聲明免滋後論　大清光緒十九年七月十四日　承頂人義成堂謹啟

北中國保險公司分設代理人告白　○啟者茲本公司特託吉隆西商吳嘉怡威沙耶為駐隆代理人倘隆地諸君有欲購買保險者請至該代理人處面商便妥特此佈告　大清光緒十九年七月十四日　新嘉坡北中國保險公司謹啟

渣甸輪船行期　○啟者茲有渣甸火船名吉生大有一千四百八十一噸於西本月二十號即華本月初九日由加剌吉打起程定於西本月廿八號即華本月十七日即能抵叻上落客貨畢即展輪往　香港　汕頭　福州　上海　漢口　天津等處　諸君有欲附貨搭客者請至本行相商為望　大英一千八百九十三年八月廿四號　大清光緒十九年七月十三日　莫實德洋行告白

輪船往　檳榔嶼　加剌吉打　○啟者茲有渣甸輪船名芝和打剌大有一千五百七十四噸於西本月廿三號即華本月十二日由香港起程定於西本月廿九號即華本月十八日禮拜二即能抵叻上落客貨畢即展輪往　檳榔嶼　加剌吉打等處　諸君有欲附貨搭客者請至本行相商是望　大清光緒十九年七月十三日　大英一千八百九十三年八月廿四號　莫實德洋行謹啟

聲明　○啟者茲因本坡杲堂於西一千八百九十三年八月七號訊結納流星曇夏芝奧威里施控告拳羅施洋行之案因被告所賣三星標頭之烟所用標頭印記等與原告所賣之烟無異故本坡正按察司於是日特為判斷被告或其所用之人及其代理一切人等嗣後不得再行沽賣各烟而其錫罐所用標頭印記色紙等如原告所用之標貼又不得再盛用星施三星烟之字樣等免致疑惑外人以為此烟係原告所製之烟特此佈告　大英一千八百九十三年八月廿三號　納流星曇夏芝奧威里施駐叻代理人牙直星洋行謹啟

頂受聲明　○啟者吉祥泰號頂受到漆木街門牌二百廿二號生茂號舖位及馬交街門牌四十九號生茂棧一概家私器具等與其承受茲卜吉交易倘生茂號有揭欠各等項俱歸該生茂號支理與承頂人無涉特此佈達　大清光緒十九年七月十二日　吉祥泰謹啟

**图 9－2　《叻报》新闻截图**

因此，在陈志明看来："新加坡的华人与马来西亚华人的区分是另一个可以在族群认同和国家认同中予以考虑的有趣的事例。由于他们与不同的国家形成了认同，马来西亚的华人和新加坡的华人今天都自视为不同的人。他们是不同的群体，其差异源于不同的国家认同意识以及参与了不同的'国家文化'的形成。"①因此，在其看来，华人群体存在于不同的国家，不能形成一个群体。所谓的"天下华人"，只是"文明性族群认同"的学者想象物，不存在所谓的全球华人共同体。国家认同从表象上看，是特定国民、国别身份的确认，但从深层次上看却是国民意识的确立。

①陈志明．族群认同与国家认同：以马来西亚为例：下[J]．罗左毅，译．广西民族学院学报，2002(6)：28.

民族国家作为当今世界政治权力运行的主要形式。泛民族主义的认知，对于现代主权国家的巩固，甚至地区安全都是不利的。在近世以来的国家体制中，消除了“片面性”和“局限性”的民族，并不是变成了没有民族特点的或没有民族性的民族，而是在吸收了现代性之后的某种新的民族文化后，这种文化消除了落后于时代的片面性和局限性，获得了民族性和现代性的统一①。一方面，民族认同需要以国家认同为必要条件，出于稳定社会发展的需要，民族认同会被引导至国家认同层面，因为单纯地强调民族认同并不利于现代化国家的建立。另一方面，国家认同亦需要民族认同在价值和行为方式上予以保证。

文化系统需要自我维系一种稳定的运转机制，如拉兹洛所说的那样：“文化是受价值引导的体系。由于文化同人类生物需求的满足无关，同人类自身再生产的需求也无关，由此可见文化满足的不是躯体的需求，而是价值标准的需求、想象的丰富和信仰的深度的需求。一切文化都同这种超生物的价值标准相对应。”②文化系统的核心价值，更多地表现为族群共同体内部的共同意识和情感的认同。报刊可以通过运用语言文字描述的方式，直接地将这种基于族群文化意识的情感表达出来。报刊作为一种文化载体是独一无二的。但是面对殖民地统治，面对在地华人西化问题，《星报》表示了自己的担忧：“很多本地生长的华人已不再理解和遵守五伦：现在的男子中，从妻言者多于父母所言。女子亦摒弃传统道德，逐渐西化。我们必须改变新加坡这种不良的趋向。唯有这样，我们才能期待南洋其他地区跟随这个目标走。”③

南洋文化系统由于受地理环境、在地文化以及华洋族群大量移民等多元文化影响，人文色彩鲜明，而海洋又宛如一道屏障，使其得以独立发展。而且正是由于其没有一元的华人认同，才给了学者无限的研究空间。

新加坡从开埠到 1965 年一直处于被英殖民者控制的时期。华人集体利益诉求出现并期望获得满足。20 世纪初，中国知识分子南来，加入报人队伍，加强华人族群意识、促进华人文化积淀传承。

20 世纪 20 年代至 40 年代，在中国境内政治局势的影响下，报人对于文化认同依然坚持。最有代表性的是《南洋商报》和《星洲日报》，传承华族文化、支援中国革命。

20 世纪 50 年代，新加坡华人分为两类，一类依旧坚持中国国家认同，以华侨自居，另一类则具有了在地认同，希望新加坡有更好的发展，以维系个人良好的生活状态。当然，在地认同并不碍于文化认同的建构。

①韩震. 全球化时代的文化认同与国家认同[M]. 北京：北京师范大学出版社，2013：37.

②拉兹洛. 用系统论的观点看世界[M]. 闵家胤，译. 北京：中国社会科学出版社 1985：92.

③《星报》，1894 年 3 月 13 日。

与此同时，“五族共和”将各个民族纳入中华民族的范畴，华人的归属感也随之增强。儒教的传播与构建，华校的建立等措施促进了在地华人形成自己的华族文化。但这样的诉求对殖民地政府却是一种挑战，迫使新加坡人必须建立现代化的民族国家。新中国成立后，新加坡通过国民教育等一系列措施，形成了一个多元社会。

本书虽然仅讨论清末的南洋社会，但不得不说，这一时期的认同观的影响深远，报刊在其中扮演的角色是一种信息传播的载体，是华人公共领域的建构载体。而要具有这样一个现代社会的媒体，那么这个公共领域就绝非是强权建立的，是民主社会话语自由、人格平等的产物。

第一，报刊为基础的公共领域培养华人的共性，有利于强化族群认同。本书引用德贡布的观点：“为了人们能够拥有共同的规则，他们必须处于某个社会背景中。然而一个单纯由不同行动者所组成的群体，不可能提供这样的一种背景。”①

第二，报刊在场域的公共领域促进华人群体之间相互理解沟通。新加坡的华人群体一方面是作为华人族群存在的，另一方面，是根据原乡地缘划分的更小的群体而存在的，例如以福建、广东、海南等地划分。按照哈贝马斯的观点：“只要自己的利益与他者的利益协调起来，那么，实用话语也就表明了妥协的必然性。在伦理——政治话语中，关键在于阐明一种集体认同，这种集体认同必须为个体生活方案的多样性留有余地。”②

19 世纪末的办报围绕“救亡”“强国”的目的而展开，办报理念自觉或不自觉地在海外为建立现代民族国家做言论准备，在这样一个“化外之地”，民族主义与现代性观念相得益彰，现代性与现代民族国家共谋而生。从这个过程看，民族主义与民族认同是伴随现代民族国家的产生而逐渐形成的。

在当下民族主义作为主流意识形态，国家族群结构日趋复杂的时代，多族群国家认同必然地成为核心议题之一。当下针对海外华人研究有一些亟待解决的问题，如国家认同与族群认同的关系到底如何，多族群国家认同的构建路径是什么，如何强化各个族群的国家认同等。其中，族群认同和国家认同的关系，各个族群对国家认同的程度，这两个方向为研究者提供了更大的研究空间。

---

①德贡布．集体统一性问题：建立机制的我们与被机制化的我们[M]//赵敦华．哲学门．北京：北京大学出版社，2009.

②哈贝马斯．对话伦理学与真理的问题[M]．沈清楷，译．北京：中国人民大学出版社，2005.